■ 《资本论》专题研究丛书

全国中国特色社会主义政治经济学研究中心（福建师范大学）2022年重点项目研究成果

全国经济综合竞争力研究中心2022年重点项目研究成果

福建省"双一流"建设学科——福建师范大学理论经济学科2022年重大项目研究成果

福建省社会科学研究基地——福建师范大学竞争力研究中心2022年资助研究成果

《资本论》专题研究参考资料　6

重建个人所有制

主编：李建平　黄　瑾
执行主编：孙晓军

中国财经出版传媒集团
经济科学出版社
Economic Science Press

图书在版编目（CIP）数据

重建个人所有制/李建平，黄瑾主编；孙晓军执行主编 . -- 北京：经济科学出版社，2023.4

（《资本论》专题研究丛书 . 《资本论》专题研究参考资料；6）

ISBN 978 - 7 - 5218 - 4703 - 1

Ⅰ . ①重… Ⅱ . ①李…②黄…③孙… Ⅲ . ①《资本论》- 马克思著作研究②个体所有制 - 研究 Ⅳ . ①A811. 23②F014. 1

中国国家版本馆 CIP 数据核字（2023）第 064616 号

责任编辑：孙丽丽 胡蔚婷
责任校对：刘 昕
责任印制：范 艳

重建个人所有制

——《资本论》专题研究参考资料·6

主 编 李建平 黄 瑾

执行主编 孙晓军

经济科学出版社出版、发行 新华书店经销

社址：北京市海淀区阜成路甲 28 号 邮编：100142

总编部电话：010 - 88191217 发行部电话：010 - 88191522

网址：www. esp. com. cn

电子邮箱：esp@ esp. com. cn

天猫网店：经济科学出版社旗舰店

网址：http：//jjkxcbs. tmall. com

北京季蜂印刷有限公司印装

710 × 1000 16 开 19 印张 285000 字

2023 年 9 月第 1 版 2023 年 9 月第 1 次印刷

ISBN 978 - 7 - 5218 - 4703 - 1 定价：82. 00 元

（图书出现印装问题，本社负责调换。电话：010 - 88191545）

（版权所有 侵权必究 打击盗版 举报热线：010 - 88191661

QQ：2242791300 营销中心电话：010 - 88191537

电子邮箱：dbts@ esp. com. cn）

绪　　论

《资本论》第 1 卷第 24 章第 7 节"资本主义积累的历史趋势"中有这样一段经典论述:"从资本主义生产方式产生的资本主义占有方式,从而资本主义的私有制,是对个人的、以自己劳动为基础的私有制的第一个否定。但资本主义生产由于自然过程的必然性,造成了对自身的否定。这是否定的否定。这种否定不是重新建立私有制,而是在资本主义时代的成就的基础上,也就是说,在协作和对土地及靠劳动本身生产的生产资料的共同占有的基础上,重新建立个人所有制。"①由于对"重建个人所有制"这一重大理论问题的理解存在巨大差异,长期以来国内外学者众说纷纭,甚至将其称为马克思主义经济学领域的"哥德巴赫猜想"。因此,深入研究这一重大理论问题具有重要的理论意义和实践意义。

一、《资本论》各版本关于"重建个人所有制"论述的差异

马克思生前亲自出版了《资本论》第 1 卷德文版第一版(1867 年)、第二版(1872 年)和法文版(1872 ~ 1875 年)。马克思逝世以后,由恩格斯修订出版了德文第三版(1883 年)、英文版(1887 年)和德文第四版(1890 年)。

德文第一版和第二版关于"重建个人所有制"的德文是相同的:"Es ist Negation der Negation. Diese stellt das individuelle Eigenthum wieder her, aber auf Grundlage der Errungenschaft der kapitalistischen Aera, der Cooperation freier Arbeiter und ihrem Gemeineigenthum an der Erde und den durch die Arbeit selbst

---

① 《资本论》第 1 卷,人民出版社 2004 年版,第 874 页。

producirten Produktionsmitteln."① 德文第一版中译本把它翻译为："这是否定的否定。这种否定重新建立个人所有制，然而是在资本主义时代的成就的基础上，在自由劳动者的协作的基础上和他们对土地及靠劳动本身生产的生产资料的公有制上来重新建立。"② 需要指出，在这里，协作和公有制的主体是"自由劳动者"，"他们"指代"自由劳动者"。

而在德文第三、四版中，这段话的德文原文是："Es ist Negation der Negation. Diese stellt nicht das Privateigenthum wieder her，wohl aber das individuelle Eigenthum auf Grundlage der Errungenschaft der kapitalistischen Aera：der Kooperation und des Gemeinbesitzes der Erde und der durch die Arbeit selbst producirten Produktionsmittel."③ 本文开头引用的就是这段话的中文标准翻译。

在这四个版本中的"个人所有制"的德语词都是"das individuelle Eigentum"，"Eigentum"有"财产，所有物，所有权，所有制"几种涵义，"individuelle"涵义是"单个人的，非公共的"。因此，"das individuelle Eigentum"在这里翻译为"个人所有制"。马克思在校订出版《资本论》第 1 卷法文版时，将"重建个人所有制"基础之一的对土地及靠劳动本身生产的生产资料的"公有制"修改为"共同占有"。恩格斯在出版《资本论》第 1 卷德文第三、四版时，根据马克思在法文版中的修改意见，将第一、二版本中的"Gemeineigentum"一词改为"Gemeinbesitz（es）"。"Gemein"涵义是"共同的、公共的"。"Gemeineigentum"可译为"公有制"或"公有财产"。"besitz（es）"意思是"占有，所有"，但在法律意义上这个词表示"占有"概念，与表示所有权，财产和所有制的 Eigentum 有严格区别。"Gemeinbesitz（es）"一般译为"共同占有"。1887 年出版的《资本论》第一卷英文版，根据德文第三版进行翻译。

有人认为"公有制"和"共同占有"，二者涵义是相同的。还有人认为"共同占有"是"共同使用"。因此，弄清楚"公有制"与"共同占有"之间

① 《〈资本论〉早期文献集成》（版本编）第一卷，上海辞书出版社 2021 年版，第 745 页。
② 《资本论》（根据第 1 卷德文第一版翻译），经济科学出版社 1987 年版，第 731 页。
③ 《〈资本论〉早期文献集成》（版本编）第四卷，上海辞书出版社 2021 年版，第 728～729 页。

的差别，对准确理解"重建个人所有制"论断是十分必要的。

公有制也就是"社会的、集体的所有制"，但是公有制的范围有所不同。在私有制社会里，普遍存在着某一财产为多个主体所有的情况，这就是"共有制"，共有制可以分为按份共有和共同共有，按份共有是各个所有者按份额拥有对某一财产的所有权，而共同共有是基于"共同关系"，如夫妻关系、家庭关系等享有对某一财产的所有权，"共同关系"不存在了，这个"共同共有"的财产就要在共同关系人之间分割。因此，"共有制"的本质是私有制。

所有制起源于占有，以后才产生了法律上的所有权。所有权包含占有权，但占有人却不一定是所有者。马克思在柏林大学1836～1837年冬季学期修读了曾任柏林大学校长的萨维尼教授的《罗马法全书》课程，也阅读了萨维尼教授的成名作《占有权—民法研究》（中译本译为《论占有》），这本书甚至被称为"16世纪以来法律史上发生的最重大的事件"。萨维尼指出，"根据对某物的占有，我们总是设想这样的情况：不仅本人在物理上能够自己支配（Einwirkung，deal with）此物，而且能够阻止其他人支配此物。""这个被称为'持有'的条件是所有'占有'概念的基础。""所有权就是一项根据意志支配物的法律能力，并排除其他人对此物的使用，所有权的行使即通过持有来实现，对应于作为法律条件的所有权，持有即构成事实条件。"① 从法律上来说，占有可以分为以下类别：一、有权占有与无权占有，而无权占有又分为善意占有与恶意占有、暴力占有与和平占有或公然占有与隐秘占有。二、直接占有与间接占有。原初意义上的占有仅指直接占有，间接占有是德国民法扩张占有概念的结果。三、自主占有与他主占有。占有人以自己所有的意思而对物进行的占有为自主占有，不是以自己所有意思而进行的占有即为他主占有。四、自己占有与占有辅助。占有辅助在某种程度上发挥着占有代理的功能。五、共同占有与部分占有。多人对一个物进行的占有为共同占有，占有仅限于某物的一部分，为部分占有。②

① 萨维尼：《论占有》，朱虎、刘智慧译，法律出版社2007年版，第4～5页。
② 王利明：《民法学》，复旦大学出版社2004年版，第476～481页。

资本主义雇佣工人的共同劳动，共同使用生产资料，是否就是对生产资料的"共同占有"？显然不是。《德国民法典》第 855 条规定了"占有辅助""因家务上、营业上或者类似的关系，为着他人，并听从他人指示，而对物行使事实上支配力时，便以该他人作为占有人。"举例来说，售货员控制着本柜台的商品，工人控制着自己操作的机器等。这种控制与法律上的占有存在很大差别。因此，基于雇佣关系在共同劳动中"共同使用"生产资料的雇佣工人，只是"占有辅助人"，而不是"共同占有人"。

在资本主义生产中，雇佣工人虽然共同使用生产资料，但他们并不是这些生产资料的共同占有者，因为资本家是实际的商品生产者，不变资本和可变资本是资本家所有的资本的不同部分，因而资本家才是真正的占有者。恩格斯在《反杜林论》中指出，"现在按社会方式生产的产品已经不归那些真正使用生产资料和真正生产这些产品的人占有，而是归资本家占有。生产资料和生产实质上已经变成社会的了。但是，它们仍然服从于这样一种占有形式，这种占有形式是以个体的私人生产为前提，因而在这种形式下每个人都占有自己的产品并把这个产品拿到市场上去出卖。生产方式虽然已经消灭了这一占有形式的前提，但是它仍然服从于这一占有形式。"①

恩格斯指出，要解决社会性生产和资本主义占有之间的矛盾，"这种解决只能是在事实上承认现代生产力的社会本性，因而也就是使生产、占有和交换的方式同生产资料的社会性相适应。而要实现这一点，只有由社会公开地和直接地占有已经发展到除了适于社会管理之外不适于任何其他管理的生产力。……一方面由社会直接占有，作为维持和扩大生产的资料，另一方面由个人直接占有，作为生活资料和享受资料。"②这种对全部生产力的社会占有，也就是联合起来的自由人的共同占有。

马克思在《资本论》第三卷特别指出，"从一个较高级的社会形态来看，个别人对土地的私有权，和一个人对另一个人的私有权一样，是十分荒谬的。

① 《马克思恩格斯选集》第 3 卷，人民出版社 1995 年版，第 621 页。
② 《马克思恩格斯选集》第 3 卷，人民出版社 1995 年版，第 629～630 页。

甚至整个社会，一个民族，以至一切同时存在的社会加在一起，都不是土地的所有者。他们只是土地的占有者，土地的受益者，并且他们应当作为好家长把经过改良的土地传给后代。"① 马克思为什么说在未来的社会形态中，一切同时存在的社会加在一起，只是土地的占有者而不是所有者？在消灭了资本主义私有制以后，土地和其他生产资料回到了自由人联合体手中，由于没有了生产资料的私有制和剥削阶级，自由人联合体的生存和发展只需要在共同占有生产资料的基础上从事生产即可，无须再像生产资料私有制条件下那样，凭借所有权"滥用"和任意处分这些所有物，特别是生产资料的买卖。土地的买卖，是以私人所有权为前提的。既然已经没有了土地私有制，自由人联合体只能对土地进行占有和使用，而不能再卖给私人所有。在自由人联合体中，土地才真正成为"人类世世代代共同的永久的财产，即他们不能出让的生存条件和再生产条件"。②

马克思指出，"财产最初无非意味着这样一种关系：人把他的生产的自然条件看作是属于他的、看作是自己的、看作是与他自身的存在一起产生的前提……我们把这种财产归结为对生产条件的关系。"③ "既然财产仅仅是有意识地把生产条件看作是自己的东西这样一种关系（对于单个的人来说，这种关系是由共同体造成、并宣布为法律和加以保证的），也就是说，既然生产者的存在表现为一种在属于他所有的客观条件中的存在，那么，财产就只是通过生产本身才实现的。实际的占有，从一开始就不是发生在对这些条件的想象的关系中，而是发生在对这些条件的能动的、现实的关系中，也就是这些条件实际上成为主体活动的条件。"④

马克思还指出，"私有财产的真正基础，即占有，是一个事实，是无可解释的事实，而不是权利。只是由于社会赋予实际占有以法律规定，实际占有才具有合法占有的性质，才具有私有财产的性质。"⑤

------

① 《资本论》第三卷，人民出版社 2004 年版，第 878 页。
② 《资本论》第三卷，人民出版社 2004 年版，第 918 页。
③ 《马克思恩格斯全集》第 30 卷，人民出版社 1995 年版，第 484~485 页。
④ 《马克思恩格斯全集》第 30 卷，人民出版社 1995 年版，第 486 页。
⑤ 《马克思恩格斯全集》第 3 卷，人民出版社 2002 年版，第 137 页。

因此，财产，或所有制，是以作为事实的占有为基础的。可见，作为事实的私人占有是私有财产或私有制的真正基础，而作为事实的共同占有同样也是公有财产或公有制的真正基础。作为法律用语的财产关系，或所有权，或所有制，是通过作为事实的占有来实现的，所有权当然包含占有权，但占有人却不一定是所有者。在法律意义上，财产、所有权、所有制，基本可以看作是同等程度的概念。财产、所有权、所有制，与作为事实的占有存在明显的差别。因此，把共同占有与公有制简单地等同起来，是不妥当的。

二、"否定之否定"的涵义和有关争论

"否定之否定"是黑格尔在其《逻辑学》中深入阐发的。黑格尔将"绝对理念"也就是"概念"的发展过程描述为圆圈式发展，由许多"否定之否定"（即"正、反、合"）组成，构成了一系列的圆圈。黑格尔的"概念"，是具体概念，而所谓具体，就是多样性的统一。张世英教授指出，黑格尔将"正、反、合"三段式，分为两次否定的过程：第一次否定是由"正"到"反"，第二次否定是由"反"到"合"。第一次否定是将"正""反"二者对立，将"反"看成是对"正"的单纯否定。黑格尔把第一次否定称之为"抽象的否定性""形式的否定"或"单纯的否定"。第一次否定，"正"、"反"是互相排斥、互相矛盾的。但是，由于具体概念都是对立面的统一，"反"是"正"的构成环节和组成部分，是对"正"的进一步规定和肯定，是"正"的具体化和深刻化。第一次否定以后，具体概念的发展并没有结束，而是必须进一步对这个"单纯的否定"再进行否定。第一次否定可以说是离开"正"的过程，第二次否定就是回复到"正"的过程，当然这并不是简单的回复，而是对"正"的提高。黑格尔把整个概念的发展"前进"的同时又叫做"倒退"的过程，是更高层次的回归。因此，黑格尔的否定观是辩证的否定，也就是"扬弃"（Aufheben）。①因此，"否定之否定"就像一个圆圈，

---

① 参见张世英《论黑格尔的逻辑学》第七章，上海人民出版社1981年版，第177~178页。

列宁称之为"螺旋"①。

马克思主义经典作家对黑格尔的唯心辩证法进行了彻底的革命，将其头脚倒置的辩证法重新颠倒过来，将"概念的辩证法"看成是客观世界物质的辩证运动的主观反映。马克思在《资本论》第一卷《第二跋》中对此作了深刻的说明。

对于马克思"重建个人所有制"论断中所说的"否定之否定"，学界的争论主要是三种所有制是不是需要保持内容上的一致性问题。有学者认为从劳动者个人私有制—资本主义私有制—重新建立的个人所有制要遵循形式逻辑的要求，三种所有制的内容必须限制为生产资料的所有制。而按照恩格斯的解释，重建的个人所有制仅仅限于消费资料的所有制，这就违背了形式逻辑的"同一律"。但有些学者认为"否定之否定"这种辩证逻辑不应当简单地套用形式逻辑的要求，机械地限定概念的一致性。辩证逻辑的概念是在不断发展的概念。"否定之否定"后的事物概念虽然与初始概念有相似的地方，但也仅仅是相似而已，实际上已经有了巨大的变化，不能简单地套用形式逻辑的"同一律"。但是，考虑到事物的发展是辩证的否定，是既肯定又否定，虽然事物已经发展变化，但还是可以相互比较的。

这里一个重要问题是生产资料所有制与消费资料的分配之间的关系。马克思在《〈政治经济学批判〉导言》中明确指出，"在分配是产品的分配之前，它是（1）生产工具的分配，（2）社会成员在各类生产之间的分配（个人从属于一定的生产关系）——这是同一关系的进一步规定。这种分配包含在生产过程本身中并且决定生产的结构，产品的分配显然只是这种分配的结果。"②因此，作为社会生产方式变革的主要基础的所有制变革，显然只能是生产资料所有制的变革，消费资料的分配形成的消费资料所有制变化只能是生产资料所有制变革的结果。

作为"否定之否定"起点的即作为资本主义私有制产生土壤的，不是农

---

① 列宁：《哲学笔记》，中共中央党校出版社1990年版，第271页。
② 《马克思恩格斯选集》第2卷，人民出版社1995年版，第14页。

奴制和奴隶制，而是农奴制和奴隶制解体后形成的大量的广泛存在的劳动者小私有制，特别是农民小土地私有制。"资本的原始积累，即资本的历史起源，究竟是指什么呢？既然它不是奴隶和农奴直接转化为雇佣工人，因而不是单纯的形式变换，那么它就只意味着直接生产者的被剥夺，即以自己劳动为基础的私有制的解体。"①正是劳动者小私有制在商品经济规律下必然的分化和国家暴力支持下的剥夺，广大小生产者失去生产资料和生活资料，变成出卖劳动力的雇佣工人。马克思指出，"至于租地农场主的产生，我们是能够弄清楚的，因为这是一个延续了许多世纪的漫长过程。"②资本主义租地农场主就是自由小农长期分化的产物。而且，"毫无疑问，有些小行会师傅和更多的独立小手工业者，甚至雇佣工人，转化成了小资本家，并且由于逐渐扩大对雇佣劳动的剥削和相应的积累，成为不折不扣的资本家。"③当然，小生产者的分化是资本家的一个来源，尽管不是主要的来源。

因此，前资本主义社会的其他私有制，如封建农奴制和奴隶制（如美国南方的种植园奴隶制），在向资本主义私有制转变过程中，必须首先经历一个解体的过程，把前资本主义的财产变成现代私有财产，即单纯的所有权，把农奴和奴隶解放成为自由人，使他们成为能够拥有财产的人，首先是自身劳动力的所有者。

消灭资本主义私有制，能不能回到历史上早就被消灭了的大私有制呢？还能不能恢复奴隶主所有制、封建领主所有制、大地主所有制？高度社会化的生产力还能不能允许恢复汪洋大海的劳动者小私有制？很明显，回不去了。这些陈旧的所有制形式，在人类社会生产力还较低的阶段就被消灭了，更何况在生产力的极大发展连最发达的私有制即资本主义私有制也成了严重束缚生产力发展的桎梏，资本主义私有制也必须要被消灭才能进一步解放生产力，人类社会怎么会允许倒退到比资本主义私有制还落后的所有制形式？

因此，作为否定之否定，即对资本主义私有制的否定，显然是全部生产

---

① 《资本论》第1卷，人民出版社2004年版，第872页。
② 《资本论》第1卷，人民出版社2004年版，第852页。
③ 《资本论》第1卷，人民出版社2004年版，第859页。

力又回归到劳动者手中，但不是将生产资料分割为单独的个人占有，而是按照生产力的社会本性，由联合起来的自由劳动者共同占有，从而排除了任何个人依靠生产资料的垄断权去占有其他人的劳动。作为自由人联合体的社会对全部生产资料的占有，生产资料的管理运营必须遵循自由人联合体的集体行动逻辑，按照不断发展完善的民主原则和民主机制，去管理和使用全部生产力。全体劳动者作为生产资料的主人，选举和监督管理机构和管理人员，充分参与生产经营管理，共同决定产品分配。因此，正是在这种对生产资料的实际的共同占有中，自由劳动者共同劳动，共同参与生产经营管理，共同决定产品的分配，自由劳动者作为生产资料的共同的所有者，作为共同的主人才真正实现，这不是仅仅从法律上宣布废除私有制实行公有制就能实现的，这就是在共同占有的基础上重建劳动者个人所有制的真正涵义。相反，如果没有劳动者在生产过程中对生产资料的共同占有，共同决定生产经营管理，共同决定分配，而仅仅是从法律上宣布生产资料的公有制，只由少数人从事管理生产经营和分配，把大部分劳动者排除在管理活动之外，劳动者也不会真正感受到自己的主人地位，这种公有制也极有可能会逐渐变质，苏联东欧社会主义公有制的覆灭就是证明。

三、如何理解恩格斯在《反杜林论》中的相关解释

恩格斯在《反杜林论》中阐明了他对"重建个人所有制理论"的解释："可见，靠剥夺剥夺者而建立起来的状态，被称为以土地和靠劳动本身生产的生产资料的社会所有制为基础的个人所有制的恢复。对任何一个懂德语的人来说，这也就是说，社会所有制涉及土地和其他生产资料，个人所有制涉及产品，那就是涉及消费品。"①恩格斯在《反杜林论》中引用的是《资本论》1872 年德文第二版。

恩格斯对"重建个人所有制"内涵的解释，产生了很大的争论。一派观点认为恩格斯的解释完全正确，"重建个人所有制"就是在对土地和其他生产

---

① 《马克思恩格斯选集》第 3 卷，人民出版社 1995 年版，第 473 页。

资料的公有制或共同占有基础上的消费资料个人所有制。而另外一派认为，"重建个人所有制"是联合起来的个人对生产资料的公有制或共同占有，消费资料的分配是这种生产资料公有制或共同占有的结果，因此恩格斯的解释是不完善的。胡钧教授指出，"要避免把重建个人所有制的解释简单化，譬如认为马克思所说个人所有制只是指个人消费品而不是生产资料。这种解释看起来容易理解，可是从上面所引马克思的原文来看，把生产资料排除在'个人所有制'之外，并不符合他的原意，马克思在论述个人所有制时，都明确讲的是生产资料、生产工具、土地、资本等，根本没有涉及消费资料。因为根据马克思主义的基本原理，只有生产资料的所有制形式构成生产关系整个体系的基础。"

还有人认为，恩格斯的解释是在批判杜林编造马克思关于未来社会的所有制是所谓"既是个人的又是社会的"的"混沌世界"的谬论时，针对杜林不懂辩证法、固守形式逻辑思维而作出的浅近的说明，因为形式逻辑以"是就是，不是就不是，除此以外都是鬼话"为特征，但是辩证法却深刻地指出，在事物的现实发展变化中，必然是"既是它自身而又不是它自身"。

需要强调的是，恩格斯的解释完全肯定了生产资料的社会所有制或公有制，强调分配给个人自由支配的仅仅限于消费品，无疑是正确的，这也是许多学者肯定恩格斯解释的原因。

前面已经指出，《资本论》德文第一版和第二版中，"重建个人所有制"的基础之一是"土地及靠劳动本身生产的生产资料的公有制"。显然，在生产资料公有制基础上建立消费资料的个人所有制，是《资本论》德文第一版和第二版中相关论述的必然结论，而且恩格斯的解释也是得到马克思同意的。但问题是，马克思在校订出版第一卷法文版时，就感到"作为依据的原本（德文第二版）应当作一些修改，有些论述要简化，另一些要加以完善……"①马克思在法文版中将"重建个人所有制"的基础之一的土地及靠劳动本身生产的生产资料的"公有制"修改为"共同占有"，这个修改在 1883 年德文第三版、

---

① 《资本论》第 1 卷，人民出版社 2004 年版，第 27 页。

1887 年英文版和 1890 年德文第四版中延续下来。因为财产或所有制的真正基础是占有这个无可解释的事实，马克思在法文版中的这个修改，也就消除了德文第一版、第二版在生产资料公有制基础上重新建立的个人所有制只能限于消费资料这个结论与《资本论》和《1861－1863 年经济学手稿》等相关论述之间的矛盾。在《资本论》第三卷第 27 章，马克思指出，"资本主义生产极度发展的这个结果，是资本再转化为生产者的财产所必需的过渡点，不过这种财产不再是各个互相分离的生产者的私有财产，而是联合起来的生产者的财产，即直接的社会财产。"① 在《1861－1863 年经济学手稿》中，马克思明确指出，"资本家对这种劳动的异己的所有制，只有通过他的所有制改造为非孤立的单个人的所有制，也就是改造为联合起来的社会个人的所有制，才可能被消灭。"②因此，考虑到马克思在法文版中的相关修改，对恩格斯在《反杜林论》中根据《资本论》德文第二版作出的相关解释的理解也需要相应地改变。

此外，恩格斯的解释并没有涉及个人与社会即自由人联合体之间的关系。自由人联合体以每个人自由而全面的发展为特征，是消灭了私有制和阶级差别的社会，因而摆脱了存在阶级压迫和阶级剥削的社会的"虚假的共同体"性质，而成为真正的共同体。自由人联合体不再是凌驾于劳动者全体之上的存在物，在这个联合体中，每个劳动者作为联合体成员都平等地参与管理共同体的事务，每个人都平等地作为全部生产资料的主人共同决定社会生产和产品分配。因此，自由人联合体正是表明了每个全面发展的人都平等地作为全部生产资料的主人而自觉地参与管理联合体的生产和分配。

因此，对未来社会的"社会"与"个人"的关系，需要辩证地看待。生产资料的公有制或共同占有，不能说与每一个劳动者个人无关。每一个自由劳动者与其他自由劳动者一样，都平等地作为社会生产资料的主人，共同决定公有的生产资料的运营和管理，这与劳动者对其个人所有的生产资料的占

---

① 《资本论》第 3 卷，人民出版社 2004 年版，第 495 页。
② 《马克思恩格斯全集》第 48 卷，人民出版社 1985 年版，第 21 页。

有和使用是相似的，但这已经不是孤立的小生产者对其拥有的生产资料的占有和使用，而是联合起来的个人对只能共同使用和共同占有的生产资料的管理，他们共同决定产品的分配，这是一种螺旋上升的回归，不是简单的回归。联合起来的个人对共同占有和共同使用的生产资料的管理，必须按照民主原则这个自由人联合体集体行动的逻辑，而不能再像劳动者个人私有制那样完全根据个人意志独自决定生产资料的使用和处分。因此，问题就在于怎么看待个人与联合起来的个人即自由人联合体之间的辩证关系，而且自由人联合体在共同占有生产资料基础上个人消费品的分配方式和消费方式也是在不断发展变化的。

四、如何看待"资本主义时代"后面的标点符号的变化？

1883年德文第三版把德文第一版、第二版和法文版"重建个人所有制"段落中"资本主义时代"后面的"逗号"改成了"冒号"，接着1887年英文版和1890年德文第四版也延续了这个"冒号"，从而造成了"资本主义时代的成就"的内涵的改变，也造成了重建个人所有制的基础的范围发生变化。

那么，资本主义时代的成就究竟是什么呢？就在"资本主义积累的历史趋势"这一节中，马克思指出，"随着这种集中或少数资本家对多数资本家的剥夺，规模不断扩大的劳动过程的协作形式日益发展，科学日益被自觉地应用于技术方面，土地日益被有计划地利用，劳动资料日益转化为只能共同使用的劳动资料，一切生产资料因作为结合的、社会的劳动的生产资料使用而日益节省，各国人民日益被卷入世界市场网，从而资本主义制度日益具有国际的性质。随着那些掠夺和垄断这一转化过程的全部利益的资本巨头不断减少，贫困、压迫、奴役、退化的程度不断加深，而日益壮大的、由资本主义生产过程本身的机制所训练、联合和组织起来的工人阶级的反抗也不断增长。"这段话所叙述的都是资本主义时代的成就，这也是推翻资本主义制度以后所要建立的自由人联合体的物质条件和精神条件。

因此，在接下来的"否定之否定"段落中，马克思在德文第一、二版和法文版中，将资本主义时代的成就，与协作和对土地和其他生产资料的公有或共同占有并列，用"逗号"而不是用"冒号"来隔开。吴宣恭教授明确指出，对土地和其他生产资料的"共同占有"根本不是资本主义时代的成就，而是消灭资本主义私有制的结果，是很有道理的。马克思明确指出，无产阶级的占有"只有通过革命才能得到实现"。①

因此，笔者认为，《资本论》第一卷德文第一版、第二版和法文版，在"资本主义时代的成就"后面的"逗号"是正确的，而《资本论》第一卷德文第三版将这个"逗号"改为"冒号"，并且英文版和德文第四版延续了这个"冒号"是不正确的，因为这直接改变了"资本主义时代的成就"的内涵，也改变了重建个人所有制的基础的范围。因此，《资本论》第一卷中文版根据德文第四版翻译的"重建个人所有制"这段话中，"资本主义时代的成就的基础上"后面的"也就是说"这几个字应该删去。这样，才符合马克思在德文第一版、第二版和法文版中的原意。

五、"重建个人所有制"论断能作为私有化改革的理论依据吗？

苏联东欧和中国社会主义改革走向截然相反的历史结局，关键原因在于改革的指导思想和理论基础有根本差别。如果认为社会主义国家的经济体制改革就是建立西方资本主义国家那样的以私有制为基础的市场经济，那么经济体制改革的着力点也就必然放在社会主义公有制经济的私有化上，在私有制基础上确立市场决定资源配置的原则，因而无论有无改革公平正义的动机，最终结果必然是社会主义国家公有的生产资料最终集中到少数资本家手里，作为公有生产资料共同主人的劳动人民必然遭受残酷的剥夺。

人类社会几千年的历史充分证明，在私有制和商品生产条件下，劳动者小私有制必然不断分化，财产逐渐地集中到少数人手里。资本主义私有制就是对劳动者小私有制的否定的结果。不但如此，在资本主义条件下，小资本被大资本消灭，大鱼吃小鱼，不断地造成资本的集中，最终产生了垄断。因此，在社会主义国家，那些处心积虑地鼓吹把生产资料公有制分给每个人的

---

① 《马克思恩格斯全集》第3卷，人民出版社1960年版，第76页。

主张，不管如何声称代表劳动人民的利益，但实际上，无论以什么样的方式进行生产资料公有制的私有化改革，最终的结果只能是公共财产落入少数人手中，这已经为苏联东欧和其他国家的私有化改革结果充分证明。

谢韬和辛子陵在《试解马克思重建个人所有制的理论与中国改革》一文中认为："小小一张股票，体现了社会所有和个人所有的统一、公有制与私有制的统一、生产资料与生活资料的统一。重建的这种个人所有制，既包括共同占有、个人有份的一定数量的生产资料，又包括由这个一定数量的生产资料派生出来的一定数量的生活资料，是一种以个人私有为基础的均富状态。"针对谢、辛二人的观点，众多马克思主义学界前辈和中青年学者，撰写了大量文章予以批驳，明确指出谢、辛二人的观点"要害是私有化"。

总的来说，苏联东欧剧变和我国改革开放过程中出现的许多问题，深刻地教育了中国人民。社会主义国家如果搞私有化改革，只能是极少人掠夺瓜分广大劳动人民几代人积累的巨量公共财产，私有化改革必然使广大劳动人民重新沦为雇佣奴隶。正是因为苏联东欧的惨痛教训，私有化改革的主张在中国越来越不得人心。

目　　录

第一编　二十世纪八九十年代

论社会的个人所有制

——关于社会主义所有制的一个理论问题

杨坚白[*]

一、从一段译文谈起

马克思说:"资本家对这种劳动的异己的所有制,只有通过他的所有制改造为非孤立的单个人的所有制,也就是改造为联合起来的社会个人的所有制,才可能被消灭。"[①] 这段译文很不好理解。经请教德语专家王辅民同志,始知这段译文是按俄文转译过来的,不够确切。从德文文法上看,这句话是主动式而不是被动式。它并未表示资本家的所有制被别的什么东西所消灭,而是说,资本家的所有制通过它自身的辩证发展,造成了对自身的否定,即自我扬弃,(德文 aufheben,有消灭、扬弃的意思。)这就是说,资本家的所有制经过矛盾运动的结果,把它自己改造为非孤立的单个人底所有制,也就是改造为联合起来的、社会的个人底所有制(这里,把表示所有格的"的",按我国旧例使用"底"字,以示区别)。这里,"联合起来的"和"社会的"是并列的形容词,用以形容名词"个人"(individuum),"个人"在这里是第二格,即所有格,旨在说明这种所有制是属于"联合起来的、社会的个人"。经过辅民同志这番解释,使我豁然开朗了。

马克思在这里讲的个人所有制,同《资本论》第一卷第二十四章结尾时讲的重新建立个人所有制是完全一致的。即:

"从资本主义生产方式产生的资本主义占有方式,从而资本主义的私有

---

* 杨坚白,中国社会科学院经济研究所。

① 《马克思恩格斯全集》第48卷,人民出版社1985年版,第21页。

制，是对个人的、以自己劳动为基础的私有制的第一个否定。但资本主义生产由于自然过程的必然性，造成了对自身的否定。这是否定的否定。这种否定不是重新建立私有制，而是在资本主义时代的成就的基础上，也就是说，在协作和对土地及靠劳动本身生产的生产资料的共同占有的基础上，重新建立个人所有制。"①

上面两段引文都是说，资本家所有制在其生产发展过程中即已孕育出对它本身的自我否定因素。不言而喻，这并不是说，资本主义制度能够自然成长为无产阶级占有制。无产阶级的占有只有通过联合才能得到实现；这种联合也只有通过革命才能得到实现；只有联合起来的个人对全部生产力总和的占有，才能消灭私有制。②

我们一般的概念是：资本主义制度消灭后就建立社会主义公有制，马克思、恩格斯都曾一再地提出过；但另一方面又提出，重新建立个人所有制。这就使一些人困惑莫解。有的人甚至把它比作"哥德巴赫猜想"，目前还有争论。

在我看来，马克思提出的重建个人所有制的观点是明确的，他还从哲学意义上指出，这就是否定之否定。因为，马克思提出重建的个人所有制并不是私有制（人们每每把两者混为一谈），而是要在消灭资本家所有的私有制后实现联合起来的个人占有，即建立联合起来的、社会的个人所有制。这种所谓个人所有制实际就是我们现在常说的社会主义公有制。或者反过来说，我们现在通行的社会主义公有制，就其实质来说，应是联合起来的、社会的个人所有制。这是个涉及个人与社会、个人所有与公有的辩证关系的理论问题。

二、个人所有与公有的辩证关系

社会是各个个人构成的总体，国家是全体公民的总代表（尽管它是统治阶级借以实现其共同利益的形式），而集体无论它是以全社会的人为集体，还

① 《马克思恩格斯全集》第 23 卷，人民出版社 1972 年版，第 832 页。
② 《马克思恩格斯全集》第 3 卷，人民出版社 1960 年版，第 76～77 页。

是以一部分人为集体，它终归是由诸多个人结成的复合体，即个人隶属于集体。在现代生产力的条件下，只有在集体中，个人才能获得全面发展其才能的手段，也就是只有在集体中才能有个人的自由。在真实的集体的条件下，各个个人在自己的联合中并通过这种联合而获得自由。在控制了自己的生存条件和社会全体成员的生存条件的革命无产者的集体中，"个人是作为个人参加的。它是个人的这样一种联合（自然是以当时已经发达的生产力为基础的），这种联合把个人的自由发展和运动的条件置于他们的控制之下。"① 这是我们对个人与社会、集体关系的基本看法。

社会主义制度是经过无产阶级革命，推翻资本主义制度之后建立起来的。资本主义私有制，在资本原始积累过程中，以极其残酷的手段，消灭了土地及其它生产资料为劳动者私有的小生产。把个人私有的分散的生产资料转化为社会的积聚的生产资料，多数人的小财产转化为少数人的大财产。这是少数掠夺者对人民群众的剥夺。马克思把以占有土地为基础的和以占有手工工具为基础的劳动者个人所有制视为本来意义上的劳动与劳动的客观条件相结合关系的形式。所以，他把这种劳动者个人所有制作为所有制关系辩证发展过程的起点加以考察。而当这种单个人对生产条件的所有制遭到否定时，以非劳动者的个人所有制亦即以资本主义私有制取代这种个人所有制时，这便是对劳动者个人所有制的否定。马克思把这种所有制辩证发展过程中出现的现象称作第一个否定。

随着资本主义生产的发展，一旦旧社会、旧制度土崩瓦解，资本主义生产方式站稳脚跟了，资本家就对私有者进行进一步的剥夺，那是通过资本主义生产本身的内在规律的作用，即通过集中，由一个资本家打倒许多资本家，以实现劳动的进一步社会化和生产资料的进一步集中。正由于劳动资料日益转化为只适合于为社会共同使用，这便形成了资本主义制度的生产社会性与生产资料为资本家私人占有形式之间的矛盾。这种劳动社会化和生产资料的集中，已经同它的资本主义的外壳不相容了。也就是说，资本主义发展的必

---

① 《马克思恩格斯全集》第 3 卷，人民出版社 1960 年版，第 85 页。

然趋势造成了对它自身的否定。相对于第一个否定而言，这便是否定的否定。这种否定就是指事实上已经以社会生产为基础的资本主义所有制是对它自身的否定。当然，炸毁资本主义的外壳还要经过艰苦的革命斗争。而当这个资本主义外壳一旦被炸毁，无产阶级便可在生产资料共同占有的基础上重新建立个人所有制。所谓"重建"就是通过否定之否定，"回归"到原出发点。

这里，需要着重阐明的是：马克思所说的否定之否定，即重新建立的是个人所有制而不是私有制。这种个人所有制是建立在生产资料共同占有基础上的个人所有制，也就是联合起来的、社会的个人所有制。而不是回归到分散的、孤立的、单个人的所有制上去。大规模的生产社会化和劳动社会化，在客观上要求对生产力总和的占有，不允许把整体的、大规模的生产力瓜分为单独个人所有（那种倒退的小生产观点）。"在无产阶级的占有制下，许多生产工具应当受每一个个人支配，而财产则受所有的个人支配。现代的普遍交往不可能通过任何其他的途径受一个个人支配，只有通过受全部个人支配的途径。"① 对生产工具的一定总和的占有，也就是个人本身的才能的一定总和的发挥。个人的自主活动，离开了集体就无从实现。只有对生产力总和的共同占有，然后才可能有由此而来的才能总和的发挥。

在探讨这个问题时，把个人所有制同私有制加以区别，是非常重要的一环。人们从阶级社会观察中得来的印象一般都是把个人所有制等同于私有制，而把它同公有制对立起来。其实，所有制同它的占有方式、实现方式并不总是等同的、一致的。我们知道，所有制所表明的是劳动与劳动客观条件的关系。在社会生产中，劳动是主体，生产资料是主体活动的客观条件。把纯自然条件存而不论，所有生产资料都是积累起来的劳动。溯本求源，一切客观的劳动条件都是通过劳动者的劳动创造出来的，即劳动的主观条件的客观化。一切所有制关系、一切财产关系，从本源上说，只能是劳动者个人与由他创造并应为他所有的劳动客观条件的关系。然而在社会生产发展史中，所有制形式及其占有方式却各有不同。如在原始公社时期表现为联合占有的个人所

---

① 《马克思恩格斯全集》第 3 卷，人民出版社 1972 年版，第 76 页。

有制（当然，那时的所有制同现在所说的所有制不尽相同），而在奴隶社会、封建社会和资本主义社会中基本上是由私人占有的阶级所有制，只是在封建社会中较广泛地存在私人占有方式的个人所有制。这种个人所有制与私有制是一致的。

如前所述，马克思是把个人所有制作为对所有制考察的起点。但那时的个人所有制表现为私人占有，也就是个人的、以自己劳动为基础的私有制。而当劳动异己形式的资本家所有制被否定后，并不是回归到私人占有方式的个人所有制，而是重新建立在联合占有、社会共同占有基础上的个人所有制。这种个人所有制是社会主义公有制的同义语，本质上不同于私有制，它的组织形式就是马克思、恩格斯当年设想的，并一再提出的自由劳动者联合体。

既然是社会公有制，为什么又把它称作联合起来的、社会的个人所有制呢？

这就要求我们从哲学意义上理解个人与社会、个人与集体的辩证关系。如果从形式逻辑的观点看，那就会把个人所有与社会公有视为互不相容的矛盾。

在社会主义、共产主义社会中，个人究竟在社会和集体中处于什么地位？"个人是社会存在物"①，个人当然不能离开社会，离开集体而存在而活动，但也不能把社会当作抽象的东西同个人对立起来。所以，无论到任何时候，也不能忽视个人的地位和作用。共产主义公有制并不是像无政府主义者攻击的那样，使"社会升为最高所有者"，是对个人进行"第二次的掠夺"，社会成员都变成了乞丐和赤贫者。劳动者在社会主义、共产主义社会是生产资料的主人，在联合占有、共同占有的基础上，个人是实实在在的所有者。过去，在理论上不强调、不突出个人在生产资料所有制上的作用，显然是错误的。

从历史唯物主义观点来考察，构成所有制内容的生产资料，是在历史上形成的劳动积累。无论劳动的形式、规模如何，它都是以单个劳动力的支出为基础的。因而本来是由劳动者自己创造的，而在生产过程中又为主体劳动活动所必需的劳动的客观条件，理应为劳动者个人所有。当然，在社会主义、

---

① 《马克思恩格斯全集》第 42 卷，人民出版社 1979 年版，第 122 页。

共产主义的条件下，它不是由个人直接占有的个人所有制，而是建立在社会共同占有基础上的个人所有制。具有更加深远意义的是，正是这种个人所有制得以实现主观劳动条件与客观劳动条件的直接结合，从而使劳动对劳动客观条件的运用得以充分实现。而且唯有这种个人所有制，才能真正让作为同一的社会的人处于平等的基础上充分发挥个人的才能。

马克思关于重建个人所有制的理论，在一定意义上，无疑是与劳动力为劳动者自己所有这一起源有关的。然而，马克思的这个理论却不是从劳动力个人所有制的狭隘观点出发，而是根据生产社会化、劳动社会化的客观要求提出的。不能将两者加以混同。关于社会主义制度下的所谓劳动力个人所有制观点，是需要专门探讨的问题，本文不去讨论它。

三、这一理论的现实意义

马克思关于建立联合起来的、社会的个人所有制的理论，对我国当前经济管理体制改革和所有制改革的现实意义，可归纳为两句话，就是要以这一理论为指导，改进和完善全民所有制，大力发展和整顿集体所有制。

从理论上说，我国的公有制企业均相当于马克思、恩格斯当年设想的劳动者联合体，当然，在当前是商品经济条件下的联合体；我们社会生产中的劳动性质均属于联合劳动（是对雇佣劳动的否定）；我们的生产资料所有制形式，无论是全民所有制还是集体所有制，均应是联合起来的、社会的个人所有制。

遗憾的是我们现实的生产资料所有制只是着眼于大和公，未能表现出它是联合起来的、社会的个人所有制。联合起来的劳动者本应是生产资料共同所有的主人，然而他们在所有制中的地位、权利和利益却被扭曲了。

我们的全民所有制财产，当然是为十亿人民所共有。通过什么形式来体现它是全民所有呢？只能以国家为代表，从而全民所有实际上成为国家所有。在我们的旧管理体制下，全民企业实际上成为各部门、各地区的行政机构的肢体。这种以行政隶属关系为实质的所有制体系，不仅在社会范围内无从体现它与每个公民的关系，即使在一个企业内，该企业的劳动者也不认为自己是生产资料共同所有者的主人。颇有讽刺意味的是，这种全民所有制变成了"无主所有制"。[1]谁也不认为自己是它的主人，谁也不为它的命运操心。这种怪现象，当然不是社会主义本身的罪过，而是我们在理论和实践上，对所有制的构筑和管理存在着问题。这也恰好说明，这种体制非改革不可。

我国集体所有制的发展很曲折。先是急于求成而盲目"升级"、"过渡"，在拨乱反正后才转向民营。近年来，大集体、小集体又蓬勃发展起来。但一般是各行其道，五光十彩。若使它们真正转化为联合起来的、社会的个人所有制，还有赖于整顿和提高。

当前，我国正处于体制改革当中。对于所有制的完善、改革，人们提出不少有价值的、可供试行的方案或模式，包括股份制、承包、资产经营责任制、租赁，以及对国有小型企业作价转让或招标出卖，改为集体所有、合作经营，等等。这些我认为都是可以试行的。但切忌一哄而起，全面铺开，最好是先行试验，总结经验，然后逐步推广。这些方案、模式的不足之处是都从资产、资金的角度出发。社会主义经济发展，当然应该高度重视资产、资金的重要，讲求生产效率和经济效益。然而实行股份制、租赁、承包等之后，把劳动者放在什么位置呢？投资者、租赁者、承包者、责任者同该企业的劳动者是什么关系呢？在社会主义社会，假如只考虑作为客观条件的生产资料的作用，不重视人的因素，不去充分调动作为生产资料主人并运用生产资料进行劳动生产的劳动者的积极性，这不能不说是一个偏向！面对我国旧体制存在的严重缺陷，以及某些有识之士提出的改革设想尚有某些不足之处，我认为我们应该以马克思在共同占有的基础上建立个人所有制理论作为所有制改革的指导思想。

第一、关于改进和完善全民所有制。

我认为首要问题是要改变人们对公有制的观念、纠正不敢触及，更不敢强调个人在社会中地位和作用的偏向。这就要从理论上阐明个人与集体的关系，阐明劳动者是社会主义国家的主人，社会主义企业的主人。无论社会主

---

① 李光远：《社会主义商品经济三题》，载于《北京社会科学》1986年第3期，第58页。

义公有制以什么形式出现，劳动者终归是生产资料的共同所有者，而不是在劳动者之外，另有什么组织或单位是生产资料所有者。社会主义公有制的正解，只能是联合起来的、社会的个人所有制。添加了联合起来的、社会的这两个限制词，正是表明这种个人所有制是社会主义以至共产主义公有制的同义语。当然，观念的改变不简单是理论宣传问题。它唯有在体制改革中，通过各种渠道、方式，使劳动者从实践中体会到，他们作为生产资料主人的权利、利益和意志确实得到了实现，然后才能有真正的观念改变。

在阐明这一理论时，须特别注意两点：

第一点，马克思说的建立个人所有制，丝毫也不意味着要废除国有制（即我们今天的全民所有制）。我国在体制改革中有人提出要取消全民所有制改行企业所有制，或通过各种方式使国有企业与国家的生产资料所有权脱钩。这些构想和议论同马克思说的建立个人所有制并无共同点。国民经济发展如果不以国有经济为主导，国家如不拥有雄厚的经济实力，而听任各企业自由发展，其前途将有可能无法保障国民经济沿着社会主义方向发展，也将无法保障统一计划管理的贯彻实施。尤其在商品经济条件下，这种可能性更明显，因而这种意见是不可取的。

第二点，建立个人所有制并不是回到私有制。这一点已在前面指出。考虑到我国体制改革中的某些议论，有必要加以重申。例如，在提倡股份制的呼声中，有人主张把国有企业的财产，折股分给每个职工，作为职工股份，据以调动职工的积极性。这种混淆视听、化公为私的言论，同本文倡导的马克思关于重建个人所有制理论是截然相反的。前面已经指出，马克思说的个人所有制是社会主义公有制的同义语。这种公有制的建立是对私有制的否定，而且共产主义思想是同私有制观念的彻底决裂。马克思早就说过，"私有制使我们变得如此愚蠢而片面，以致一个对象，只有当它为我们拥有的时候，也就是说，当它对我们说来作为资本而存在，或者它被我们直接占有，被我们吃、喝、穿、住等等的时候，总之，在它被我们使用的时候，才是我们的。"[1]

---

[1] 《马克思恩格斯全集》第42卷，人民出版社1979年版，第124页。

可见，谁要设想社会主义可以建立在个人私有的基础上，或者是想以个人私有制来调动人们的积极性，那就未免太荒唐了。这是我们探讨马克思关于重建个人所有制理论时，必须加以区分的。

顺便指出，在社会主义商品经济的条件下，股份制是可以采用的。例如，在全民所有制企业中，企业以其留存利润入股，或职工用个人所得入股等都是可行的。它将有利于推动企业的发展，也不致因此而影响全民所有制的绝对优势。但这种股份必须是企业的自有资金和职工的个人所得，不允许以挖国家财产的方式来实现。

其次，联合劳动者对生产资料的主人地位要以其权利和意志的实现为标志。这主要是要由劳动者实行民主管理体现出来。假如劳动者不能参与共同管理，那也就不成其为主人了。

劳动者在企业中的民主管理权利，包括选举权、被选举权和罢免权，参与决策和提出建议的权利，以及检查监督权，等等。民主管理的组织形式应根据具体情况决定。一般是由职工大会或职工代表大会选举或罢免经理和其他管理干部、监察人员。也可从劳动者中推选代表若干人参加企业管理。如酌情成立由管理人员、技术人员和劳动者组成的共同管理委员会。劳动者应占必要的比例，对经营管理的方针、方向制定"共同纲领"作为共同遵行的准则，等等。关于民主管理的细节，这里就不谈了。

需要进一步明确的是民主管理与厂长负责制的关系问题。

现代化企业必须实行权威性的统一指挥。我国在体制改革中肯定了实行厂长负责制，并实行责、权、利的统一。这是完全必要的、正确的。现代化生产具有严密的组织性、科学性，不论在企业内部或外部都实行分工协作，它要求每个生产过程，每个环节都要保证质量，达到标准化，并遵守严格的时间要求，准时完成任务。假如某一环节出了差错，就将引起一系列矛盾，以至在市场竞争中丧失主动权。正因为这种客观要求，所以，企业必须实行严格的科学管理和厂长负责制的权威性指挥。然而厂长、经理的责任，不只是物的管理，如资金使用、经济核算、生产效率、经济效果等等，他还必须同劳动者打交道。这就提出了厂长、经理与劳动者的关系，以及劳动者在企业中的地位问题。

在社会主义国家，企业中执行管理职能，并拥有权威性的统一指挥权的厂长、经理是社会主义的企业家，在性质上不同于资本主义社会代替职能资本家执行管理职能的企业经理，他不是压制、统治劳动者来为资本家利益服务，而是接受国家委托在实行任命制的条件下来执行经营管理企业和指挥劳动的职能。也就是说，我们的企业是劳动者共同所有的企业，而厂长、经理则是管理企业的代理人，也可以称之为企业法人的代表。实际上，他也是联合劳动中的一分子，只是在分工上作为厂长、经理执行管理职能就是了。

从根本意义上说，社会主义国有企业应该还权于联合起来的劳动者，让劳动群众自己民主管理企业。厂长、经理应民主选举产生。民主管理与厂长负责制的关系就是民主与集中的关系。其基本原则是在民主基础上的集中和在集中指导下的民主。两者是对立统一的辩证关系。没有民主的保障，集中就有可能流为专断独裁和官僚化；没有集中的指挥民主就有可能转化为无政府倾向，完不成现代的社会化大生产的任务。列宁说："群众应当有权为自己选择负责的领导者。群众应当有权撤换他们。群众应当有权了解和检查他们活动的每一个细小的步骤。群众应当有权提拔任何工人群众担任领导职务。但是这丝毫不等于集体的劳动过程可以不要一定的领导，不要明确规定领导者的责任，不要由领导者的统一意志建立起来的严格制度。如果没有统一的意志把全体劳动者团结成一个像钟表一样准确地工作的经济机关，那末无论是铁路、运输、大机器和企业都不能正常地进行工作。"[1] 所以，列宁又说："我们应该学会把这种民主精神与劳动时的铁的纪律结合起来，与劳动时绝对服从苏维埃领导者一个人的意志的精神结合起来。"[2] 列宁是把群众民主讨论与建立严格的责任制视为民主范畴的两种职能。他主张在经济方面实行民主集中制，实际上是把科学管理、权威性的统一指挥和群众的民主权利三者结合起来作为一个整体来实施。我认为这正是我们进行管理体制改革的理论依

---

① 《列宁全集》第 27 卷，人民出版社 1958 年版，第 194 页。
② 《列宁选集》第 3 卷，人民出版社 1960 年版，第 523 页。

据和准则。

在我国当前试行改革模式中，无论是股份制、承包制、资产经营制或租赁制等等，落实到企业中都有个企业负责人与劳动者的关系问题，而且不可能改变联合劳动者为企业的主人这一基本前提。因而归根到底，都需要通过民主管理形式体现出生产资料主人的地位、权利和意志。只有这样的企业才是名副其实的社会主义企业，也只有这样的做法，才能真正调动起广大劳动群众的积极性，为社会、为集体奉献自己的劳动。

最后就是从分配上体现出生产资料主人的个人利益。联合起来的劳动者，既是所有者又是劳动者。社会主义的分配制度是按劳分配，实行多劳多得，少劳少得。这当然要足够重视个人的经济利益。决不能因为按劳分配属于资产阶级权利的性质而搞平均主义的"大锅饭"。这就要求我们在制定工资政策时要保持必要的差距，在奖励、分红方面也要贯彻多劳多得，有奖有惩的原则。在实行职工参股的企业中除按劳分酬外，还要按股金多少分红。劳动者以他的劳动所得入股，为社会主义建设作出贡献，理应得到必要的报酬。切不可把劳动者的劳动积累同资本家剥削剩余价值的积累—剩余价值资本化等同视之。

总之，对这种演变成"无主所有制"的全民所有制，应该通过体制改革，进行综合治理，使之转化为名副其实的在联合占有、共同占有基础上的个人所有制。这是我们所有制改革的核心问题。至于当前试行的那些从资金、资产角度出发的改革方案、模式，固不无可取之处，然而仔细推敲，有的恐怕只能是过渡形式，有的则不过是"扬汤止沸"的急救措施而已。在我看来，有些企业，假如试行国家所有、合作经营的方式（巴黎公社曾经设想把资本家逃亡而停工的工厂改变为合作工厂），较之其它方案、模式可能更加符合社会主义经济发展的要求。

第二、大力发展和整顿集体所有制。

在社会主义国家，各种经济事业，是全由国家包下来，实行国营好呢？还是在国有经济的主导下，依靠群众，发动群众，组织起来，让群众自己动手去办好呢？这是涉及经济发展战略方向的根本问题，我认为应该是后者。

我国幅员辽阔，人口众多，生产力水平还相当低，现仍处于社会主义初级阶段，国家的经济财力有限。对于诸多的经济事业，由国家都包揽下来，不仅包不了，包不起，而且也管不好。许多经济活动本来都是同群众生活息息相关的。依据我们中国共产党的群众路线的优良传统，发动群众，组织群众，让群众自己去办将会更好些。至于国家，只要掌握有关经济命脉的重要事业就行了。

基于这种看法，我认为我们的社会主义经济建设，不论是现在的社会主义初级阶段，以至到未来的发达社会主义时期，都应该组织群众，大力发展集体所有制的合作经济。我国宪法明文规定，各种形式的合作社均为社会主义劳动群众的集体所有制经济。我国的经济政策和一些文献，均把集体所有制与全民所有制并列称之为社会主义公有制的两种形式。所以，不论从哪个角度来说，都不能不高度重视集体所有制经济的发展。至于我国现实的合作经济、集体经济中还存在若干不正规的现象，那是可以经过整顿、改革而予以提高的。这里就不说了。

以上是就我国现实经济发展的需要来说的。让我们再回到理论上来吧。假如说，我们把全民所有制解释为联合起来的、社会的个人所有制，还不易为人们所理解的话，那么，劳动群众的集体所有制则明显地体现出生产资料既是归联合起来的劳动集体所有，又是归每一劳动者个人所有。这些参加合作经济、集体经济组织的成员既是共同工作的劳动者又是生产资料的所有者，从而实现了劳动者与生产资料的直接结合。劳动成果归劳动者共同享有，实行按劳分配和一定比例的按股分红，还从盈余分配中提取一定比例的公积金和公益金，用以扩大再生产和举办集体福利事业，实现了私人经济利益与集体经济利益的直接结合。这种集体所有制经济，是由劳动群众自己集资举办，实行自主经营，民主管理，自负盈亏。不增加国家的财政负担，也不需要国家的财政补贴。所以，我认为这种劳动群众的集体所有制，不但直接体现了马克思主义关于联合起来的、社会的个人所有制理论，同时又非常适合我国社会主义经济发展的现实需要，并可较好地调动劳动者的积极性，因而应大大发展。也正是在这个意义上，我认为有些国有企业实行合作方式经营，也不失为良策。

　　关于集体所有制的合作经济的组织管理，因限于篇幅，本文从略。我认为这种经济的最大特点是把企业放在民主管理的基础上。例如，经过民主选举，成立理事会、监事会、实行厂长负责制与民主管理相结合等。假如我们千千万万的集体所有制合作组织普遍实现民主管理，千千万万的全民所有制企业也普遍推行民主管理，那么，我们的社会主义民主就将具有坚实的经济基础了。

　　　　　　　　　　　　（原文发表于《中国社会科学》1988 年第 3 期）

正确理解"重建个人所有制"

王成稼*

马克思指出,在资本主义外壳被炸毁,剥夺者被剥夺以后,在协作和生产资料公有制基础上"重新建立个人所有制"①。这种"个人所有制",在我国学术界曾长期认为,是指在协作和生产资料公有制的基础上重新建立生活资料的个人所有制。但经济体制改革以后特别是近年来,学术界对此提出了异议②。正确阐明这个问题,具有重大的理论意义和现实意义。

一

首先,让我们看看传统马克思主义对重建个人所有制的部分论断。

(1)马克思写道:"从资本主义生产方式产生的资本主义占有方式,从而资本主义的私有制,是对个人的、以自己劳动为基础的私有制的第一个否定。但资本主义生产由于自然过程的必然性,造成了对自身的否定。这是否定的否定。这种否定不是重新建立私有制,而是在资本主义时代的成就的基础上,也就是说,在协作和对土地及靠劳动本身生产的生产资料的共同占有的基础上,重新建立个人所有制。"③

(2)对于这种个人所有制,马克思在《资本论》第1卷的另一个地方还有绝不可能引起任何误解的补充。他写道:"自由人联合体,他们用公共的生产资料进行劳动,并且自觉地把他们许多个人劳动力当作一个社会劳动力来

---

* 王成稼,中国社会科学院经济研究所。

①③ 《资本论》第1卷,人民出版社1975年版,第832页。

② 有的认为,不是指重建生活资料个人所有制,而是指重建生产资料个人所有制,并将其理解为生产资料公有制;有的认为,这个个人所有制既包含生产资料,也包含生活资料。这两种看法的共同点:都把生产资料包含在个人所有制的范畴之内,基于这种看法进一步提出,应把重建个人所有制作为改革的理论模式,并加以具体化。

使用……这个联合体的总产品是社会的产品。这些产品的一部分重新用作生产资料。这一部分依旧是社会的。而另一部分则作为生活资料由联合体成员消费，因此，这一部分要在他们之间进行分配。"① 这里说明，生产资料依旧是社会的，是公有的，劳动者分得的消费品归他们个人所有。二者的区别是一清二楚的。

（3）马克思本人在另一本名著中也明确指出：在社会主义条件下，劳动者"除了自己的劳动，谁都不能提供其他任何东西，另一方面，除了个人的消费资料，没有任何东西可以成为个人的财产。"② 可见，在生产资料公有制基础上重新建立起来的个人所有制，只包括消费资料，而不包括生产资料。

（4）恩格斯对个人所有制也作了极其明确的、毫不含糊的解释。"对任何一个懂德语的人来说，这就是，公有制包括土地和其它生产资料，个人所有制包括产品即消费品。"③

（5）列宁完全同意恩格斯对个人所有制所作的解释，并以恩格斯对杜林的批判所作的上述解释来批判俄国的米海洛夫斯基。④

由上述马克思、恩格斯、列宁的部分论述可以看出，重建个人所有制指的是消费品的个人所有制。因为道理很明显，这种个人所有制是靠剥夺剥夺者并以土地和劳动本身生产的生产资料的公有制为基础而建立起来的。既然这种个人所有制是以生产资料公有制为基础，那末它本身决不会包括生产资料。同样明显的是：这种个人所有制是在资本主义时代的成就的基础上重新建立的。也就是说，生产资料已由分散转化为集中，由小财产转化为大财产：在资本主义生产方式被否定以后，生产资料只能由社会占有，从而属于社会

---

① 《资本论》第1卷，人民出版社1975年版，第95页。
② 《马克思恩格斯选集》第3卷，人民出版社1972年版，第11页。
③ 《马克思恩格斯选集》第3卷，人民出版社1972年版，第170页。有人在读了恩格斯的这个解释后问：德语中的个人所有制到底是什么意思？这里附带说明一下。民主德国出版的《政治经济学小辞典》和《社会主义政治经济学辞典》都有明确的解释。前者的解释是："个人所有制是指社会主义条件下满足个人需要的个人消费品的所有制，其来源是自己的个人劳动。"后者的解释是："个人所有制是指社会主义条件下满足个人需要的劳动产品的所有制，其来源是社会生产中的个人劳动。"二者的解释是基本相同的。
④ 《列宁选集》第1卷，人民出版社1972年版，第35、37页。

财产。只有国家以社会名义占有生产资料，才能按照社会的和每个社会成员的需要来发挥生产资料的作用。任何单独的个人，都无力占有、支配和使用集中的、庞大的社会财产。因此，社会的生产资料绝不能由个人占有，从而建立生产资料的个人所有制。马克思讲的"不是重新建立私有制"，正是在这种意义上讲的。如果重新建立生产资料个人所有制，那末无产阶级为之奋斗的政治变革进而经济变革，就是毫无意义的，社会就不是前进，而是倒退。在马克思所设想的未来社会里，除了生产资料共同占有之外，可以由个人占有、支配和使用的，只有生活资料。

有人说，恩格斯对马克思个人所有制的理解，不一定符合马克思的原意。诚然，马克思和恩格斯在某些具体问题的认识上，会有某些不完全一致的地方，但是，他们在重大的理论原则问题上，特别是我们这里所讨论的个人所有制问题上，可以肯定是完全一致的。因为恩格斯对个人所有制的解释是在《反杜林论》中讲的，而该书可以说是恩格斯和马克思合写的著作，其中第10章就是马克思亲自撰写的，这里特别要强调指出的是，"这本著作的手稿预先读给马克思听过"。[①] 因此，不能把恩格斯的解释同马克思的观点分开，甚至对立起来。

还有人一方面承认"恩格斯关于个人所有制的上述解释，无疑是一个权威性的解释"，另一方面又提出了一连串的疑问[②]来加以否定。其一谓"在公有制社会里，当消费品未进入分配之前……不是为个人所有"。这与恩格斯把个人所有制的对象解释为消费品并不矛盾。归社会所有的社会总产品中的消费品，只有通过按劳分配以后，才能转入劳动者手中，即由公有转为个人所有，由其自由支配、使用或消费。这是社会主义经济生活中常识性的问题。

其二谓"当消费品被分配以后，为劳动者个人所有、使用和消费，这种情况在任何社会都存在"。事实果真如此吗？否。在奴隶社会，连奴隶本身也属于奴隶主所有，是其"会说话的工具"，奴隶并没有个人所有权；在资本主

---

① 《列宁选集》第 1 卷，人民出版社 1972 年版，第 40 页脚注。
② 智效和：《关于"个人所有制"的几种观点》，载于《光明日报》1989 年 10 月 21 日。

义社会，雇佣劳动者是资本的奴隶，他无权过问产品或消费品的分配，更谈不上占有或所有。如果他有权参与他所生产的产品或消费品的分配，从而占有消费品，他就不会被迫出卖自己的劳动力来维持活命了。

其三谓"马克思曾把未来社会的个人所有制，明确为'联合起来的社会个人的所有制'"①，并以此断言：这"与恩格斯的解释是不一致的。"然而，这种说法并不能代替有事实根据的、科学的论证，也不能证明马克思在这里说的生产资料公有制就是他在《资本论》第 1 卷中所说的在公有制基础上重新建立的"个人所有制"。而恩格斯的解释却正是直接针对这种重建的"个人所有制"，而且还得到了马克思本人的认可，他的解释是同马克思关于"自由人联合体"产品分配的上述解释是完全一致的。如果任意把他们在不同场合所说的不同对象硬连接在一起，似有移花接木之嫌。

二

下面我们来看看认为个人所有制应理解为生产资料所有制的主要理由能否站得住脚？

（1）第一个理由是：马克思提出重新建立的"个人所有制，是作为否定之否定中第二个否定的产物，而根据否定之否定规律，第二个否定的特点是在更高的形式上回到原来的出发点。作为否定之否定起点的，是'个人的，以自己劳动为基础的私有制'，即指的是生产资料所有制，它被资本主义私有制所否定。因此，第二个否定的结果不能导致'消费资料所有制'。否则，不仅在逻辑上违背了同一律，而且也不符合否定之否定的一般规律。"②

这种解释看来似乎能够自圆其说，但是，经不起推敲。因为，第一，它忽略了马克思在这里所说的个人所有制是属于产品占有方式范畴中的问题，而不是生产方式范畴中的问题。

关于生产方式及其前提生产资料所有制形式转化的历史必然性，马克思

---

① 《马克思恩格斯全集》第 48 卷，人民出版社 1985 年版，第 21 页。
② 《〈资本论〉辞典》，山东人民出版社 1988 年版，第 94 页。

在这之前已用了较大的篇幅概述，并得出了资本主义私有制必然为社会主义公有制所代替的科学结论。马克思在这一段文中所论述的是由生产方式所决定的产品占有方式的相应转化过程。①

生产资料所有制是生产关系中最重要的、起决定性作用的因素。生产资料所有制形式的转化是产品占有方式依以转化的基础或前提。有什么样的生产资料所有制形式，就有什么样的产品占有形式。②

第二，从逻辑的同一律和否定之否定的一般规律来看，把个人所有制理解为生产资料个人所有制即公有制，也是经不起推敲的。因为：

①如果抽掉生产资料的社会属性，即生产资料的所有制性质，单纯从其自然属性来看，以生产资料为否定之否定的起点，经过否定之否定即第二个否定之后，又回到原来的出发点生产资料个人所有制上来。这在形式上似乎符合上述规律的要求，但是，对于我们所讨论的生产资料社会属性的转化，即生产资料所有制性质的转化问题来说，却什么也没解决。

②如果以生产资料私有制为起点，经过第二个否定以后，又回到原来的出发点生产资料私有制来，在形式上似乎也不违背上述规律的要求，但就我们所要讨论的所有制性质的转化来说，显然是荒谬的。因为，如果资本主义私有制被否定以后，又回到原来的出发点，即以自己劳动为基础的私有制上

---

① 为了使论述的对象更加明确和突出，不致于引起误解，马克思把《资本论》第 1 卷德文第 1 版中"资本主义生产方式和资本主义占有方式"二者相提并论的提法做了修改：在第 3 版中改为"从资本主义生产方式产生的资本主义占有方式"，在由他亲自修订的、根据第 3 版（是第 2 版，编者注）翻译的法文版中改为"同资本主义生产方式相适应的资本主义占有"，论述的对象已由资本主义生产方式本身转为由其产生或与其相适应的"资本主义占有方式"或"资本主义占有"。

② 例如，在小生产的条件下，生产资料归劳动者个人所有，他自己劳动的产品自然归他个人所有。以自己劳动为基础的私有制以剥削他人劳动为基础的资本主义私有制所否定以后，它的占有方式也就随之为资本主义占有方式所否定。资本主义占有方式的特征是：生产资料归资本家私人所有，产品也归他私人所有，而生产产品的劳动者则不能占有自己的产品。资本主义私有制为社会主义公有制所否定以后，它的占有方式也同样随之为社会主义占有方式所否定。资本家的生产资料被剥夺以后，他已不能再依靠生产资料的私有权来占有他人的无酬劳动。社会主义占有方式的特征是：总产品是社会的产品。这些产品"一方面由社会直接占有，作为维持和扩大生产的资料，另一方面由个人直接占有，作为生活和享乐的资料。"（恩格斯：《反杜林论》，载于《马克思恩格斯选集》第 3 卷，人民出版社 1995 年版，第 319～320 页）在劳动者之间进行分配，由其个人直接占有和消费的生活和享乐资料，就是马克思所说的个人所有制的基本内容。

来，这不是前进，而是倒退；不是形式的上升运动（即由低级形式上升为高级形式），而是相反。这种倒退的运动不是我们所要讨论的问题。

③如果以生产资料私有制为起点，经过第二个否定的结果，导致生产资料公有制，这显然是违背上述规律要求的。因为，起点和回归点不一致，作为高级形式的生产资料公有制，没有回到它原来的起点，即低级形式的生产资料公有制上来。所以，不能把个人所有制理解为生产资料个人所有制，即生产资料公有制。①

我认为，只有把产品占有方式中的个人所有制理解为生活资料的个人所有制，才符合上述规律的要求。否定之否定的起点为劳动者个人占有生活资料，因为他是其生产资料的所有者，产品即生活资料也自然由他个人占有。随着所有制形式的转化，小生产的占有方式为资本主义占有方式所否定。这是第一个否定。生产资料和生活资料均为资本家所垄断，劳动者变成一无所有。同理，资本主义占有方式又为社会主义占有方式所否定。这是第二个否定，即否定之否定。社会总产品中的生产资料由劳动者共同占有，即公有，用于扩大再生产，以增加社会总产品；其中生活资料，在劳动者之间进行分配，由劳动者个人占有，即劳动者个人所有，用于生活和享乐，以实现其个性自由。马克思所说的个人所有制就这样产生了。

在产品占有方式中，从劳动者个人占有到劳动者不能占有再到劳动者重新占有的发展过程，恰好符合逻辑的同一律和否定之否定规律的要求。个人所有制仍然是同一的个人所有制，不需要在这一概念之上附加任何规定和说明（如小私有的、公有的、社会的，或联合起来的，等等），起点和复归点、内容和形式均趋于一致。劳动者个人所有制的复归，不是简单的复归，而是在更高形式上的复归，也就是说，劳动者对生活资料的个人所有制，已经不

---

① 由于个人所有制和公有制等同论者，在上述规律的要求上不能自圆其说，于是，一方面把个人所有制说成是"公有制的一种借用说法"。另一方面又把它分为两种："一种个人所有制即小私有制"，"另一种个人所有制，即土地和其他生产资料公有制"。产品占有方式中的个人所有制和生产资料所有制中的公有制都有其所固有的规范化的科学的涵义，不能出于某种需要而随心所欲地加以解释。个人所有制就是个人所有制，而不是公有制。把这两种彼此相对立的内容用同一个个人所有制的概念来反映，不仅无助于问题的解决，反而会造成混乱。

是建立在分散劳动和生产资料私有制的基础上，而是建立在协作和生产资料公有制的基础上。

（2）把个人所有制理解为生产资料公有制的第二个理由是："马克思在提出重新建立个人所有制以后，接着就对这里的否定之否定作了另一表达：'以个人自己劳动为基础的分散的私有制转化为资本主义私有制，同事实上已经以社会生产为基础的资本主义所有制转化为公有制比较起来，自然是一个长久得多、艰苦得多、困难得多的过程。'①""这里，是用'公有制'代替前面关于在'生产资料的共同占有的基础上，重新建立个人所有制'，说明这两个提法具有相同的意义"②。

这种理由不能成立，说法也牵强。从马克思上述行文的逻辑结构和内容看，这一自然段根本不是上一自然段的重复，更不是否定之否定的另一表达，而是在前面分析的基础上，对两种性质不同的生产资料所有制转化过程进行比较，前者是少数掠夺者剥夺人民群众，后者是人民群众剥夺少数掠夺者，结论是：前一个转化过程比后一个转化过程要长久得，艰苦得多、困难得多。这是不难理解的。而上一段讲的是产品占有方式的转化。在这两个自然段落之间根本不存在用"公有制"代替"个人所有制"的问题，而且事实上也是不能代替的。

（3）把个人所有制理解为生产资料所有制的第三个理由是："对取代资本主义的新社会的所有制，在马克思的著作中，历来是讲生产资料的公有制，而不特别讲消费资料的所有制。"③ 我认为，这个讲法本身是对的，因为生产资料公有制，对于社会主义社会来说，是最基本的、起决定性作用的因素。它反映全国人民最高的、最根本的切身利益。如果没有生产资料公有制的存在，那末以它为基础的其它方面的东西就不可能建立起来。社会主义也就不成其为社会主义了。但是，这并不能证明马克思在讲生产资料公有制时，就是讲的生产资料个人所有制。在这个问题上，更不能采取少数服从多数的办法进行推断，尤其不能推断出马克思从来没有讲过的内容。请问：马克思在

---

① 《资本论》第 1 卷，人民出版社 1975 年版，第 832 页。
② 《〈资本论〉辞典》，山东人民出版社 1988 年版，第 94 页。
③ 《〈资本论〉辞典》，山东人民出版社 1988 年版，第 94 页。

什么地方讲过在生产资料公有制的基础上建立生产资料个人所有制或公有制这样文理不通的话或类似的意思？

另外，持个人所有制为生产资料所有制观点的人还引马克思的话来证明他的观点。①

①说马克思在《给"祖国纪事"杂志编辑部的信》中谈到《资本论》第二十四章末尾关于资本主义积累的历史趋势时讲的话："我把生产的历史趋势归结成这样：它'本身以主宰着自然界变化的必然性产生出它自身的否定'；它本身已经创造出一种新的经济制度的因素，它同时给社会劳动生产力和一切个体生产者的全面发展以极大的推动；实际上已经以一种集体生产为基础的资本主义所有制只能转变为社会的所有制。"② 但是，这里讲的是资本主义生产的历史趋势（即资本主义所有制转变为社会的所有制的历史必然性），并未讲在生产资料的所有制确立以后，在其基础上重新建立的个人所有制包括的内容。因此，马克思的这一论断不能用来作为个人所有制内容的证据。如果说二者有什么必然联系的话，只能说，生产资料社会所有制是个人所有制借以重新建立的基础。

②说马克思在《资本论》第3卷论及股份公司是资本再转化为生产者的财产所必需的过渡点的提法："不过这种财产不再是各个互相分离的生产者的私有财产，而是联合起来的生产者的财产，即直接的社会财产。"③ 其实这里讲的"联合起来的生产者"，不是联合起来的生产者个人，而是联合起来的生产者（原文为复数）集体；财产当然也不是生产者个人的财产，而是生产者全体的财产。因为：第一，再转化的资本是以生产资料和劳动力的社会集中为前提的，并直接取得了社会资本的形式，经过剥夺以后，不可能属于某个生产者个人所有。第二，生产的社会化，资本的进一步集中，竞争为垄断所代替，"为将来由整个社会即全民族实行剥夺做好了准备。"④ 既然由整个社

① 《〈资本论〉辞典》，山东人民出版社1988年版，第94~95页。
② 《马克思恩格斯全集》第19卷，人民出版社1963年版，第130页。
③ 《资本论》第3卷，人民出版社1975年版，第494页。
④ 《资本论》第3卷，人民出版社1975年版，第495页。

会即全民族来剥夺，当然应当直接归整个社会即全民族所有，按整个社会即全民族的需要，有计划地加以支配和使用。第三，马克思这段话本身的意思说得十分清楚：联合起来的生产者的财产，就是直接的社会财产，而不是个人的财产。

马克思的上述两段话，都讲的是旧的生产方式向新的生产方式转化的核心问题，即建立社会的所有制或社会财产问题，并没有进一步讲在此基础上重新建立个人所有制问题，怎么能把马克思没有讲过的话强加给他呢？

③最后以上述马克思的两段话为依据，认为"个人所有制"应理解为"联合起来的个人对全部生产力总和的占有。"① 在社会主义生产社会化、生产资料和劳动力社会集中的条件下，从事活动的每一个劳动者，都是联合的、社会的个人，不存在单个的、孤立的、非社会的个人。因为他们一旦离开联合体、离开社会，就不可能生产出产品，当然也就谈不上对产品的占有，从而个人所有制的问题。如果说，劳动者个人联合起来，社会地占有生产资料，共同"使用"，那就不是生产资料个人所有制，而是生产资料公有制。诚然，马克思在不同的场合讲过"个人所有制"和"联合起来的个人对全部生产力总和的占有"，但是，他从来没有把二者等同起来。不仅如此，而且在讲到后者的时候，还特别强调在无产阶级占有制下"一个个人"同"所有的个人"或"全部个人"的区别；许多生产工具可以受一个个人支配，而社会财产却只能受所有的个人或全部个人支配。因为，只有通过联合才能实现对全部生产力总和的占有，也只有这样，才符合无产阶级所固有的本性的要求。

三

从上分析可见，个人所有与公有，个人所有制与公有制之间的区别和联系是十分明显的。在历史上，德国的杜林从小资产阶级的小生产者的狭隘立场出发，用形而上学的观点来看待马克思提出的"重新建立个人所有制"。

---

① 这里顺便指出：有人在《论重建个人所有制》文中，也曾以马克思的这句话为依据，认为"马克思所说的个人所有制……是联合起来的、社会的个人所有制，"所指的也是生产资料。见《光明日报》1989 年 4 月 15 日。

杜林的理解是：个人所有制的消灭是第一个否定，个人所有制的恢复是第二个否定。这种新的个人所有制在马克思那里同时也称为公有制。这是更高的统一。它既是个人的又是公共的所有制的混沌世界。① 杜林把他的这种错误理解硬强加给马克思，理所当然地受到恩格斯严厉的批判。

我们有的同志由于没有全面地理解个人所有制与公有制之间的区别与联系，因而把马克思所说的"重建个人所有制"误解为重建生产资料的个人所有制，从而混淆了个人所有制与公有制的不同的性质。并且，在这种误解的基础上提出，应该把重建个人所有制作为改革的理论模式，那就离开了马克思的本意。只有把马克思关于"重建个人所有制"的思想作为维持劳动者生命再生产的生活资料的分配体制改革的理论模式，加以具体化，选择和创造进一步完善"不劳动者不得食"、"按劳分配"原则的具体形式，才符合马克思的本意；也只有如此，才能显示出马克思这一光辉思想的伟大意义。

有的同志被"一些现实的经济现象"所迷惑，而看不到我国生产资料公有制的优越性，因而在思想上产生了困惑："为什么有些强大的国有企业往往竞争不过集体企业？而国有企业和集体企业又竞争不过个体企业？"并认为，"最根本的原因是我们在理论上和实践上都没有认识到里建'个人所有制'的重要性"。他认为："'个人所有制'是指生产资料公有制中的一种财产关系。主要含义是：财产既是公有的，但同时又是每个人的"。② 这同杜林的混沌世界颇有些相似之处，财产关系是生产关系的法律用语，个人所有同公有之间在财产关系上的界线是泾渭分明的。公有制中国家所有制的生产资料或财产属于国家所有，任何个人不得侵犯、侵吞、挥霍和据为己有，否则就要受到国家法律的制裁。

（原文发表于《经济研究》1990 年第 1 期）

---

① 《马克思恩格斯选集》第 3 卷，人民出版社 1972 年版，第 169 页。
② 魏启亮：《浅议"个人所有制"》，载于《经济问题》1989 年第 6 期。

马克思要在社会主义社会重建何种"个人所有制"

胡培兆 *

马克思在《资本论》第一卷论述资本主义积累的历史趋势时指出:"从资本主义生产方式产生的资本主义占有方式,从而资本主义的私有制,是对个人的、以自己劳动为基础的私有制的第一个否定。但资本主义生产由于自然过程的必然性,造成了对自身的否定。这是否定的否定。这种否定不是重新建立私有制,而是在资本主义时代的成就的基础上,也就是说,在协作和对土地及靠劳动本身生产的生产资料的共同占有的基础上,重新建立个人所有制。"① 作为历史趋势必将在社会主义社会重新建立的"个人所有制"是什么样的所有制? 有的说是生活资料的个人所有制,也有说是生产资料的个人所有制。所不同的是,今天是认定是生产资料的个人所有制的居多。不过,在认定是生产资料个人所有制的学者中,也有许多不一致的看法,归纳起来有两类:一类是本质说,即生产资料的个人所有制本质上就是公有制;另一类是分解说,即生产资料的个人所有制就是人人皆有的私有制。究竟哪论是真谛? 这个问题的理解,对全民所有制企业产权的改革关系直接而重大。

一、恩格斯的理解是否顺理成章?

对马克思的上引论述作攻击性歪曲的,最早可能是杜林。杜林说,马克思的这段"文字游戏"是单凭黑格尔的否定的否定的辩证法产生出来的,"这种新的'个人所有制'在马克思先生那里同时也称为'公有制'","马克思先生安于他那既是个人的又是公共的所有制的混沌世界,却叫他的信徒们自

---

* 胡培兆,厦门大学经济学院。
① 《资本论》第1卷,人民出版社1975年版,第832页。

己去解这个深奥的辩证法之谜。"杜林显然囿于自己唯心主义世界观无法理解马克思所揭示的这个历史趋势。恩格斯对杜林的无端攻击予以严厉批驳，指出"处于这个'混沌世界'的不是马克思，而是杜林先生自己。"恩格斯在引了上引《资本论》的那段论述和紧接着的下一个自然段"以个人自己劳动为基础的分散的私有制转化为资本主义私有制，同事实上已经以社会生产为基础的资本主义所有制转化为公有制比较起来，自然是一个长久得多、艰苦得多、困难得多的过程"① 以后，说："对任何一个懂德语的人来说，这就是，公有制包括土地和其他生产资料，个人所有制包括产品即消费品。"②

恩格斯对"个人所有制"的理解和杜林的理解是完全不同的。恩格斯把"个人所有制"理解为是消费品的个人所有制，杜林却理解为是生产资料的个人所有制。如果像恩格斯那样分开，杜林就不会把"个人所有制"和"公有制"等同起来了。谁的理解正确？当然是恩格斯。这不仅因为恩格斯是《资本论》的实际合作者，对《资本论》完全理解，也不仅因为恩格斯的《反杜林论》是马克思授意写的，完稿后经过马克思的首肯，而且更重要的是马克思的原意就是如此。

讲到所有制，通常是指生产资料的所有制。因为生产资料在经济关系中是最重要的决定因素。但这是狭义的所有制。广义的所有制应该包括生产资料和利用它生产的产品。恩格斯在《反杜林论》里分析生产社会化和占有私人性这个资本主义基本矛盾时，使用的就是广义的所有制概念。资本家的私人占有包括生产资料和产品的占有。恩格斯说，生产资料社会化了，需要成百上千的人进行协作才能使用，产品也社会化了，它不再是个人的产品，而是许多工人协作劳动的共同产品，"但是这些社会化的生产资料和产品还像从前一样被当做个人的生产资料和产品来处理"，即"现在由社会化劳动所生产的产品已经不是为那些真正使用生产资料和真正生产这些产品的人所占有，而是为资本家所占有。"③ 这种广义所有制正是《资本论》里论述资本主义积

---

① 《资本论》第 1 卷，人民出版社 1975 年版，第 832 页。
② 《反杜林论》，人民出版社 2015 年版，第 128 页。
③ 《反杜林论》，人民出版社 2015 年版，第 267 页。

累的历史趋势时所说的各种所有制：包括生产资料和产品的私有制、公有制。产品的一部分用来补偿或扩增生产资料，另一部分作为消费品。所以归根结蒂，广义的所有制实际上是生产资料和消费品的所有制。上引马克思所说的就是生产资料和消费品的"资本主义私有制"否定了生产资料和消费品的"个人的以自己劳动为基础的私有制"，生产资料和消费品的社会主义公有制否定了资本主义私有制。生产资料和消费品的社会主义公有制中，生产资料永远是公有的，消费品通过按劳分配最终归劳动者个人所有，成为个人的财产。两者合起来就是在土地及生产资料共同占有的基础上消费品的个人所有。所以恩格斯的"公有制包括土地和其他生产资料，个人所有制包括产品即消费品"的理解是顺理成章的、正确的。如果马克思在此使用的不是广义的所有制，而是狭义的所有制，那么只要说土地和其他生产资料的共同占有就够了，完全可以不必说在此基础上重建个人所有制。在生产资料公有制的基础上重建实质上是生产资料公有的个人所有制，简言之，是公有制基础上的公有制，它不是同义反复了吗？

有的学者引用了恩格斯的话，却避而不谈恩格斯为什么要说"个人所有制包括产品即消费品"，却说自己的理解和马克思、恩格斯的观点"是一致的"。其推理逻辑实在不可思议。恩格斯的"公有制包括土地和其他生产资料，个人所有制产品即消费品"之说，是针对杜林的"既是个人的又是公共的所有制"混话的，怎么竟然和"生产资料的个人所有制"一致起来了呢？

二、"个人所有制"能否也叫"公有制"？

有些学者认为马克思讲的社会主义社会要重建的"个人所有制"，实质就是公有制。如王正萍同志说"这种个人所有在本质上是公有的"。[①] 按照他们的观点，社会主义公有制和个人所有制是一样的。恕我冒昧地说一句，这和杜林的理解有什么不同呢？杜林就认为"这种新的'个人所有制'在马克思先生那里同时也称为'公有制'"，"既是个人的又是公共的所有制"。"实质

---

① 王正萍：《论公有制基础上的"劳动者个人所有制"》，载于《光明日报》1990 年 3 月 5 日。

说"和杜林的理解苟同了。魏启亮同志就明确说：个人所有制的"主要含义是，财产既是公有的，但同时又是每个人的。"① 我们大家都同意恩格斯对杜林的批判，不能把公有和个人所有等同起来。可是又不自觉地陷入杜林的"混沌世界"中。如果公有制和个人所有制是相同的，说个人所有的实质是公有，那么同样可以说公有的实质是个人所有。倒过来倒过去，能说明什么问题呢？

我认为生产资料的社会主义公有就是公有，不能同时又叫个人所有。

第一，社会化了的生产资料之所以要公有，就是为了排除任何人的个人所有。生产资料的个人所有是与生产资料的数量、使用规模的小型、分散和以劳动者自身劳动为基础相适应的，即使到资本主义发展阶段，生产资料的劳动者个人所有转变为资本家所有，生产资料虽然已相当社会化，但仍然比较分散，所以能由许多资本家所有。可是，就是这样也已经出现了生产社会化与私人占有之间的矛盾。当资本不断集中，"一个资本家打倒许多资本家。随着这种集中或少数资本家对多数资本家的剥夺"，② 出现资本垄断时，生产社会化与资本主义私人占有之间的矛盾就十分尖锐了，"达到了同它们的资本主义外壳不能相容的地步。"③ 生产资料的集中垄断和高度社会化，意味着这时的生产资料只有依靠社会的力量，依靠许多工人的协作才能推动，可是占有方式依旧没有突破个人占有的狭小框框。"它们仍然服从于这样一种占有形式，这种占有形式是以个体的私人生产为前提，因而在这种形式下每个人都占有自己的产品并把这个产品拿到市场上去出卖。生产方式虽然已经消灭了这一占有形式的前提，但是它仍然服从于这占有形式。"④ 这就是说，先进的高度社会化了的生产资料，占有形式是旧的、落后的。这就是资本主义生产方式自身不可克服的矛盾。社会主义的生产资料公有制就是依高度集中和社会化了的生产资料的本性，革除旧的占有形式，实现社会的而不是个人的共同占有。为克服个人占有的弊病而建立的共同占有，怎能又叫个人所有制呢？

---

① 魏启亮：《浅议"个人所有制"》，载于《经济问题》1989 年第 6 期。
②③ 《资本论》第 1 卷，人民出版社 1975 年版，第 831 页。
④ 《反杜林论》，人民出版社 2015 年版，第 267～268 页。

第二，要废除私有制，建立公有制，是无产阶级的要求，广大无产者当然明白他们自己要求建立的公有制的含义是什么，有的学者解释说，社会主义公有制就是人人都有一份，所以叫"个人所有制"。公有就是"人人都有一份"，对无产者来说是常识性的东西，是不言而喻的，何需再来一个"个人所有制"的注释呢？

第三，把马克思重建的"个人所有制"理解为是生产资料的个人所有制，就不可避免地会为主张生产资料私有化的人提供否定社会主义公有制的机会和口实。在语义上，个人所有和个人私有是没有什么区别的。在经济学上，个人所有和个人私有的经济利益是一样的。我所有的就不能你所有，你所有的同样不能我所有。排他性很明显。何况你有你的"实质说"，他也有他的"实质说"。你既然说个人所有制就是生产资料的个人所有制，那么他当然就会衍生出个人所有制的实质就是个人私有制的结论来。如果不把个人所有制和生产资料脱钩，私有化的理解就不可避免。

所以，把"公有"和"个人所有"等同起来，是难以自圆其说的。马克思之所以要特别叫"个人所有制"，恩格斯之所以要批判杜林把公有和个人所有混同，自有他们的道理。只有与生活资料联系起来，"个人所有制"才有独立存在的真实意义。

三、马克思为什么要提出"重建个人所有制"问题？

这是理解马克思的"重新建立个人所有制"的真谛至为重要的关键问题，可是至今大家都没有涉及。

马克思提出在社会主义"重新建立个人所有制"问题的针对性是很强的，并不像杜林所说的那样是借黑格尔的辩证法拐杖在搞"文字游戏"、"荒唐类比"，而是为了回敬资产阶级对共产主义的攻击，否定资产阶级对共产主义的"否定"。

共产主义，顾名思义就是要共产，实现大同。"共产党人可以用一句话把自己的理论概括起来，消灭私有制。"① 这种思想主张，或类似的这种思想主张，在马克思、恩格斯的科学社会主义诞生之前就有了，在早期的某些空想社会主义者那里，共产的思想表现得更激烈、更彻底，充满平均主义的色彩，不仅生产资料属全民所有，就是个人消费品也属全民所有。莫尔的乌托邦设想就是这样。摩莱里设计的共产主义蓝图虽然不主张生活资料公有，但对个人生活也有比较划一的空想，如穿的衣服的质料、颜色也要有一定的统一。但科学的社会主义只消灭生产资料私有制，并不要求生活资料也公有。可是资产阶级却造谣惑众，诬说共产主义不容许生活资料的个人所有。我国解放以前，一些实在糊涂和怀有敌意的资产阶级学者也是这样宣传的。共产主义在西方和东方都成了可怕的幽灵。要消灭资本家的私有制，只会引起资产阶级的恐慌。如果连生活资料也要"共产"，那会天下大乱，人人自危，谁还赞成实行共产主义？这是应当澄清的一个十分严肃的原则问题。所以马克思、恩格斯在《共产党宣言》里就已对资产阶级的攻击作了明确的否定回答。马克思、恩格斯写道："有人责备我们共产党人，说我们要消灭个人挣得的、自己劳动得来的财产，要消灭构成个人的一切自由、活动和独立的基础的财产。"② 如果这种财产是指劳动者"靠自己的劳动所占有的东西"，共产党人"决不打算消灭这种供直接生命再生产的劳动产品的个人占有"③，恰恰相反，是资产阶级在剥夺、在限制这种占有。郑重声明："共产主义并不剥夺任何人占有社会产品的权力，它只剥夺利用这种占有去奴役他人劳动的权力。"④ 在《资本论》里，马克思在论述资本主义所有制将转化为社会主义公有制的历史必然性时，提出在土地和生产资料实行共同占有的基础上重新建立消费品的个人所有制，就是自然的、必要的。说明实行生产资料的公有制与消费品的个人所有制并非是相抵牾的，以免引起混乱。

消费资料原是劳动者所有的，后来是在资本原始积累过程中被资本家剥夺了。在资本主义社会，消费资料属于资本家所有。马克思说，"产品是资本

①② 《共产党宣言》，人民出版社1975年版，第38页。
③ 《共产党宣言》，人民出版社1975年版，第39页。
④ 《共产党宣言》，人民出版社1975年版，第40页。

家的所有物，而不是直接生产者工人的所有物。"① 资本家是"生产资料和生活资料的所有者。"② 劳动者的个人所有制真正被否定了。雇佣工人的生活资料不像在社会主义条件下的工人一样是分配得来的，而是在市场上用自己的劳动力商品换来的。社会主义社会里生活资料才回到劳动者手里，是名副其实的重建个人所有制。虽然它需要经过按劳分配取得。

在剥夺剥夺者的财产时，并不剥夺劳动者的生活资料。这是马克思要提出重建个人所有制的原因，与《共产党宣言》的立场是相承而一致的。

四、恩格斯对否定的规律所作的例证是为了说明什么？

杜林无法理解马克思利用否定规律来说明社会主义将在高一级形式上建立崭新的所有制的理论，就说马克思是全靠黑格尔的辩证法产生出这个理论的，把马克思的科学理论判为主观臆想。恩格斯批判杜林时，列举了植物界大麦粒—植物—大麦粒的辩证发展过程，证明否定的否定"是一个非常简单的、每日每地都在发生的过程"，③ 不论在自然界还是社会界都是普遍存在的客观事实，并不是因为有了黑格尔的"否定的否定"的阐述以后才有万物否定的否定的变化过程。"这个规律只是被黑格尔第一次明确地表述出来而已。"④ 由此说明马克思的关于所有制变革的论述也只是客观存在的否定的否定的历史趋势的反映，并不是凭黑格尔的否定的否定理论胡诌出来的。

在讨论"重新建立个人所有制"问题时，有些学者不太注重恩格斯例证的用意，而拘于大麦粒到大麦粒的套解上，从大麦粒出发又回到大麦粒，要求"出发点和结果在一般性质和概念的抽象涵义上是相同的。"他们认为，"据此，从马克思对他的资本主义积累的历史趋势的论证过程中，我们明白地看到，出发点是'靠自己劳动挣得的私有制，即以各个独立劳动者与其劳动条件相结合为基础的私有制'。第一个否定是'以剥削他人的但形式上是自由

① 《资本论》第 1 卷，人民出版社 1975 年版，第 210 页。
② 《资本论》第 1 卷，人民出版社 1975 年版，第 782 页。
③ 《反杜林论》，人民出版社 2015 年版，第 133 页。
④ 《反杜林论》，人民出版社 2015 年版，第 140 页。

劳动为基础'的资本主义私有制，否定之否定或结果是'在协作和对土地及靠劳动本身生产的生产资料的共同占有的基础上，重新建立个人所有制'。很明显，贯穿这个过程的一般性质和规定不是'生活资料的个人所有制'，而是生产资料的个人所有制"。从生产资料的劳动者个人私有制到资本主义私有制再到社会主义公有制，不是在"一般性质和概念的抽象涵义上是相同的"。因为，如果说作为结果的社会主义公有制是大麦粒的话，那么资本主义私有制更像是大麦粒，它不仅也是私有制，而且是更高级的私有制。作为出发点的是私有制。经过演变后成为结果的是公有制。公有制与私有制怎么会在"一般性质和概念的抽象涵义上是相同的"呢？这里讨论的毕竟是经济问题，一种所有制到另一种所有制的演变与大麦粒到大麦粒的演变虽然都一样符合否定的否定规律，但终究有些差异，显得复杂一些。

从广义所有制的概念上，三种所有制否定的否定的演变过程是可以解释得通的。

（一）否定的否定过程中的三种所有制

1. 以自己劳动为基础的生产资料和消费品的个人私有制，简称个人私有制。
2. 生产资料和消费品的资本家私有制，简称资本家私有制。
3. 生产资料和消费品的社会主义公有制，简称社会主义公有制。

（二）否定的否定的演变过程

$$\binom{\text{个人}}{\text{私有制}}\frac{\text{生产资料的个人私有制}\rightarrow}{\text{消费品的个人私有制}\rightarrow}\binom{\text{资本家}}{\text{私有制}}\frac{\text{生产资料的资本家私有制}\rightarrow}{\text{消费品的资本家私有制}\rightarrow}$$

$$\binom{\text{社会主义}}{\text{公有制}}\frac{\text{生产资料的公有制}}{\text{消费品的公有制经过按劳分配}}\rightarrow\text{消费品的个人所有制}$$

从生产资料个人私有制基础上的消费品个人私有制出发，最后到生产资料社会主义公有制基础上的消费品个人所有制。这才相当于从大麦粒出发回到高一级的新大麦粒的演变过程，逻辑上也符合否定的否定规律。

这样我们就不必回避说，恩格斯的消费品的个人所有的论断"并不是直接根据马克思的那一段文章来论述，而是根据马克思和他本人一贯倡导的共产主义世界观，根据他们在社会主义所有制上的一贯思想作出他的解释的"，[1]"也不必回避说，在这两个自然段落之间根本不存在用'公有制'代替'个人所有制'的问题，而且事实上也是不能代替的。"[2] 因为这两个相连的自然段是围绕同一个问题说的，我们不能赋以不同意义把它们割裂开来。而且恩格斯是在引了这两个自然段以后才下结论的，这两个自然段就是直接根据。

（原文发表于《经济学家》1990 年第 3 期）

---

[1]　刘光杰：《必须正确理解马克思关于"重新建立个人所有制"的论点》，载于《江汉论坛》1990 年第 3 期。

[2]　王成稼：《正确理解"重新建立个人所有制"》，载于《经济研究》1990 年第 1 期。

对"重建个人所有制"的"正确理解"的商榷

马德安*

我拜读了王成稼同志《"正确理解'重新建立个人所有制'"》① 一文后（下称王文），认为这种"正确理解"是值得商榷的。王文绕开了马克思为什么在这里采用"个人所有制"的用词，而不是用一般"公有制"；如果说这只是"消费品分配原则"，为什么马克思要改变初衷，在这种场合去突出消费品分配问题；最后马克思用"重新建立"这个既肯定又加强的用词，又有无特殊含义；等等问题，看后觉得不得要领。

一

宣传公有制又避开对马克思关于突出"个人所有制"的用词和用意的研究，就缺乏理论的彻底性。这可能是对公有制实质争论的理论焦点。

我认为马克思关于"重新建立个人所有制"的用词，最贴切、深刻地反映了他所追求的社会目标和他的理论价值。

在马克思之前已有公社公有制和国家所有制。公社公有制的特点是土地为公社社员所有，社员共同使用；国家所有制的特点是土地等主要生产资料国家所有，由代表国家的政府机构控制管理。马克思从中汲取了营养并进行了重新创造，他所追求的社会目标是让每个劳动者都是经济生活中的实际所有者，即人人都是所有者，这里突出了每个人，强调了人的社会价值。如果将此意思通俗化，则是要建立一个"既是你所有，也是我所有，因而是大家公有的社会"，而不是建立一个"既不是你所有，也不是我所有，而是大家公

---

* 马德安，北京师范大学经济系。

① 王成稼：《"正确理解'重新建立个人所有制'"》，载于《经济研究》1990 年第 1 期。

有的社会"。后者，正是王文和其他不少同志主张的公有制模式。我认为王文恰恰在此问题上没有理解马克思公有制理论的深刻含义。

可以说"重新建立个人所有制"的核心用意，就是为真正改变劳动者的社会地位而设计的，强调每个劳动者都是生产资料的主人、所有者。公有制否定少数人占有生产资料并以此作为剥削他人劳动的权利，但是，公有制并不否定每个劳动者都应拥有所有权。如果不建立"个人所有制"，劳动者的平等权利就易于流于形式，甚至成为空话。马克思就是以这样的理解和认识来表述自己公有制思想的。如果研究一下马克思公有制思想的形成过程，上述结论是不难作出的。

还在马克思早期著作中这个思想已见端倪。在《经济学—哲学手稿》中，他曾用类比的手法向人们宣传过共产主义和公有制：公有制并不费解，就如同过去的私有制一样，不过那时是多数人没有、少数人私有；现在，除了少数不可能被人占有的东西如才能外，凡是存在的东西，都属于每个人所有。就如同把过去的私有制普遍化到每个人一样。① 这种解释是通俗的，难免带有一些不科学的成分，但对公有制的内涵：人人都是所有者，则明白无误地表达了出来。马克思这种思想从一开始就不同以往，他有更深刻的追求。这种思想在他以后得到完善和发展。

在马克思首次同恩格斯阐述他的世界观的著作《德意志意识形态》中强调了这个思想，书中曾讲："在这个集体中（指公有制关系中——引者注）个人是作为个人参加的。它是个人的这样一种联合（自然是以当时已经发达的生产力为基础的），这种联合把个人的自由发展和运动的条件置于他们的控制之下"。② 这里强调了"个人是作为个人参加的"，可以说这是科学社会主义的重要特点。书中还明确指出："在无产阶级的占有制下，许多生产工具应当受每一个个人支配，而财产则受所有的个人支配"，公有制"是联合起来的个人对全部生产力总和的占有，消灭私有制。"③ 尽管人们可能对上述引语有不

---

① 马克思：《经济学—哲学手稿》，人民出版社1956年版，第80~81页。
② 《马克思恩格斯选集》第1卷，人民出版社1972年版，第83页。
③ 《马克思恩格斯选集》第1卷，人民出版社1972年版，第75页。

同理解，但这里的"个人"的概念是非常清晰的，是指"每一个个人"或"所有的个人"。马克思和恩格斯这种用词，是充分考虑其科学内涵的。

但在过去讨论中曾有同志认为这些话是在他们早期著作中的话，难免有不成熟的地方，暗示这种用词是不科学的。其实，就此引语来看是非常科学地道出了马克思主义公有制思想的精髓，马克思主义理论生命就在于解放全部无产者，让昔日的受奴役者人人都成为所有者。之后，马克思在他的历史名著《法兰西内战》一书中，也发表了这个观点："公社曾想消灭那种将多数人的劳动变为少数人财产的阶级所有权。它曾想剥夺剥夺者。它想把现在主要用作奴役和剥削劳动者工具的生产资料、土地和资本变成自由集体劳动的工具，以实行个人所有权"。在这里马克思再次强调打倒资产阶级后的无产阶级专政时期，应建立公有制"以实行个人所有权"。可见公有制同"重新建立"个人所有制不是矛盾的，而是等同的。所以，要理解马克思关于公有制思想，关键在于理解"个人所有制"思想的含义。

马克思在强调社会化大生产条件下劳动者平等权利时也曾阐述过上述意思："在以自由劳动为基础的条件下，这种情况只有在工人是自己的生产条件的所有者时才有可能。自由劳动在资本主义生产的范围内发展为劳动。因此，说工人是生产条件的所有者，就是说生产条件属于社会化的工人，工人作为社会化的工人进行生产，并把他们自己的生产作为社会化的生产从属于自己"。① 马克思在此强调"工人是自己的生产条件所有者"，但在此已不是个人生产条件而是社会化生产条件。这里阐述的是社会化大生产条件下的公有制，不是小商品经济的个体经济结构，所以也不应把马克思所讲的"个人所有制"和个体经济相等同。

在上述大量引证后，我认为至少可以建立起这样的概念，即马克思在《资本论》中分析资本主义积累规律的历史趋势后，作出历史发展的结果是"重新建立个人所有制"结论不是偶然的，是他公有制思想发展的必然。他的这种用语："重新建立个人所有制"是有深刻含义的，我们应该从中获得启

---

① 《马克思恩格斯全集》第 26 卷 III，人民出版社 1974 年版，第 583 页。

发，以便指导我们的研究和工作。

二

这一节我主要分析在《资本论》中这段至理名言的含义。马克思指出：
"从资本主义生产方式产生的占有方式，从而资本主义私有制，是对个人的、
以自己劳动为基础的私有制的第一个否定。但资本主义生产由于自然过程的
必然性，造成了对自身的否定。这是否定的否定。这种否定不是重新建立私
有制，而是在资本主义时代的成就的基础上，也就是说，在协作和对土地及
靠劳动本身生产的生产资料的共同占有基础上，重新建立个人所有制"。[①] 这
段话是马克思公有制思想的最完整和科学的表述。

我将这段话分作两段来理解，第一段从开始到"第一个否定"，以后为第
二段。前段指资本主义的生产方式和占有方式的建立过程，即以个人劳动为
基础的个人小私有被资本主义生产方式和占有方式所代替。劳动者和他们的
劳动资料分离，成为雇佣劳动者，资产阶级则是剥夺者。后一段马克思首先
阐明生产资料性质发生了变化，即由个人占有的劳动资料转变为必须由劳动
者共同占有的社会化生产资料。占有对象的这种变化是资本主义生产的"自
然过程的必然性"，和"资本主义时代成就的"结果。鉴于生产资料性质的变
化，社会占有方式只能通过"协作和对土地及由劳动本身生产的生产资料共
同占有的基础上"进行。生产资料的社会性质决定社会只能实行共同占有，
而不是个体占有，因此社会不会再倒退到个体小私有的结构中去。马克思是
在作了这么一番描述后才提出"重新建立个所有制"的结论。它表明了新的
所有制性质，它既不是个体私有，也不是资本主义私有，而是在共同占有基
础上承认每个劳动者所有者地位和权利的新型公有制。这就是否定之否定的
含义。

不少同志（包括王文）把占有方式和所有制关系相混淆，认为共同占有
就不能个人所有，其实，这是概念的混淆。马克思在此讲的占有方式或生产

---

① 《马克思恩格斯全集》第23卷，人民出版社1972年版，第832页。

方式，说通俗一些就是劳动者同生产条件结合方式，即实际操作方式。与其说这是由所有制性质决定，不如说是由生产力发展状况或劳动资料的实际社会发展程度所决定。社会化大生产并不是公有制经济的独家特点，占有方式也不能由私有和公有决定，而是由占有对象决定。从历史的辩证法来看，资本主义和社会主义都是建立在社会化大生产基础上的社会制度，两者的差别并不表现在如何操作使用社会化生产资料上，而是所有制关系的社会性质上。资本主义制度阻碍生产力发展，因为社会化生产资料要求共同占有，只有公有才最适应其发展要求，资本主义私有制妨碍共同计划和共同管理要求的实现；社会主义公有制为共同占有的实现创造了良好的基础和条件，适应并促进生产力的发展。两个社会的差别主要不表现在对社会的实际生产过程和实施占有的方式上，而是所有制性质。如果把"共同占有"简单理解为"社会公有"是不恰当的，其中还有个惊人的社会飞跃过程。

王文在解释马克思这段话含义时，轻易跳入消费品分配范畴，因而并未真正体会马克思在此的理论用意。马克思在此强调"个人所有"，并不是将社会化生产资料分成私人等分，由每人占有一份，而是强调每个劳动者的实际社会地位和社会权利，他主张的是一种劳动者和生产资料的"直接结合"关系。恩格斯也持同样主张。恩格斯曾在《美国工人运动》这篇论文中指出"这个纲领（指美国无产阶级政党纲领——引者注）将宣布，最终目的是工人阶级夺取政权，以便实现整个社会对一切生产资料——土地、铁路、矿山、机器等等——的直接占有，供全体为了全体利益而共同利用"。[①] 这里的直接占有就是直接结合，劳动者即生产资料的所有者，这是任何社会主义者必须坚持的"最低纲领"。如果不是"直接结合"的社会关系，劳动者不是所有者，社会尽管也可以为劳动者提供各种服务，但它已失去了劳动者作为所有者所能产生的社会机制，社会意义则大不相同。

从经济理论常识可知，个体小私有者是一种劳动者和生产资料的直接结合方式，但马克思在这里并不是倒回去，而是在更高社会形式上实现直接结

---

① 《马克思恩格斯选集》第4卷，人民出版社1972年版，第258页。

合，重新恢复劳动者在生产过程中的实际地位。但现在建立的基础已不是个体小生产，而是社会化大生产，后者要求只有共同占有才能实现直接结合的"个人所有"。所以这是在新基础上的更高形式的社会复归。这是一种新型的"个人所有制"。这种理论推导并不难理解，如果能把握住直接结合的理论含义，问题则一目了然。王文离开了上述理论规模，作出了不正确的推导。

王文在解释这段话时，引用了马克思和恩格斯的话，证明"生产资料依旧是社会的、公有的，劳动者分得的消费品归他们个人所有。二者的区别是一清二楚的"。这里有个错误前提，即王文认为"重建个人所有制"和公有制是悖理的，既然是公有就不能是个人所有，既然是个人所有也不能是公有，这便是王文的理论原则。我认为这里不存在生产资料和消费品的归属划分问题，而在于未来社会公有中有无每一个个人的地位，如果有应如何摆设。如果不承认每一个个人的地位，马克思主义要解放每个无产者的社会发展目标的生命力又何在？王文未正面回答这个问题。

马克思这段话的前提和推导中都未有消费品分配的含义。为什么在结论中却变成了消费品分配原则？不论从系统原则和逻辑推导看都是不适当的。前提：资本主义生产方式产生资本主义占有方式；推导：资本主义生产由于自然过程的必然性，造成了对自身的否定；结论：重新建立"消费品'个人所有制'"。照此看来似乎马克思关心的不是决定社会性质和发展趋向的生产资料所有制性质，而是"消费品"分配关系！这未免过于轻率。马克思这段话是对两个历史发展阶段的总结，始终未离开过社会生产过程引起社会制度变革的主题，这是对历史发展归宿的科学论断。这段话无论从科学性上或从逻辑的严密性上都是无懈可击的。但王文从生产过程的历史长河中一下跳到"消费品"分配的彼岸，这不是马克思的推导过程，因为生产条件归属尚未解决前，分配超前并不是马克思的理论原则。

王文举出许多理由证明马克思在此讲的是消费品分配原则，我认为在理论上也说不过去。就我所知，马克思还从未有过以消费品分配原则来划分过所有制形式。况且，马克思在《哥达纲领批判》中讲的十分清楚："消费资料的任何一种分配，都不过是生产条件本身分配的结果。而生产条件的分配，则表现生产方式本身的性质"。① 这也是马克思坚持的基本理论原则。王文把马克思对生产方式的研究不合逻辑的导入产品分配方式中去，这种违反理论原则的思想跳跃在马克思身上是绝对不可能发生的。况且，马克思对这种思想跳跃很反感。在上述《哥达纲领批判》的引语后面，马克思写到："庸俗的社会主义仿效资产阶级经济学家把分配看成并解释成一种不依赖于生产方式的东西，从而把社会主义描写为主要在分配问题上兜圈子。既然真实的关系已经早已弄清楚了，为什么又要开倒车呢！"② 我们退一步按王文的逻辑：如果消费品是个人所有制，它又是哪种生产条件分配的结果呢！

三

如何理解恩格斯在《反杜林论》中那段名言："对任何一个懂德语的人来说，这就是，公有制包括土地和其他生产资料，个人所有制包括产品即消费品"。在这段前恩格斯还讲到，"靠剥夺剥夺者而建立起来的状态，被称为以土地和靠劳动本身生产的生产资料的公有制为基础的个人所有制的恢复"。恩格斯对上述话解释道："为了使甚至六岁的儿童也能明白这一点，马克思还设想了一个'自由人联合体'，他们用公有的生产资料进行劳动，并且自觉地把他们的许多的个人劳动力当作一个社会劳动力来使用。"③

我将这两段引语概括为三层意思：（1）公有制的建立是社会发展的必然；（2）公有制包括土地和生产资料，个人所有制包括产品即消费品；（3）自由人联合体描述了社会的具体占有方式。这三层含义内容是一致的，问题只是第二层如何理解。

杜林是反对马克思"重建个人所有制"提法的。他认为这种提法"既是个人的又是公共的所有制"是"混沌世界"和"混乱的杂种"。④ 杜林认为，如果是个人所有制就是个人私有制，就得把生产资料分割成资本主义前的个体经济形态；如果经过否定资本主义经济后已不是过去的个体经济就应是公

---

① ② 《马克思恩格斯选集》第 3 卷，人民出版社 1972 年版，第 13 页。
③ 《马克思恩格斯选集》第 3 卷，人民出版社 1972 年版，第 170 页。
④ 《马克思恩格斯选集》第 3 卷，人民出版社 1972 年版，第 171 页。

有制经济，再称为"个人所有制"就会制造"混乱"，导入"混沌世界"。杜林的问题是他根本不理解马克思否定之否定的含义，根本无法理解马克思的光辉思想。

恩格斯为了使问题明白到"甚至五、六岁的儿童也能明白这一点"，便作了那样的解释。这是针对杜林的"拙劣地"理解而言的。恩格斯阐述了生产条件分配和个人消费品分配两个不同的过程，但未对两个过程的内在联系作出说明，更未指出前者对后者的决定性作用。在当时批判杜林时，作这样的解释就足够了。但未想到未对内在联系作进一步说明，会引起中国经济论坛上的争论。不过，恩格斯把杜林从"混沌世界"引出的那段话中，丝毫未有用消费品为个人所有的原则，来否定劳动者人人都应是公有制中所有者的意思，更没有对马克思的结论进行订正、修正的意思。所以，我们在思想方法上不应从其不同中寻找重新解释，而应体会他们观点的一致性，领会其教导。

其实马克思说的"个人所有制"，也不包含单个人去占有生产资料，搞小私有的意思。在社会化大生产面前离开共同占有，就不能形成生产力，也没有个人的地位。就如同社会化大生产的产品，离不开每个劳动者，但任何人也不能说这只是我的产品一样。杜林把本来统一的东西给对立起来，用形式逻辑去否定复杂的社会现象，用非此即彼的荒诞观点去否定马克思的理论。恩格斯针对杜林给予这样的回答是足够的。

如果沿着恩格斯《反杜林论》中这段话再往下看，就会发现冲突本身不在于"重建个人所有制"用词，而在于是否承认资本主义私有制必然要被公有制所代替是社会发展的必然规律。杜林认为"马克思要求人们凭着否定的否定的信誉来确信土地和资本的公有的必然性"。① 所以杜林才制造了上述混乱。如果我们不对马克思理论内涵作深入研究，从中汲取真谛含义，也搅到"混沌"之中，那就永远也不会达到"正确理解"的境地。

（原文发表于《经济研究》1990年第7期）

---

① 《马克思恩格斯选集》第3卷，人民出版社1972年版，第174页。

马克思恩格斯著作中的"公有"、"社会所有"、"个人所有"及其他

李光远*

我们现在所说的社会主义公有制，在马恩著作中被称作什么？是不是像于光远同志的文章①说的那样，马恩在特指社会主义、共产主义所有制时，只称之为"社会所有制"而不称"公有制"？把公有制认作社会主义所有制的基本性质是"不确切"的吗？我们通常把社会主义所有制称为公有制，而很少称为社会所有制，主要是因为德文的社会所有制一词常常被误译为公有制吗？社会主义所有制的基本性质究竟是什么，怎样的名称才能较好地反映它？

为了弄清这些问题，最近我查对了马恩全集中30多处可以被认为讲的是社会主义所有制的话的德文和中文。现在把查对的结果和我的一些初步看法摆出来，向于光远同志和关心这个问题的读者们请教。

在这30多处可以看到对社会主义所有制有20几种不同的用语来称道。每处用语都可以分两部分。一部分是相当于汉语的所有或所有制、占有或占有制、占取（Aneignung，Besitzergreifung）②、财产（Gut，Güter）等名词；另一部分是用来修饰这些名词的定语。定语部分有的只是一个形容词（这个形容词又常和所修饰的名词联在一起合成一个词）或一个名词，有的则是由几个词构成的词组。如果不考虑上述几个名词在意义上的差别（在这里这些差

---

* 李光远，原《红旗》杂志社经济部。

① 主要是两篇《马恩严格区分"公有"和"社会所有"，不应都译成"公有"——一个在理论上具有重要性质的翻译问题》，收在《政治经济学社会主义部分探索（五）》中；《关于"社会所有制"》，载于《学术月刊》1994年第2期。

② 这两个德文词通常也译为"占有"，但它们是获得、取得、夺得以据为己有的意思，与Besitz（英语Possession，俄语владение）不同，相当于英语的acquisition，appropriation，俄语的прцсвоению，故可译为占取。

别是不重要的），只按定语或定语的主要成分来区分，那么这些不同的用语大体可分为三类。第一类大体上相当汉语的"公有"；第二类以"社会所有"为代表，包括"集体所有"等；第三类可以用"劳动者个人所有"来代表。（此外也有的地方不采取"定语 + 名词"的方式，而用"属于"谁、由谁"占取"、谁"成为所有者"等动词短语来表示的，亦按意义分类。）这三类用语在涵义上相互解释、相互补充，而且常常交叉和结合在一起或作为同义语使用。

下边分三类举例，引证全集中文版的话，在必要的地方加注德文以便对照，并作一些说明。

第一类，定语是 gemein（相当英语的 common，俄语的 общий）这个形容词，意思是共同的、公共的。由它形成这样一些用语：公有制（Gemeineigentum），公共的所有制（gemeinschaftliches Eigentum），公共占有（Gemeinbesitz），公共占取（gemeinschaftliche Besitzergreifung），共有财产（Gemeingut，Gütergemeinschaft）等。形容词 öffentlich，相当于英语 public，俄语的 общественный 意思是公众的，也归于这一类。如 öffentliches Eigentum，公众所有。

这一类大体都可译为"公有制"的词，并非像于光远同志所说的那样，只在讲社会主义公有制是古代公有制的否定之否定时才使用，而是常常用于说明社会主义革命的宗旨和任务是要用公有制取代私有制以及说明公有制和私有制的根本区别。如下面例 1 到例 9。（按全集中出现的先后次序排列）

例 1，《共产主义原理》："……私有制也必须废除，代替它的是共同使用全部生产工具和按共同协议来分配产品，即所谓财产共有（Gütergemeinschaft）。"[①]

例 2，《共产党宣言》："把资本变为属于社会全体成员的公共财产，这并不是把个人财产变为社会财产。这里所改变的只是财产的社会性质。它将失掉它的阶级性质。"[②] 这段话中的"公共财产"原文是 gemeinschaftliches

---

① 《马克思恩格斯全集》第 4 卷，人民出版社 1958 年版，第 365 页；德文版第 370 页。
② 《马克思恩格斯选集》第 1 卷，人民出版社 1972 年版，第 266 页。

Eigentum。在 1953 年出版的马恩全集第 4 卷中译为"集体财产"①，不大确切，在 1972 年版的马恩选集第 1 卷改译为"公共财产"。

例 3，《哥达纲领批判》："'把劳动资料提高为社会的公共财产'（！），应当说把它们'变为社会的公共财产'（Gemeingut）。"② 这是把"社会的"和"公有"连在一起的一例。

例 4，《社会主义从空想到科学的发展》："无产阶级将取得社会权力，并且利用这个权力把脱离资产阶级掌握的社会化生产资料变为公共财产（öffentliches Eigentum）。"③

例 5，《〈论俄国的社会问题〉跋》："如果说西方用重新改组社会的办法来解决矛盾是要以一切生产资料（当然也包括土地）转归整个社会所有（译文不确切，德文是 in das Gemeineigentum der Gesellschaft）作为必要条件，那么在俄国……仍然存在的公社所有制对于西方还只是行将建立的这种公有制（Gemeineigentum）是怎样的关系呢？它不能作为用资本主义时代的一切技术成就来充实俄国的农民共产主义、从而跳过整个资本主义时期、一下子把俄国的农民共产主义改造成一切生产资料公有（Gemeineigentum）的现代社会主义的人民运动的起点吗？"④

这段话第一句里的"归整个社会所有"，按照德文应译为"归社会公有"，这是在例 3 之后又一个把"社会"和"公有"连在一起的例证。这可以看作是对"公有是谁所有？"这个问题的一种回答。下边，还可以看到进一步的回答。

另外，这段话最后一句中"现代社会主义的"这个定语，从德文看我觉得是用来修饰"公有"的，而不是修饰"人民运动"的。德文是 in das modern sozialisliche Gemeineigentum，如果是这样，那么这里又有了一种指称社会主义公有制的说法，即"现代社会主义的公有制"。在其他地方还有过"共产

---

① 《马克思恩格斯全集》第 4 卷，人民出版社 1958 年版，第 481、第 476 页。
② 《马克思恩格斯全集》第 19 卷，人民出版社 1963 年版，第 18 页；德文版第 18 页。
③ 《马克思恩格斯全集》第 19 卷，人民出版社 1963 年版，第 247 页；德文版第 228 页。
④ 《马克思恩格斯全集》第 22 卷，人民出版社 1965 年版，第 499 页；德文版第 426 页。

主义的公共占有制"（Kommunistischer Gemeinbesitz）这样的用语。①

　　例6，《法德农民问题》至少在两处讲到社会主义的任务时，使用公共占取或占有这个词："必须以无产阶级所有的一切手段来为生产资料转归公共占有［（gemeinschaftliche Besitzergreifung）可译为公共占取］而斗争。""……社会主义的任务，勿宁说仅仅在于把生产资料转交给生产者公共占有（Gemeinbesitz）"②。

　　例7，恩格斯《致布鲁塞尔共产主义通讯委员会（1846年10月23日）》中说，"我把共产主义者的宗旨规定如下：（1）维护同资产者利益相反的无产者利益；（2）用消灭私有制而代之以财产公有（Güter-gemeinschaft）的手段来实现这一点；（3）……"③

　　例8，马克思在1868年1月8日《致恩格斯》的信中说："通过社会对自己的劳动时间所进行的直接的自觉的控制"，"只有在公有制（Gemeineigentum）之下才有可能"④。

　　例9，恩格斯在1890年8月21日《致奥托·伯尼克》的信中说：社会主义制度"同现存制度的具有决定意义的差别当然在于，在实行全部生产资料公有制（Gemeineigentum）（先是在单个国家实行）的基础上组织生产。"⑤

　　以上的例子中，"公有制"等词，德文和中文是一致的，没有把德文社会所有译成公有的。从这些例子可以得到这样的认识，在中文中用"公有制"来指称社会主义所有制，作为它的简称，与马克思恩格斯的用法是一致的。虽然，他们有时在这个词前面加上"属于社会全体成员的"（例2）、"社会的"（例3）、"归社会"（例5）这类限制词，如同我们也常常加"社会主义的"这个限制词，以使意义更加明显，但是在上下文已很清楚所指是社会主义时，往往不加这类限制词（例1、4、6、7、8、9），如同我们也可以说

　　①　《马克思恩格斯全集》第19卷，人民出版社1963年版，第326页；德文版第296页。

　　②　《马克思恩格斯全集》第22卷，人民出版社1965年版，第572页、第573页；德文版第491页、第493页。

　　③　《马克思恩格斯全集》第27卷，人民出版社1972年版，第71页；德文版第61页。

　　④　《马克思恩格斯全集》第32卷，人民出版社1975年版，第12页；德文版第12页。

　　⑤　《马克思恩格斯全集》第37卷，人民出版社1971年版，第443页。

"以公有制为主体"而不一定总要冠以"社会主义"的字样。

于光远同志说："公有就是共有"，"历史上各种社会形态都有公有"，因此，"把'公有'认作社会主义所有制的基本性质，是不确切的。"① 我认为，这里有一个区别作为法律用语的"共有"和作为经济关系的"公有"即公共所有的问题。

法律上讲财产或所有，指的是人和物的意志关系及其法律形式。有代表性的定义可以从《新不列颠百科全书》中查到。在那里，property（常被译为财产或所有）一词被定义为"政府所认可的或所规定的个人与客体之间的关系体系……'我的财产'大概至少意味着政府会帮助我不让其他人在未得我同意时使用或享有某一物品，而不给我一定的代价，我是不会同意的。"另一个在汉语中也常被译为所有、所有制的词 ownership，也被解释为"人和物的法律关系"，"个人、个人集团或其它主体排他地享有经济物的权利"②。于光远同志也是从人与物的意志关系出发来为"所有"下定义的，说"所有（财产）是仅仅凭借其本身取得经济利益的对某物的占有"。"占有是主体同对象之间的这样一种关系：对象处在主体的意志的专有领域之内。"③ 这种从人与物的意志关系及其法律形式上界定的"所有"或"财产"概念，脱离历史，脱离生产和再生产的运动，脱离生产关系，不考虑劳动者同劳动条件的关系以及劳动产品的分配关系，因而是一种超历史的非经济的抽象概念。按照这个概念，封建地主对土地的所有，资本家对机器、厂房的所有和雇佣劳动者对衣服和饭碗的所有，意义是相同的，因为他们对各自的所有物同样都具有法律所保护的排他的权利。如果仅限于从人与物的关系的法律形式上来看问题，那么，"共有"，这种财产关系确实不是社会主义社会所特有的，在私有制社会早已普遍存在，夫妻的共有财产，"同宿舍两个人合买一台电风扇"（这是于光远同志举的一个"公有财产"的例子）以及私人合伙企业和股份

---

① 参见《学术月刊》1994 年第 2 期，第 3 页。

② 参见《新不列颠百科全书》英文第 15 版，1988 年排印本；第 26 卷第 175 页、第 178 页；并见第 9 卷第 26 页。

③ 于光远：《政治经济学社会主义部分探索（五）》，人民出版社 1991 年版，第 280 页、第 283 页。

企业都可以说是"共有"。我国的民法也承认"共有"这种法律关系。民法通则第 78 条规定"财产可以由两个以上的公民、法人共有。共有分为按份共有和共同共有。"这种"共有"的法律形式既适用于我国社会中的私人合伙企业和私人股份企业，也适用采取这种法律形式的公有制企业和公私联营企业。

但是，马克思和恩格斯在讲社会主义要以公有制取代私有制的时候，或对这两种所有制进行比较的时候，他们不是讲财产的法律形式，而是讲作为生产关系的所有制。他们"不是把财产关系的总和从它们的法律表现上即作为意志关系包括起来，而是从它们的现实形态即作为生产关系包括起来"①。这样理解的所有制是通过人和物的关系表现的人和人的关系，是以某种历史上存在的劳动者与生产资料的结合方式以及劳动产品的占取方式为核心内容的生产关系，这种关系决定着并体现为整个生产过程中人们之间的关系，并在再生产过程中不断被再生产出来。如马克思恩格斯所说，"分工发展的各个不同阶段，同时也就是所有制的各种不同形式。这就是说，分工的每一阶段还根据个人与劳动的材料、工具和产品的关系决定他们相互之间的关系。""这些不同的形式同时也是劳动组织的形式，也就是所有制的形式。"②

因此，资本家所有制不是指某个被叫做资本家的人对他的机器、厂房的法律关系。仅凭这种法律关系，既不能断定他就是资本家，也不能说这就是资本家所有制。只有资本家凭借对生产资料的占有不断无偿地占取雇佣劳动提供的剩余价值的关系，才能够称为资本家所有制。尽管资本家可以采取合伙或股份制这种"共有"的法律形式，但这丝毫也不改变其资本家私有制的性质，决不能把这种"共有"称为公有制。同样，资产阶级的国有制，也采取"共有"的法律形式，但从生产关系上来说，仍然是资本主义私有制的一种形式，而不是什么公有制。正如恩格斯所说："无论转化为股份公司，还是转化为国家财产，都没有消除生产力的资本属性。……资本关系并没有被消

----

① 《马克思恩格斯选集》第 2 卷，人民出版社 1972 年版，第 142 页。
② 《马克思恩格斯全集》第 3 卷，人民出版社 1972 年版，第 25 页、第 69 页。

灭，"① 同样的道理，任何私人在法律形式上的"共有"财产，如前边说的夫妻共有、两人合买的一台电风扇等，以及于光远同志也曾作为"公有"，举例《红楼梦》中荣国府、宁国府的家产，都仍然是私有财产，而不能说成是"公有"。

请注意上述例 1 中恩格斯的这句话，"共同使用全部生产工具和按共同协议来分配产品，即所谓财产共有（Gütergemeinschaft）。"我认为这可以看作是从"现实形态即生产关系"上给公有制下的一个定义。这种生产关系意义上的公有制，除了存在于现在的社会主义社会和未来的共产主义社会之外，仅可以在远古的原始公社中和后来一些国家的农村公社中看到。但这些都已经是历史的陈迹了。在当今世界上，只有社会主义才实行公有制，因此，在不涉及古代的公有制的场合，在现代世界上，把公有制认作社会主义所有制的基本性质，并没有什么不确切。

细心的读者会注意到，恩格斯从生产关系着眼给公有制下了上述的定义之后，并没有径称之为公有制即 Gemeineigentum，而说"即所谓财产共有"。德文是 oder die sogenant Gütergemeinschaft。从中可看出恩格斯在这里对使用"财产共有"即 Gütergemeinschaft 这个词似乎有所保留。可能这是因为这个德文词曾在旧法律上用以指夫妻共有的财产（有些德文辞典上注明了这一点），这里是权且借用旧词，姑以名之。也许由于这个原因马恩在后来讲到公有制时，很多地方都不用这个法律意味较重的词，而在这里使用它时又特意在前边加了自己的解释。（上述另外 8 例中，只有例 7 用了这个词，那是 1846 年。比例 1《共产主义原理》还早一年。）

第二类，定语或其主要部分是社会（Gesellschaft）、社会的（gesellschaftlich）、整体的（gesamt）、集体的（kollektiv）等。

这一类常用于两种场合。一是讲社会化的生产资料只能由社会、集体实行整体地占有，而不可能由分散的单独的个人来占有；二是讲社会所有与个人所有的关系。

---

① 《马克思恩格斯选集》第 3 卷，人民出版社 1972 年版，第 318 页。

　　在上文"公有"一类词用法举例中，我有意没有提到《反杜林论》。因为这部著作的第一编第十三章中既有"公有"，也有"社会所有"（却又被译成"公有"），需要把二者对比起来讨论。于光远同志正是根据对这一章的考证得出结论说"公有"只用于议论"公有—私有—公有"这个否定之否定的时候。上面的九个例子已足以说明情况并非如此。这里要说的是，即使仅从《反杜林论》的这一章对这两个词的用法来看，我对于能否得出这样的结论也是有疑问的。请看下例：

　　例10，在这一章恩格斯引用马克思《资本论》第24章末尾的一段话："这是否定之否定。这种否定重新建立个人所有制，但这是以资本主义时代的成就，即以自由劳动者的协作以及他们对土地和靠劳动本身生产的生产资料的共同占有（Gemeineigentum，应译为公共所有）为基础的。"这句话，恩格斯在下文紧接着用自己的话转述时，Gemeineigentum（公共所有）一词却改用了 gesellschaftliches Eigentum 即"社会所有"。同是在议论否定之否定，一是马克思的话，一是恩格斯的转述，却用了不同的两个词来指同一个事物，这不是说明二者意义相近可以通用，而不一定要"严格区分"吗？在《资本论》下边这段话中马克思也把"社会的"和"公共的"这两个词当作同义词使用，二者相互解释。"……一旦资本主义生产方式站稳脚跟，劳动的进一步社会化，土地和其他生产资料的进一步转化为社会使用的即公共的生产资料，从而对私有者的进一步剥夺，就会采取新的形式。"① 其实，在德语、英语、俄语、汉语中"社会的"和"公共的"这两个词都有相通的意义。例如，在莫斯科大百科全书出版社1969年版的《德俄大辞典》中，德文的 öffentlich（公众的）和 gesellschaftlich（社会的）两词的第一个释义都是：общественный。在日常用语中，社会福利，社会事业，社会道德，也可以叫做公共福利，公共事业，公共道德，等等，也可说明这一点。列宁在《国家与革命》一段不长的文字中，先后使用"社会所有"、"社会公有"、"公有财产"几个不同的词指称同一事物，也可作为"社会所有"与"公有"可以通

---

　　① 《马克思恩格斯全集》第23卷，人民出版社1972年版，第831页；德文版第790页。

用的旁证①。

在《反杜林论》中恩格斯转述马克思的话时把"公共所有"改称"社会所有"，一个具体的原因是为了驳斥杜林。这一章一开始所引的杜林的那一大段话把马克思关于在公共所有基础上重建个人所有制的论断说成是"既是个人的又是公共的所有制的混沌世界"，这里的"公共的"杜林用的德文字就是gesellschaftlich 即"社会的"（这是本章第一次把社会的所有译为公共的所有，是导致后边同样译法的开端。这种译法很明显是考虑到杜林所说的"社会所有"本是针对马克思说的"公共所有"。于光远同志的考证忽略了这一点）。所以恩格斯在后边批判杜林时，在带引号或不带引号地引用杜林的话讲到"既是个人的又是公共的所有制"时，都沿用 gesellschaftlich 这个形容词②。这除了因为这两个词本来可以通用以外，还因为这里讨论的是个人与社会这两个实体之间的关系。把"个人的"与"社会的"两个形容词相并提，意思很清楚说的是个人与社会的关系。如果把"个人的"与"公共的"两个形容词相对立，那就看不出与"个人"这个实体相对的实体是什么。

这一章除了开头几页，恩格斯在转述和解释马克思并批驳杜林时使用了几次"社会的所有"这个词，中文都译为"公共所有"以外，后文就再没有使用"社会的所有"这个词。中文版中后面出现的"公有"一类的词都是与德文一致的。这几处确实如于光远同志所说是在议论公有—私有—公有这个否定之否定的历史过程。但是，据此就断定"公有"只用于这种场合，根据是不充分的。

《反杜林论》中较多出现"社会占有"这个词，是在第三编第二章。那里讲到要解决资本主义占有与社会化生产的矛盾，必须由社会来占有已经社会化了的生产资料时，多次使用"社会占有"一词来指称社会主义所有制。见下二例：

例11，"这种解决只能是在事实上承认现代生产力的社会本性，因而也就

---

① 《列宁全集》第25卷，人民出版社1958年版，第451~453页；俄文版第436~438页。

② 《马克思恩格斯全集》第20卷，人民出版社1971年版，第142~144页；德文版第121~122页。

是使生产、占有和交换的方式同生产资料的社会性相适应。而要实现这一点，只有由社会公开地和直接地占有（Gesellschaft offen und ohne Umwege Besitz ergreift）已经发展到除了社会管理不适于任何其他管理的生产力。"①

例12，"自从资本主义生产方式在历史上出现以来，由社会占有全部生产资料，常常作为未来的理想隐隐约约地浮现在个别人物和整个的派别的脑海中"，②（此处"占有"用的德文是Besitzergreifung，这个词和例11中的Besitz ergreift都有"夺取并据为己有"的意思，可译为占取）。下边让我们放下《反杜林论》，仍按着全集中出现的先后顺序再举一些属于这一类的例子：

例13，恩格斯在《论住宅问题》中对未来的社会这样描述："不是每一个单个工人成为'这种自己劳动十足收入'的所有者，而是纯由工人（Arbeitern，可译为劳动者）组成的整个社会成为他们劳动的总产品的所有者……"③这里很明显，社会是相对于劳动者个人而言的。

例14，仍是《论住宅问题》："由劳动人民'实际占有'一切劳动工具和全部工业，是同蒲鲁东主义的'赎买'办法完全相反的。如果采用后一种办法，单个劳动者将成为某一所住宅、某一块农民土地、某些劳动工具的所有者；如果采用前一种办法，则'劳动人民'将成为全部住宅、工厂和劳动工具的集体所有者（Gesamteigentümer）。"④Gesamteigentümer，我觉得译为"整体所有者"更确切。列宁在《国家与革命》中引用这段话时，把这个词译为俄文совокупным собственником也是整体所有者的意思⑤。

例15，《哥达纲领批判》中设想在共产主义下"如果物质条件是劳动者自己的集体财产（genossenschaftliches Eigentum der Arbeiter selbst）"⑥，genossenschaftlich（来源于名词Genossesnschaft即合作社，转意为集体）既可以理解为合作社的，也可以理解为集体的，但意义比我们现在所说的合作社所有

① 《马克思恩格斯全集》第20卷，人民出版社1971年版，第304页；德文版第260页。
② 《马克思恩格斯全集》第20卷，人民出版社1971年版，第306页；德文版第262页。
③ 《马克思恩格斯全集》第18卷，人民出版社1964年版，第247页；德文版第222页。
④ 《马克思恩格斯全集》第18卷，人民出版社1964年版，第315页；德文版第282页。
⑤ 《列宁全集》第25卷，人民出版社1958年版，第421页；俄文版第405页。
⑥ 《马克思恩格斯全集》第19卷，人民出版社1963年版，第23页；德文版第22页。

制或劳动人民集体所有制要宽泛得多，所以此处译为集体的比较好。

例 16，马克思在 1877 年 11 月《致〈祖国纪事〉杂志编辑部》的信中对《资本论》第 1 卷第 24 章结尾提到公共所有基础上重建个人所有制的那一段话进行解释时说："……实际上已经以一种集体生产为基础的资本主义所有制只能转变为社会的所有制（gesellschaftliches Eigentum）。"① 据此可以认为，资本主义所有制转变为社会所有制和在公有制基础上重建个人所有制是一回事。马克思在这里使用"社会所有"，与他说的生产已是集体的生产有关。

例 17，马克思在 1880 年写《法国工人党纲领导言》中说，"生产资料属于生产者只有两种方式"：一是"个体占有方式"；二是"集体占有方式，资本主义社会本身的发展为这种方式创造了物质和精神的因素"；"这种集体占有 kollektive Aneignung（译为集体占取更确切）只有通过组成为独立政党的生产者阶级——无产阶级的革命活动才能实现"②。

在以上几例中，社会、整体、集体都是与个人相对而言。这是"社会所有制"这类用语的一个特色。

例 18，恩格斯在为马克思《法兰西阶级斗争》写的导言中说："使这部著作具有特别重大意义的是，在这里第一次提出了世界各国工人政党都一致用以概述自己的经济改造要求的公式，即：生产资料归社会占有（die Aneignung der produktionsmittel die Gesellschaft，可译为由社会占取）。"③

例 19，《资本论》第 3 卷："资本主义生产极度发展的这个结果（指股份公司——引用者注），是资本再转化为生产者的财产（Eigentum der produzenten）所必需的过渡点，不过这种财产不再是各个互相分离的生产者的私有财产，而是联合起来的生产者的财产，即直接的社会财产（Gesellschaftseigentum）。"④ 由此可见，社会所有制，也可以称为联合起来的生产者的所有制。社会成为所有者，也就是联合起来的生产者成为所有者。

---

① 《马克思恩格斯全集》第 19 卷，人民出版社 1963 年版，第 130 页；德文版第 111 页。
② 《马克思恩格斯全集》第 19 卷，人民出版社 1963 年版，第 264 页；德文版第 238 页。
③ 《马克思恩格斯全集》第 22 卷，人民出版社 1965 年版，第 593 页；德文版第 511 页。
④ 《马克思恩格斯全集》第 25 卷，人民出版社 1972 年版，第 494 页；德文版第 453 页。

例 20，《经济学手稿（1861—1863）》："西斯蒙第为之痛哭的所有制和劳动的这种分离，是生产条件转化为公有制（gesellschaftliches Eigentum，应译为社会所有制）的必要过渡阶段。如果单个工人作为单独的人要再恢复对生产条件的所有制，那只有将生产力和大规模劳动发展分离开来才有可能。资本家对这种劳动的异己的所有制，只有通过他的所有制改造为非孤立的单个人的所有制，也就是改造为联合起来的社会个人的所有制，才可能被消灭。"①

把德文的"社会所有"译为"公有"，除例 10 提到的那些之外，这是又一例（就我所见是仅有的一例）。这里仍然是在说到个人所有和社会所有的问题时，使用"社会所有"一词的。

这里用"联合起来的社会个人的所有制"来解释社会所有制，这和前边举例中所提到的"属于社会全体成员的公共财产"（例 2）、"纯由劳动者组成的社会成为所有者"（例 13）、"劳动人民成为整体所有者"（例 14）、"劳动者自己的集体财产"（例 15）、"生产资料属于生产者"的"集体占有方式"（例 17）、"联合起来的生产者的财产"（例 19）等都进一步回答了在社会主义公有制中谁是所有者的问题。

于光远同志说"公有制"这个概念本身不包括是哪些人以什么方式实行公有的意思，因此他认为公有制不如社会所有制更能体现社会主义所有制的基本性质。但是，如果同样单从表面上看，社会所有制这个概念本身也存在类似的问题，即它不包括什么样的社会，由谁组成的社会这样的内容（不能说原始公社或农村公社不也是一种社会）。正因为如此，对社会主义而言，社会所有制和公有制同样都需要用这里列举的这些用语来补充和解释才能获得完整的意义。"社会所有制"的优点在于使人容易联想到社会化生产；"公有制"的优点在于同私有制鲜明对立。各有各的特色。但孤立地看任何一个，都不能完整地理解社会主义所有制的基本性质。过去我们常称"公有制"而不大称"社会所有制"，我认为主要的原因不在于翻译上的问题而是因为长期

---

① 《马克思恩格斯全集》第 48 卷，人民出版社 1985 年版，第 21 页；德文见历史考证版第Ⅱ部分第 3 卷第 6 册，第 2144～2145 页。

以来我们面临的历史任务是建立和发展与私有制相对立的公有制。至于个人在公有制中的地位，个人和社会的关系这个问题，则没有被历史推到最主要的工作议程之中。今后，随着改革的深化，这个问题的重要性会越来越突现出来。从这个意义上说，提出要重视马恩关于社会所有制的提法，具有积极的现实的意义。

第三类用语是对社会主义公有制的补充和解释。

这一类的定语或其主要成分是个人、劳动者个人、劳动者（Arbeiter，有时译为工人）、生产者、社会成员等。这一类用语突出劳动者个人在社会主义所有制中的地位，即他们已从旧社会被剥削、被奴役的雇佣奴隶即无产者，变为在联合中并通过联合来实现其"所有"的所有者。这些词，有的已屡见于上述的举例中，用来直接补充和解释"公有"或"社会所有"。下面，只举那些上文尚未出现过的独立使用这类词的例子。

例21，《德意志意识形态》："在无产阶级的占有制下（Bei der Aneignung der Proletarier，似应译为在无产者占取制下），许多生产工具应当受每一个个人支配，而财产（das Eigentum）则受所有的个人支配。现代的普遍交往不可能通过任何其他的途径受一个个人支配，只有通过受全部个人支配的途径。"① 这句话我理解为，在现代社会化生产的条件下，除了实行社会公有以外，不可能使所有的个人都成为所有者（即财产的支配者）和自由劳动者（即工具的支配者）。

例22，仍是《德意志意识形态》："联合起来的个人对全部生产力总和的占有（Aneignung，可译为占取），消灭着私有制。"② 我认为，"联合起来的个人占取"就是劳动者联合起来占取，即公共占取或社会占取，从而否定了私有制。

例23，《法兰西内战》："是的，诸位先生，公社曾想消灭那种将多数人的劳动变为少数人的财富的阶级所有权（Klasseneigentum，应译为阶级所有制

---

① 《马克思恩格斯全集》第3卷，人民出版社1960年版，第76页；德文版第68页。
② 《马克思恩格斯全集》第3卷，人民出版社1960年版，第77页；德文版第68页。

或阶级所有，这里没有说到'权'）。它曾想剥夺剥夺者。它曾想把现在主要用作奴役和剥削劳动的工具的生产资料、土地和资本变成自由集体劳动的工具，以实现个人所有权（individuelle Eigentum 应译为个人所有制或个人所有，也没有'权'）。"① 这里的个人所有制显然指的就是由于剥夺剥夺者所建立起来的社会主义所有制。这是社会主义公有制的另一种表达方法。

例24，《资本论》第 24 章的结尾关于在公共所有基础上重建个人所有制的那段有名的论断。原话在上面例 10 中已经引用过了，不再重复。这段话在 1872 年马克思亲自修订并认为在"原本之外有独立科学价值"的《资本论》法文版中作了重要的修订，即在两处加了"劳动者的"这样一个定语。修改后的话是："这种否定不是重新建立劳动者的私有制，而是……重新建立劳动者的个人所有制。"我国学术界对这段话如何理解，争论多年，众说纷纭。但是很多论者只是就这句话论这句话，那是很难说清的。如果联系到马恩多次讲过的"劳动者个人"、"劳动者"、"生产者"、"社会成员"、"社会个人"（这些词实际上说的是一回事）在社会主义公有制中的地位的话，就不难得到这样的看法，即这段话的主旨是肯定劳动者个人在社会主义公有制中作为所有者的地位，也就是说他们已经不再是受剥削受奴役的一无所有者了。劳动者个人的这种所有，当然不是分散的、单独的个人所有或私有，而是"联合起来的社会个人的所有"。那么怎样理解恩格斯在批驳杜林时对这段话的解释呢？恩格斯说的是"社会所有包括土地和其他生产资料，个人所有包括产品从而消费品。"（这里根据德文，把全集中文版的"公有制"改为"社会所有"，把"产品即消费品"，改为"产品从而消费品"。这样改是于光远同志首先提出来的。）我认为恩格斯并不是否认生产资料所有制意义上的"社会所有制基础上的""个人所有制"，而是说明这种"个人所有"具体体现为全体个人或所有的个人共同占有生产资料，共享劳动成果，每个个人从而分享消费品。"全体个人"、"所有的个人"、"每个个人"这些话，马恩在议论个人与社会的问题时是常常使用的（如前边的例 21）。但从汉语看，似乎有些费

① 《马克思恩格斯全集》第 17 卷，人民出版社 1963 年版，第 362 页；德文版第 342 页。

解，因为在汉语中"个人"常常被误解为"一个人"，是不能在前边再加表示数量的形容词的。其实"个人"根本不是"一个人"的意思。在德、俄、英语中"个人"（Individuum，пичность，Individual）一词在字面上与"一个人"没有任何共同之处，不容易产生这种误解。在汉语中把二者混淆起来，常常使人们在议论个人与社会关系问题时产生误解，遇到困难，这是许多人难以理解"个人所有制"问题的一个原因。关于什么是"个人"和"劳动者个人"以及区别"个人"与"一个人"的意义，我在拙作《社会主义与个人的解放》（福建人民出版社，1991 年）中曾详细讨论过，这里不赘述。

例 25，26，《剩余价值理论》在两处说到，设想在社会主义社会，"劳动条件属于联合起来的工人"；"劳动条件归于工人所有"。两处"工人"德文都是 Arbeiter，可以译为劳动者。这里"属于"和"归于"都是用动词 gehören（相当于英语的 be owned by 和 belong to），虽然没有出现"所有"、"占有"这类的词，但所讲的也是所有制关系的问题①。这两例，和前边一些类似涵义的例子都可以看作是对前例"劳动者个人所有制"的注解。把上述二十几种不同的表述方式归纳一下，可以得出这样两点初步的认识：

第一，把社会主义所有制简称为公有制或社会所有制都符合马恩的用法。当今世界上，只有社会主义才实行公有制（私有制社会普遍存在的"财产共有"的法律形式，不是生产关系意义上的公有制）。公有制一词能够明确表达社会主义所有制是私有制的根本否定和对立面这一基本性质。

第二，把"公有"、"社会所有"、"劳动者个人所有"三类各有特色的概念结合起来，互相补充和解释，有利于更完整地理解社会主义所有制的基本性质。对于"公有"，可以有此一问，"公有，谁所有"？答曰："公有就是社会所有（或集体所有）"。再问，"社会（集体）是谁？"再答曰："是组织起来的劳动者个人"，或"社会个人的联合"。而这里说的个人或劳动者是指已从旧社会被奴役、受剥削、一无所有的无产者地位解放出来的劳动者。一句

---

① 《马克思恩格斯全集》第 26 卷Ⅲ，人民出版社 1974 年版，第 300 页、第 388 页；德文版第 269 页、第 344 页。

话，这样的劳动者联合起来组成社会（联合可以有不同的层次和范围）对社会化的生产资料实行公有，这就是社会主义所有制的基本性质。

由此可以预见，社会主义公有制的改革，如果沿着自我完善的路子走，基本方向必然是劳动者作为共同所有者即生产主人的地位更加落实和不断充实，劳动者的民主权利和自由更加扩大，生活更加富裕，直到达到马克思主义奠基人所设想的人人都成为个人全面发展的自由理想境地。目前我国由传统的计划经济体制转向社会主义市场经济，应是朝这个方向前进的重大步骤。

（原文发表于《中国社会科学》1994 年第 6 期）

关于"重新建立个人所有制"的理论思考

张兴茂[*]

近年来围绕马克思在《资本论》第一卷第二十四章中关于"重新建立个人所有制"的论述,理论界进行了颇为热烈的讨论。可以说,几乎穷尽了所有可能的理解,但是,理论上的共识并未达成。即使赞同者慎重地认为这里的"个人所有制"应为生产资料公有制的观点,也还存在着值得进一步商榷的地方。本文拟就这个问题谈一些个人看法。为了论述上的方便和读者的对照理解,特将马克思的这段论述引述如下:

"从资本主义生产方式产生的资本主义占有方式,从而资本主义的私有制,是对个人的、以自己劳动为基础的私有制的第一个否定。但资本主义生产由于自然过程的必然性,造成了对自身的否定。这是否定的否定。这种否定不是重新建立私有制,而是在资本主义时代的成就的基础上,也就是说,在协作和对土地及靠劳动本身生产的生产资料的共同占有的基础上,重新建立个人所有制。"

一、对理论界若干观点的简要评述

对于这个问题,自《资本论》公开出版开始,就存在着争论。反马克思主义经济学家和哲学家杜林就攻击马克思的论述为"既是个人的又是公共的所有制的混沌世界",是"深奥的辩证法之谜"。[①] 在杜林看来,"个人所有制"与"公共所有制"是水火不相容的,是无法"辩证"清楚的。杜林的谬论遭到了恩格斯《反杜林论》的痛击。恩格斯在批驳杜林的过程中,对马克

---

* 张兴茂,河南大学马克思主义学院。

① 《马克思恩格斯选集》第 3 卷,人民出版社 1972 年版,第 169 页。

思的"重新建立个人所有制"的论断作了说明："对任何一个懂德语的人来说，这就是，公有制包括土地和其他生产资料，个人所有制包括产品即消费品"。① 许多年来，人们都是按照恩格斯的解释来理解马克思的论断的。自我国改革开放以来，人们的思想得到解放，特别是随着我国社会主义所有制改革的日渐深入，这个问题引起了人们的普遍关注，并由此展开了热烈的讨论。在讨论中主要形成了以下观点：

第一，仍然认为"重新建立个人所有制"就是重新建立消费资料的个人所有制，也就是坚持传统的观点。其主要理由是，马克思曾经指出过，在未来公有制社会中，"除了个人的消费资料，没有任何东西可以成为个人的财产"。② 这同恩格斯在《反杜林论》中对"个人所有制"的解释是一致的。而且，正如人所共知的，《反杜林论》实际上是恩格斯和马克思两人共同的著作。《反杜林论》的原稿曾由恩格斯全文念给马克思听过，经过马克思的认可才得以完成的。

这种传统的观点受到了许多人的反对，认为这种解释不符合马克思的原意。因为按照否定之否定规律的内在要求，这个规律的运动过程以什么主体开始，亦应以什么主体结束。马克思把未来社会的所有制取代资本主义所有制看作是一个否定之否定过程的终点，而这一过程的起点则是为资本主义所有制所否定的小生产者的生产资料所有制。既然起点是生产资料所有制，那么终点也应是生产资料所有制，而不可能是消费资料所有制。而且，从历史上看，消费品的个人所有制并不是一个独立的所有制形态。在任何社会经济形态内，消费品最终总是由个人占有的，资本主义条件下当然也是如此，所以，自然也就谈不上"重建"的问题。③ 应该说，这种对传统观点的反对是很有说服力的。但却回避了一个无法回避的问题：恩格斯的解释是经过马克思认可的，反映了马克思的思想。我们当然可以说恩格斯对马克思的思想的理解也不可能是百分之百的准确，但是如果这里的理解是马克思本人也已认

---

① 《马克思恩格斯选集》第3卷，人民出版社1972年版，第170页。
② 《马克思恩格斯选集》第3卷，人民出版社1972年版，第11页。
③ 参见林岗《并存于竞争中的协调发展》，陕西人民出版社1991年版，第63~64页。

同的，则必须另当别论。因此，只有对这一无法回避的问题作出合理的解释，才能完全为人所服。

第二，认为"个人所有制"是劳动力的个人所有制。我们认为，这种观点是难以成立的。首先，从马克思在《资本论》中反映的思想来看，在未来社会中，并不存在劳动力的个人所有制，恰恰相反，不仅生产资料，而且劳动力也是归社会所有的。因为在未来社会中，人们是"用公共的生产资料进行劳动，并且自觉地把他们很多个人劳动力当作一个劳动力来使用，"① 也就是说，劳动者已经实现了广泛的社会结合，他们的劳动力已经结合为不能分割的社会的劳动力，并由整个社会统一使用。消费品在社会成员之间的分配，也只是在纯粹的意义上为了人"类"本身的生存和发展，以使"人以一种全面的方式，也就是说，作为一个完整的人，占有自己的全面的本质"。② 再者，正如有的学者所指出的，资本主义条件下劳动力也归劳动者个人所有，并不需要重建。而且，这种观点同样违背了否定之否定规律的内在要求。③

第三，认为我国现阶段的农村联产承包责任制和个体劳动者的各种生产经营活动，是一种劳动者的个人所有制。④ 在笔者看来，这实在是对马克思"个人所有制理论"的极大误解。就个体经济来看，它实际上是一种小私有制，是已经被资本主义私有制所否定掉了的所有制形态，马克思设想的未来社会不可能去重建它。就农村家庭承包责任制来看，其实质无非是重新肯定了农民个人的物质利益，克服了大锅饭的弊端，所谓"缴够国家的，留够集体的，剩下全是自己的"，就是其真实写照。这实际上是向私人利益的让步。当然，这种让步是必要的，因为它更适合我国农村现阶段的生产力水平。但也正因为如此，就与马克思的"个人所有制"相去甚远了。因为马克思的"个人所有制"是建立在"资本主义时代的成就的基础上"亦即建立在生产力高度发达的基础上的，我国农村现阶段的生产力水平自然不可与之同日而

① 《资本论》第 1 卷，人民出版社 1975 年版，第 95 页。
② 《马克思恩格斯全集》第 42 卷，人民出版社 1979 年版，第 123 页。
③ 卫兴华：《社会主义公有制的另一种提法》，载于《经济参考》1989 年 10 月 10 日。
④ 参见戴道传：《重新建立个人所有制研究》，安徽人民出版社 1993 年版，第 73 页。

语；从生产关系上看，在马克思设想的未来的生产资料共同占有的社会中，个人已经是实现了广泛的直接的社会结合的个人，是个人利益与社会利益高度和谐一致中的个人，并且是"自觉地把他们很多个人劳动力当作一个劳动力来使用"的，因而绝不可能把以血缘关系为纽带的家庭作为社会生产的基本组织单位。所以，无论是从生产力方面还是从生产关系方面来看，把对向私人利益的让步当作重建了马克思的"个人所有制"，实在是南辕北辙。

第四，认为"个人所有制"是生产资料"人人皆有的私有制"。这种观点认为马克思旗帜鲜明地提出"重新建立个人所有制"，就是要建立"人人皆有的私有制"，即社会的生产资料归每个社会成员所有，不存在有些社会成员有生产资料，有些社会成员无生产资料的现象。因为私有制有两种类型：一是"部分人的私有制"，即社会的生产资料只归社会上一部分人所有；二是"人人皆有的私有制"，即"个人所有制"。并且认为，马克思批判的是第一种类型的私有制，并没有批判第二种类型的私有制，他并不反对个人私有。该观点还援引马克思恩格斯在《共产党宣言》中的一句话作为论据："共产主义并不剥夺任何人占有社会产品的权力，它只剥夺利用这种占有去奴役他人劳动的权力"。①

我们认为，这种观点同马克思的思想完全背道而驰。究其原因，是对这里的"个人"作了肤浅的表面化的理解。马克思的"个人所有制"中的"个人"是联合起来的个人，是实现了社会结合的"个人"。所以，这个"个人所有制"根本不会是分割式的个人占有生产资料。马克思曾再明确不过地指出："我把生产的历史趋势归结成这样：它……实际上已经以一种集体生产为基础的资本主义所有制只能转变为社会的所有制"，② "这是社会占有而不是作为各个私人的个人占有这些生产资料"，③ 而且，"人人皆有的私有制"在人类历史上并没有作为独立的所有制形态存在过。因为这种私有制一经存在，就会按照其自然过程的必然性演变成"部分人的私有制"。历史的经验已经准

---

① 参见戴道传：《重新建立个人所有制研究》，安徽人民出版社 1993 年版，第 71 页。
② 《马克思恩格斯全集》第 19 卷，人民出版社 1963 年版，第 130 页。
③ 《马克思恩格斯全集》第 48 卷，人民出版社 1985 年版，第 21 页。

确无误地证明了这一点。当然，论证私有制在我国现阶段存在的合理性是一回事，但如果为此而不惜割裂马克思的一贯思想，摘取片言只语并加以曲解，则就不是科学理论工作者应持的态度。顺便提一下，有些论者把马克思的"个人所有制"作为在我国实行股份制的论据，其实质与上述观点是异曲同工，因而也是不正确的。

第五，认为"个人所有制"就是生产资料的公有制。这种观点认为，"个人所有制"与社会主义公有制是同一概念。二者不论是在内涵上，还是在外延上，都是一致的，是社会主义公有制的另一种说法。我们认为，这种看法是基本正确的。但是，这里必须避免一种倾向，即把马克思的"个人所有制"同现存的社会主义公有制关系等量齐观，并把前者作为后者改革的范本。因为马克思的"个人所有制"是有着一系列的客观物质条件及由此决定的社会关系条件的。而由以建立的基础条件不同，则结果也会是很不一样的。比如，有的同志一方面认为马克思的"个人所有制"就是生产资料的公有制；另一方面，在分析我国现存的公有制的弊端时却又认为，我国现阶段的"公有制意味着与个人对立的联合体是实际所有者，虽然联合体是由各个成员组成的集合体，但组成这个联合体的各个个别成员不是生产资料的实际所有者。……公有制的建立便意味着联合体的每一个个别成员的生产资料的完全丧失"。① 而公有制经济的改革就是要使每一个社会成员都不仅认识到生产资料是公共的，而且同时也真切地体会到他自己又是生产资料的所有者。于是，无论农村或城市，承包制就"正是马克思所要重新建立的个人所有制"。② 前已述及，承包制的实质是向私人利益的让步，根本不是马克思的"个人所有制"。这种观点没有认识到马克思设想的未来社会是已经弥合了私人利益与社会利益的差别、"个人"和他们的"联合体"并不存在"对立"的社会。所以，脱离了"个人所有制"得以确立的一系列条件，对"个人所有制"的理解就必然走样。

---

① 参见戴道传：《重新建立个人所有制研究》，安徽人民出版社1993年版，第125～126页。
② 参见戴道传：《重新建立个人所有制研究》，安徽人民出版社1993年版，第145页。

综上所述，第一种观点应该说反映了马克思的思想，但尚需作出进一步的说明；第二、三、四种观点不符合马克思的原意；第五种观点基本上正确，但要对马克思"重新建立个人所有制"的客观物质条件及由此决定的社会关系条件作出准确的理解，才能真正把握"个人所有制"的确切内涵。

二、重建"个人所有制"的客观物质条件和社会关系条件

之所以在对这个问题的理解上发生这样那样的偏差，一个根本的原因就是没有准确理解重建"个人所有制"的客观物质条件和社会关系条件。因此，必须首先对这些条件作出说明。

众所周知，马克思是从资本主义生产的高度社会化和生产资料的资本主义私人占有这一资本主义的基本矛盾出发来揭示资本主义生产方式的历史过渡性质的。由于生产的高度社会化，就从客观上要求"按照总的计划组织全国生产，从而控制全国生产，制止资本主义生产不可避免的经常的无政府状态和周期的痉挛现象"。① 而这就必须以生产资料的公有制为基础，"使社会成为全部生产资料的主人"。② 按照马克思的思想，只有由全社会来占有全部生产资料按照总的计划组织全国生产才可能具备真正的基础。但是，要实现社会占有全部的生产资料，就必须消灭旧式分工。因为"只要人们还处在自发形成的社会中，……只要分工还不是处于自愿，而是自发的，那么人本身的活动对人来说就成为一种异己的、与他对立的力量，这种力量驱使着人，而不是人驾驭这种力量"。③ 在这种情况下，个人被要求就业于某个特定的工种上，造成人本身的畸形片面的发展，就谈不上由全面发展起来的个人组成的社会占有全部的生产资料。恩格斯曾讥讽杜林"无需废除旧的分工，社会就可以占有全部生产资料"的主张是"幼稚的观念"。④ 因此，必须首先废除

① 《马克思恩格斯选集》第 2 卷，人民出版社 1972 年版，第 379 页。
② 《马克思恩格斯全集》第 3 卷，人民出版社 1960 年版，第 332 页。
③ 《马克思恩格斯选集》第 1 卷，人民出版社 1972 年版，第 37 页。
④ 《马克思恩格斯选集》第 3 卷，人民出版社 1972 年版，第 336 页。

使人片面发展的旧式分工，使"个人必须占有现有生产力的总和"，① 才有可能建立未来社会的公有制。当然，人的活动能力和活动范围毕竟要受其生理极限的制约，但这里的具有决定性的意义在于，在未来社会中，它彻底打破了过去由于生产力发展不充分而对于人的自由全面发展的限制。而且，由于未来社会中的生产力的高度发展，人类从大自然的奴役下解放出来，人们之间的劳动的生产力的差别已经消灭，从而人与人之间、个人与社会之间的矛盾也归于消失，使得人们能够在利益一致的基础上联合起来去占有全部生产力的总和。所以，马克思也曾多次把未来社会的所有制说成是"联合起来的个人对全部生产力的占有"②、社会的生产资料是"联合起来的生产者的财产"、"直接的社会财产"。③

综上所述，生产力的高度发展，旧式分工的消灭，从而"个人占有生产力的总和"，是重建"个人所有制"的客观物质条件。

社会生产力的高度发达，必然带来人的社会关系的革命性的变化。在过去已经存在的一切阶级社会中，由于生产力发展的不充分，使得人们世世代代屈从于旧式分工，使得人本身的活动对人来说成为一种异己的并统治着人的力量。这种力量把人的活动束缚于狭隘的天地里，成为局部生产职能的痛苦的承担者，从而造就了片面的、畸形发展的人，而且，"分工不仅使物质活动和精神活动、享受和劳动、生产和消费由各种不同的人来分担这种情况成为可能，而且成为现实"。④ 也就是说，分工不仅造成了人的生产活动的异化，而且在产品的分配上也总是向着有利于社会上的一部分人来进行。社会的发展是以牺牲一部分人甚至靠牺牲整个阶级为代价来推进的。在这样的社会里，个人自然无自由可言。某个人之所以有自由，只是因为他从属于特定的统治阶级，是对于其他被统治阶级的个人毫无自由而言的。而在马克思所设想的未来社会中，人们不仅对自然界取得了自由，而且人对自身的社会关系也取

---

① 《马克思恩格斯全集》第3卷，人民出版社1960年版，第76页。
② 《马克思恩格斯全集》第3卷，人民出版社1960年版，第77页。
③ 《资本论》第3卷，人民出版社1975年版，第494页。
④ 《马克思恩格斯选集》第1卷，人民出版社1972年版，第36页。

得了广泛的自由。由于认识和改造自然的能力达到了前所未有的高度，人类摆脱了自然界的外在必然性的制约，人同自然界的关系和谐一致了。同时，由于分工和私有制造成的人的活动的异化和劳动产品的异化已经消除，阶级消灭了，作为阶级压迫工具的国家消亡了，靠牺牲多数人来发展人类才能的状况被克服而与每个人的发展相一致。人们自己社会行动的规律如同过去存在过的异己的统治人们的自然规律一样，被人们自觉地运用起来，为自身的发展服务。在这样的社会中，人的个体和人"类"的矛盾得到解决：社会是联合起来的个人组成的社会，个人是实现了广泛社会结合中的个人，个人的存在就是社会的存在，社会的存在亦即个人的存在，个人的规定性与社会的规定性达到了统一。此时，人的劳动不再是片面的和为了谋生而被迫从事的活动，而是成了完善和发展自己才能的第一需要；人的消费也不仅是为了满足自身生存的生物本能，而从根本上说是为了人的全面发展。在这样的情况下，人们的利己动机不仅是可耻的，而且根本不可能产生。因为，"每个人的自由发展是一切人自由发展的条件"，[①] 当然，一切人的自由发展也是每个人自由发展的条件。

　　以上我们论述了重新建立"个人所有制"的物质的和社会的条件，这是我们科学把握"个人所有制"确切内涵的出发点。而以往所以在这个问题的理解上出现这样那样的偏差或误解，一个根本原因就是脱离了或忽略了马克思理论的物质和社会基础，不了解未来社会中"个人"与"社会"的统一关系。早年的杜林不理解这一点，从而把"个人所有制"说成是既是公共的、又是个人的"混沌世界"，而今人没有理解或忽略了这一点，就要么认为"个人所有制"和公有制水火不相容，[②] 要么牵强地把今天存在于我国社会主义初级阶段的某种具体的所有制形式视为"个人所有制"。

---

① 《马克思恩格斯选集》第 1 卷，人民出版社 1972 年版，第 273 页。
② 胡培兆：《马克思要在社会主义社会重新建立何种"个人所有制"》，载于《经济学家》1990 年第 3 期。

三、"个人所有制"的确切含义

"个人所有制"的确切含义，应包含两个方面：一是指生产资料的"个人所有制"，这是基础层次的含义；二是在此基础上的消费资料的"个人所有制"。

先看第一个方面的含义。按照马克思的分析逻辑，资本主义私有制是对个人的、以自己劳动为基础的私有制的否定。而未来社会重新建立的"个人所有制"则是对资本主义私有制的否定。从整段论述及其上下文的联系上看，马克思在这里一直是对生产资料的所有制问题而言的，所以，"个人所有制"是指生产资料的"个人所有制"。而在马克思设想的未来社会中，正如前文所述，个人的规定性与社会的规定性是统一的，因此，"个人所有制"与社会的所有制就也是同一个概念。其实，马克思在许多不同的地方曾用多个相似的说法表述过未来社会公有制这同一个概念，比如，"直接的社会财产"、"联合起来的生产者的财产"、"联合起来的社会个人所有制"，等等。所以，它不可能是指什么我国目前存在的个体所有制、承包责任制以及"人人皆有的私有制"，与我国的社会主义公有制诸种形式也有重大差别。因为这些所有制形式中的个人是分散的，其个人利益与社会利益是存在着不同程度的分裂状况的。有的论者则认为，如果把"个人所有制"理解为生产资料共同占有基础上的生产资料个人所有制，就是同义反复。① 其实，只要我们仔细阅读一下马克思的这段论述就会知道，这里并不是同义反复。因为"重新建立个人所有制"的基础是"在资本主义成就的基础上"和"在协作和对土地及靠劳动本身生产的生产资料的共同占有的基础上"。而在这两个基础之间，马克思用了"也就是说"这一用后者进一步解释前者的措词，意思很明确，这两个"基础"的含义，指的是一回事。就是说，未来的"个人所有制"不是割断历史的继承性而建立起来的空中楼阁，而是建立在对资本主义生产方式扬弃的基础之

---

① 胡培兆：《马克思要在社会主义社会重新建立何种"个人所有制"》，载于《经济学家》1990年第3期。

上。由于生产力的发展要求突破资本主义的生产关系形式，要求资产阶级在资本关系内部一切可能的限度内，把生产力当作社会的生产力来看待。于是，出现了股份公司这种与私人企业、私人资本相对立的社会企业、社会资本的形式，出现了资产阶级的国家所有的形式，但是，"生产力的国家所有不是冲突的解决，但是它包含着解决冲突的形式上的手段，解决冲突的线索"，[①] 亦即资本主义本身为未来社会提供了"过渡点"，提供了基础，所以，"个人所有制"和它所赖以建立的基础的含义是颇不相同的。有的论者把由资本主义提供的基础当作"个人所有制"本身，结果导致了"同义反复"的迷惘。

　　关于"个人所有制"第二个方面的含义，实际就是，"个人所有制"除了是指生产资料的"个人所有制"外，是否还包括消费资料的"个人所有制"？回答是肯定的。众所周知，马克思主义经济学的一个基本原理就是生产条件的分配决定产品的分配。马克思明确反对把分配问题看作事物的本质从而把分析的重点局限在分配问题上兜圈子，因为"如果在考察生产时把包含在其中的这种分配（指生产条件的分配，引者注）抛开，生产显然是一个空洞的抽象，反过来说，有了这种本来构成生产的一个要素的分配，产品的分配自然也就确定了"。[②] 这就是说，如果撇开了生产条件的分配就无法准确地把握一个特定社会生产的本质，而弄清了生产条件的分配状况，则产品的分配状况也就容易理解了。那么，"个人所有制"中的情形又如何呢？按照否定之否定的逻辑，"个人所有制"是个体小私有制在更高层次上的复归，那么，前者与后者之间就必然存在着某些共同的特征，两者都以劳动者自己的劳动为基础，都是劳动者占有生产资料和产品但前者又决不是后者的简单重复，有着质的不同。"个人所有制"中的劳动者已不再是分散的孤立的个人，而是个人与社会和谐统一中的个人。他们对于生产资料的占有是在利益完全一致的基础上联合起来不可分割地共同占有生产资料，并利用它们进行劳动。这样，生产的最终产品也只能归一个个的个人去消费，而在对产品进行消费之

① 《马克思恩格斯选集》第3卷，人民出版社1972年版，第318页。
② 《马克思恩格斯选集》第2卷，人民出版社1972年版，第99页。

前，当然是归个人所有的。当然，消费品的个人所有，并不仅仅是为了个人的生存，而从根本上说是为着个人的自由全面发展，从而也是为着整个人类社会的自由全面发展的。所以，"个人所有制"的命题中除了生产资料的"个人所有制"的含义外，消费资料的"个人所有制"也是其题中应有之义，这是由生产资料的"个人所有制"所自然决定的。这样，恩格斯在《反杜林论》中对"个人所有制"的解释并无与马克思的思想相冲突的地方，自然得到了马克思的认同。

（原文发表于《河南大学学报（社会科学版）》1995 年 3 月第 35 卷第 2 期）

马克思"重新建立个人所有制"论断
与我国公有制多种实现形式探讨

张燕喜*

马克思在《资本论》第 1 卷第 24 章阐述资本主义积累的历史趋势时指出:"从资本主义生产方式产生的资本主义占有方式,从而资本主义的私有制,是对个人的、以自己劳动为基础的私有制的第一个否定。但资本主义生产由于自然过程的必然性,造成了对自身的否定。这是否定的否定。这种否定不是重新建立私有制,而是在资本主义时代的成就的基础上,也就是说,在协作和对土地及靠劳动本身生产的生产资料的共同占有的基础上,重新建立个人所有制。"① 1875 年,马克思在亲自修订过的法文版《资本论》中又补充说,历史上存在过的劳动者的私有制,被资本主义私有制否定了;共产主义所要重新建立的,不是"劳动者的私有制",而是"劳动者的个人所有制"。②

多年来,围绕马克思"重新建立个人所有制"的论述,理论界进行了颇为热烈的讨论,特别是随着改革的不断深入,许多人又重提对这一命题的阐释,可以说,几乎穷尽了所有可能的理解。然而,却至今未达成共识。有学者甚至认为,仅以有限的历史经验,还难以完全证实马克思的这一设想。要真正解决这一问题,犹如数学王国中的"哥德巴赫猜想",还面临较大的困难。

一、学术界有代表性的意见

该如何理解马克思"重建个人所有制"的思想,理论界具有代表性的意

---

* 张燕喜,中共中央党校。

① 《马克思恩格斯全集》第 23 卷,人民出版社 1972 年版,第 832 页。

② 《资本论》第 1 卷(法文版)中译本,中国社会科学出版社 1983 年版,第 826 页。

见似乎可以归结为以下三种:

（1）马克思要"重新建立"的"个人所有制"，是指"生活资料的个人所有制"。这种意见的主要依据是恩格斯在《反杜林论》中的解释。恩格斯说:"靠剥夺剥夺者而建立起来的状态，被称为以土地和靠劳动本身生产的生产资料的社会所有制为基础的个人所有制的恢复，对任何一个懂德语的人来说，这也就是说，社会所有制涉及土地和其他生产资料，个人所有制涉及产品，那就是涉及消费品。"① 持这种意见的同志强调，恩格斯在《反杜林论》中对"个人所有制"的解释是得到马克思的赞同的。而且马克思自己在《哥达纲领批判》中认为，在未来社会"除了个人的消费资料，没有任何东西可以转为个人的财产。"②

（2）马克思要"重新建立"的"个人所有制"，是指生产资料"人人皆有的私有制"，即社会的生产资料归每个社会成员私有，不存在有些社会成员有生产资料，有些社会成员没有生产资料的现象。这种意见认为，私有制有两种类型，一是"部分人的私有制"，即社会生产资料只被社会上的一部分人所有；二是"人人皆有的私有制"，即"个人所有制"。马克思批判的是第一类型的私有制，并不反对人人皆有的个人所有制。持此观点的同志又把"人人皆有的私有制"等同于"社会个人所有制"，即"既是社会所有制，又是个人所有制"，并断言其中个人所有制即生产资料"个人所有"，是马克思和恩格斯"构想未来社会所有制的基本内核"。马克思恩格斯《共产党宣言》中的论述，是他们的依据:"共产主义并不剥夺任何人占有社会产品的权力，它只剥夺利用这种占有去奴役他人劳动的权力"。③

（3）马克思要"重新建立"的"个人所有制"，指的是生产资料的公有制。理由是:马克思提出的"个人所有制"，是与在协作和对土地及靠劳动本身生产的生产资料的"共同占有"联系在一起的。因此，它与社会主义公有制应当是同一概念，二者无论是在内含上、还是在外延上都是一致的。但是，

---

① 《马克思恩格斯选集》第 3 卷，人民出版社 1995 年版，第 473 页。
② 《马克思恩格斯选集》第 3 卷，人民出版社 1995 年版，第 304 页。
③ 《马克思恩格斯选集》第 1 卷，人民出版社 1995 年版，第 288 页。

这种公有制不能认为就是我们曾实践过的社会主义公有制，因为这种公有制并不能使社会每个劳动者切实地感受到他是生产资料的所有者。

此外，学术界还有以下意见：马克思要"重新建立"的"个人所有制"，是指"劳动力个人所有制"；马克思用"重新建立个人所有制"所表达的重点和要义，不是客观财产的归属权，而是人的彻底解放；马克思的"重新建立个人所有制"，是在充分发展的资本主义基础上建立起来的高度发达的公有制，是"既是个人的又是公共的所有制"，是生产资料个人所有制与生产资料公有制的辩证统一，等等。①

于是，马克思"重新建立个人所有制"的论述，成了一个无解的命题。

二、不同观点的主要分歧

不同意第一种观点，即认为马克思要"重新建立"的"个人所有制"，是指"生活资料的个人所有制"的同志认为，该解释不符合马克思的原意。因为按照否定之否定规律的内在要求，这个规律的运动过程以什么主题开始，亦应以什么主题结束。马克思把未来社会的所有制取代资本主义所有制看成是一个否定之否定过程的终点，这一过程的起点则是为资本主义所有制所否定的小生产者的生产资料所有制。既然起点是生产资料所有制，那么终点也应是生产资料所有制，而不可能是消费资料所有制。而且，从历史上看，消费品最终是由个人占有的，资本主义条件下当然也是如此，所以，自然也就谈不上"重建"的问题。②

针对恩格斯的解释是经过马克思认可的问题，有人提出："对恩格斯的话要全面理解"。首先，恩格斯批判杜林谬论的目的，一是揭示辩证法和否定之否定规律的客观性；二是肯定马克思关于未来社会所有制并非"既是个人又是公共"的所有制，而只能是公有制。前者是恩格斯强调的重点。其次，恩

① 王辉：《试探马克思的"重新建立个人所有制"及在我国的实现》，载于《财贸经济》1995年第5期。
② 张兴茂：《关于"重新建立个人所有制"的理论思考》，载于《河南大学学报（社科版）》1995年第2期。

格斯所讲的"个人所有制包括产品即消费品",指的是未来社会产品的所属及分配的问题,与"重新建立个人所有制"不是同一层次上的问题。……恩格斯所讲的"个人所有制包括产品即消费品",不过是为了说明:马克思的"重新建立个人所有制"不是公有制与私有制的"混沌"制度,但是马克思并不否认未来社会中仍存在个人占有的财产。[①]

不同意第二种意见,即马克思要"重新建立"的"个人所有制",是指生产资料"人人皆有的私有制"的同志认为,这种观点同马克思的思想完全背道而驰。究其原因,是对这里的"个人"作了肤浅的表面化的理解。马克思的"个人所有制"中的"个人"是联合起来的个人,是实现了社会结合的"个人"。所以,这个"个人所有制"根本不会是分割式的个人占有生产资料。马克思曾再明确不过地指出:"我把生产的发展趋势归结成这样:它……实际上已经以一种集体生产为基础的资本主义所有制只能转变为社会的所有制"。[②]"结果就会是他们社会地占有而不是作为各个私人的个人占有这些生产资料"。[③] 而且,"人人皆有的私有制"在人类社会上并没有作为独立的所有制形态存在过。因为这种所有制一经存在,就会按照其自然过程的必然性演变成"部分人的私有制"。历史的经验已经准确无误地证明了这一点。[④]

不同意第三种意见,即马克思要"重新建立"的"个人所有制",指的是"生产资料的公有制"的同志认为,这种观点并不准确。因为:第一,从马克思关于这种公有制所处阶段的论述看,公有制—私有制—公有制是所有制演变的公式,它贯穿在人类社会发展的总过程中,这种否定之否定阶段上的公有制是共产主义社会的所有制。而现在所论述的所有制还只是刚刚变革资本主义社会的社会主义社会及其过渡时期的所有制;第二,从马克思对于这种公有制内含的论述看,它指的是全社会占有,社会全体成员支配。而现

---

① 凌乏时:《对马克思"重新建立个人所有制"提法的思考》,载于《贵州教育学院学报(社科版)》1997年第2期。

② 《马克思恩格斯全集》第19卷,人民出版社1963年版,第130页。

③ 《马克思恩格斯全集》第48卷,人民出版社1985年版,第21页。

④ 张兴茂:《关于"重新建立个人所有制"的理论思考》,载于《河南大学学报(社科版)》1995年第2期。

在所论述的所有制还只是自由人联合体共同占有的所有制；第三，从马克思对这种所有制的环境的论述看，它要求国家的消亡、商品货币的消除、劳动成为人们生活的第一需要，人类已进入自由王国。而现在所论述的所有制所处的环境远远没有达到这样的地步。

可见，对这一命题的理解还难达共识。

三、笔者的几点相关思考

（一）对马克思"重新建立个人所有制"的理解

理解马克思"重新建立个人所有制"论述的要害，在于正确理解"个人所有制"的内含。

1. 个人所有制是马克思的一个重要概念

马克思曾多次提到个人所有制概念。早在 1845 年的《德意志意识形态》中，他就指出："联合起来的个人对全部生产力总和的占有，消灭着私有制。"在 1848 年的《共产党宣言》中，他又宣布无产阶级要把全部生产"集中在联合起来的个人手里"，在《1861—1863 年经济学手稿》中，他更指出"资本家对这种劳动的异己的所有制，只有通过他的所有制改造为非孤立的单独个人所有制，也就是改造为联合起来的社会个人所有制，才可能被消灭。"马克思在《法兰西内战》中高度赞扬巴黎公社"曾想把现在主要用作奴役和剥削劳动的工具的生产资料、土地和资本变成自由集体劳动的工具，以实现个人所有权"。在不同的中译本中，包括新译本中，马克思的上述论述，虽然有不同的译法，但"个人所有制"的提法却是一致的。在马克思亲自校定的法文版《资本论》第一卷的中译本中，特别强调了"这种否定不是重新建立劳动者的私有制"，而是"重新建立劳动者的个人所有制"。因此可见，"个人所有制"是马克思著作中的一个重要概念。

2. 个人所有制、公有制与社会所有制的关系

据有人考证，在《马克思恩格斯全集》中，马克思恩格斯称谓未来社会所有制的词语，至少有 20 多种，大体可归并为三类，即公有制、社会所有制

与个人所有制。要说明"个人所有制"的内含,就有必要对这三类称谓的相互关系进行分析。

首先,关于"公有制"和"社会所有制":恩格斯在《反杜林论》第13章对马克思《资本论》第一卷第24章结尾处的一段话作了以下的援引:"这是否定的否定。这种否定重新建立个人所有制,然而是在资本主义时代的成就的基础上,在自由劳动者的协作的基础上和他们对土地及靠劳动本身生产的生产资料的公有制上来重新建立。以自己劳动为基础的分散的个人私有制转变为资本主义私有制,同事实上已经以社会生产为基础的资本主义私有制转变为社会所有制比较起来,自然是一个长久得多、艰苦得多、困难得多的过程。"在这段论述中,经典作家同时用"公有制"和"社会所有制"称谓未来的社会所有制,这表明,在马克思和恩格斯看来,这二者具有相同的含义。

其次,关于"社会所有制"与"个人所有制":1877年,马克思在《给〈祖国纪事〉杂志编辑部的信》中指出:"关于原始积累的那一章中只不过想描述西欧的资本主义经济制度从封建主义经济制度内部产生出来的途径。……在那一章末尾,资本主义生产的历史趋势被归结成这样:'资本主义生产本身由于自然变化的必然性,造成了对自身的否定';它本身已经创造出了新的经济制度的要素,它同时给社会劳动生产力和一切生产者个人的全面发展以极大的推动;实际上已经以一种集体生产方式为基础的资本主义所有制只能转变为社会所有制。"① 这是马克思本人对《资本论》第一卷中所提出的"重新建立个人所有制"的重要解释。在这里,马克思没有再用"重新建立个人所有制",用的是"只能转变为社会所有制",可见,马克思的"个人所有制"与"社会所有制"的内含是相同的。

第三,关于"个人所有制"中的"个人"的内含:马克思要重新建立的个人所有制,不是私有制,因而,这里的个人,也不是指孤立的、单个的自然人。马克思在论述原始公有制时说:"第一个前提是自然形成的共同体"。"个人把自己看成所有者,看作自己现实条件的主人。个人看待他人也是这

---

① 《马克思恩格斯选集》第3卷,人民出版社1995年版,第341页。

样。""各个个人都不是把自己当做劳动者，而是当作所有者和同时也进行劳动的共同体成员。""这种共同体的成员彼此虽然可能有形式上的差别，但作为共同体的成员，他们都是所有者。"① 可见，这里的个人，指的是联合起来的社会化的个人，是联合体的成员。

在上述分析的基础上，有人将"个人所有制"、"公有制"和"社会所有制"三个概念的内在联系作出下述概括，也不无道理：对于"公有"，可有此一问："公有，谁所有？"答曰："公有就是社会所有（或集体所有）"。如果再问："社会（集体）是谁？"答曰："是组织起来的劳动者个人"，或"社会个人的联合"。

3. 笔者的意见

笔者认为，马克思对未来社会所有制所提出的个人所有制、公有制与社会所有制三类称谓是有机的统一，公有制或社会所有制以个人所有制为基础，个人所有制则以公有制或社会所有制为前提。马克思所要"重新建立个人所有制"，是在否定资本主义生产方式基础上所建立的、联合起来的社会劳动者与社会化的生产资料相结合，由联合起来的社会劳动者占有社会化生产资料的一种所有制形式。在这种所有制条件下，联合起来的个人组成社会集体，在此集体中，许多生产工具应当由每个个人支配，而财产则受所有的个人支配。"在那里，每个人的自由发展是一切人的自由发展的条件"，② 同时，正如恩格斯所说："社会的每一个成员不仅有可能参加生产，而且有可能参加社会财富的分配和管理，并通过有计划地组织全部生产，使社会生产力及其所制成的产品增长到能够保证每个人的一切合理的需要日益得到满足的程度"。③

四、对我国公有制实现形式的探讨

学习、探讨"重新建立个人所有制"内含的目的，在于指导今天的改革实践。这一命题对于深入探讨现阶段公有制的实现形式，具有重要意义。

---

① 《马克思恩格斯全集》第46卷上，人民出版社1979年版，第470～472页，第498页。

② 《马克思恩格斯选集》第1卷，人民出版社1972年版，第273页。

③ 《马克思恩格斯选集》第3卷，人民出版社1972年版，第42页。

（一）马克思对未来社会公有制实现形式的构想

对于未来社会要重新建立的"个人所有制"，马克思只作了原则性的揭示，没有、也不可能作出具体、详细的论述。但是，他设想了"自由人联合体"这样一种实现形式。他设想，"他们用公共的生产资料进行劳动，并且自觉地把他们许多个人劳动力作为一个社会劳动力来使用。……这个联合体的总产品是社会的产品。这些产品的一部分重新用作生产资料。这一部分依旧是社会的。而另一部分则作为生活资料由联合体成员消费。因此，这一部分要在他们之间进行分配。这种分配的方式会随着社会生产机体本身的特殊方式和随着生产者的相应的历史发展程度而改变"。①

毫无疑问，要实现上述的个人所有制，必须具备马克思对未来社会所作的如下构想：社会生产力获得高度的发展，社会的物质财富已极大丰富；消灭了社会分工、阶级对立和阶级差别、脑力劳动和体力劳动的差别；商品、货币和价值规律也不复存在。

（二）对以往实践的再认识

在我国，劳动人民夺取政权后，便开始了伟大的社会主义实践。但在以往的实践中，由于种种原因，我们将社会主义公有制只理解为全民所有制和集体所有制两种形式，同时，全民所有制又被国家所有制所代替。因此，有必要对此进行再认识。

首先，传统的、高度集权的大一统的国有制，不是公有制的实现形式。在传统的国有制下，全体人民只是生产资料的名义所有者，政府掌握了对生产资料的所有、占有、使用和分配的权力。我们的实践已经证明，大一统的国有制是不符合社会分工日益发达、社会生产力发展日益多样化的要求的，它使公有制的本质要求在社会主义社会的经济运行中，无法得到体现和实现。其次，部分劳动者联合而成的集体所有制经济，是与社会主义生产力相适应

---

① 《马克思恩格斯全集》第 23 卷，人民出版社 1972 年版，第 95 页。

的个人所有制的一种实现形式，但是，我们没有好好利用它，使它在实践中或多或少地变了形、走了样。往往只强调集体对生产资料的共同占有，在高度集中的计划经济体制和传统的封建专制残余的影响下，淡化或疏远了每个劳动者对集体财产的所有权关系，忽视了他们的个人所有制。由于国家所有制的所有者主体是国家，集体所有制的所有者主体也往往存在名不符实的情况，所以，这两种所有制形成的共同体中的个人，还不能"把自己当作所有者和同时进行劳动的共同体成员"。① 重新认识以往的公有制，对构想与实践现阶段公有制的实现形式，无疑具有借鉴意义。

（三）对我国公有制实现形式的探讨

要真正实现马克思所设想的"个人所有制"，目前虽然还不具备条件。但这不是说我们就无所作为。恰恰相反，认真探讨适应现阶段生产力发展水平的公有制实现形式，极为重要。经过对历史的回顾总结，特别是 20 年来的改革实践，笔者对社会主义市场经济条件下公有制的实现形式，有以下构想：

第一，国有制是公有制的一种特殊实现形式。国有制并不天然就是公有制，而存在于社会主义条件下的我国的国有制，是公有制的一种特殊实现形式。它存在于特定领域及具有特殊目的的领域：首先，它要存在于关系国民经济命脉的行业。这可细分为：涉及到政治、安全等具有特殊性的行业；以资源短缺、需求量大为特点的垄断性行业；其使用具有非排他性的公益性行业。这类行业需要采取国家独资方式。其次，它应存在于关系国计民生的关键和重要行业。它可细分为：基础产业，如交通、通讯等；支柱产业，如原材料工业等；先导性产业，如高新技术产业等。这些行业因关系到整个国民经济的持续、快速、健康发展，因而其中的骨干大型企业国家可以控股，非骨干企业可参股，待条件成熟，再改造为劳动者股份所有制企业。

第二，社会资本控股的混合经济是公有制的一种实现形式。在现代经济

---

① 王辉：《试探马克思的"重新建立个人所有制"及在我国的实现》，载于《财贸经济》1995 年第 5 期。

生活中，能够作为资源或作为资产投入生产经营过程的要素日益增多，从而拥有资源或要素占有权利的社会经济主体也相应增多。由劳动者的消费基金、社会保险基金或退休基金而构成的投资基金，是一种公有性质的资金。这种投资资金可以成为社会资本，进行生产经营。由社会资本控股形成的混合经济形式无疑是公有制的一种实现形式，这必将随着投资基金的完善而不断发展，有可能成为未来社会的市场主体。

第三，劳动者股份所有制应成为公有制的重要实现形式。马克思所构想的"个人所有制"，说到底，是作为自由人联合体成员的劳动者，拥有对公有财产的所有、使用、收益的权利，因而，劳动者成为有产者是"个人所有制"得以实现的主要标志。社会主义条件下的劳动者股份所有制，应成为向这一目标过渡的途径。劳动者的劳动力是重要的生产要素，它有权利作为资本进行投资，成为公有财产的所有者。这种劳动者股份所有制应成为公有制的重要实现形式，它将来或许会发展成公有制的主要实现形式。

第四，合作制经济与股份合作制经济也是公有制的实现形式。合作制经济是以劳动联合为主，劳动者自愿结合、共同占有和使用生产资料，共同劳动的一种经济形式。规范的股份合作制企业应是劳动者的劳动联合与劳动者的资本联合为主的集体经济。社会主义条件下的集体经济，自然是公有制的实现形式之一。

此外，国有资本为主与外资合营、集体为主与外资合作等也是公有制的实现形式。

（原文发表于《当代经济研究》2000年第10期）

第二编　二十一世纪初十年

重建个人所有制不是恢复私有制

胡世祯 *

谢韬同志和辛子陵同志发表的《试解马克思重建个人所有制的理论与中国改革》一文，将马克思的重建个人所有制的观点，曲解成否定公有制，实行私有化的主张，将自己的观点强加给马克思，不符合马克思的本意，在学术上也站不住。

一、什么是马克思所要重建的个人所有制

谢韬、辛子陵认为，马克思提出的重新建立个人所有制是"以个人私有为基础"的所有制，因此，在我国土改中"将土地分给少地、无地的农民"，在克服经济困难时期实行的"三自一包"政策，以及在改革开放过程中的"国营中小企业承包、租赁、卖给个人经营、大企业改为股份制"等等，都被说成是马克思所要重新建立的个人所有制。反之，如果建立和发展社会主义的集体经济和全民所有制经济，那就是背离马克思所要重建的个人所有制。

马克思和恩格斯早在《共产党宣言》这一伟大著作中写道："共产党人可以把自己的理论概括为一句话：消灭私有制。"① 为了实现用社会主义生产资料公有制取代资本主义私有制这一目标，马克思和恩格斯为之奋斗一生。

从个人所有制这个词语本身来看，当然可作多种解释，它可以指的是生产资料的私有制，也可以指的是生产资料的公有制，但是，马克思对推翻资本主义制度之后重新建立的个人所有制，指的只能是生产资料的公有制，而且是全社会范围的生产资料公有制，简称社会所有制，绝不是生产资料的私

---

* 胡世祯，暨南大学经济学院。

① 《马克思恩格斯选集》第 1 卷，人民出版社 1995 年版，第 286 页。

有制，甚至是资本主义的生产资料私有制。

1. 从马克思对资本积累历史过程中否定之否定的规律表述上看

马克思指出："从资本主义生产方式产生的资本主义占有方式，从而资本主义的私有制，是对个人的、以自己劳动为基础的私有制的第一个否定。但资本主义生产由于自然过程的必然性，造成了对自身的否定。这是否定的否定。这种否定不是重新建立私有制，而是在资本主义时代的成就的基础上，也就是说，在协作和对土地及靠劳动本身生产的生产资料的共同占有的基础上，重新建立个人所有制。"①

马克思在这里提出的"重新建立个人所有制"，含义十分明确，指的是建立生产资料的社会主义公有制。马克思用否定之否定的辩证法规律形式表述资本主义积累的历史趋势，作为出发点的是以自己劳动为基础的生产资料私有制，在资本的原始积累过程中遭到了剥夺，建立和发展起资本主义的生产资料私有制，这是第一个否定，是资本主义生产资料私有制对小生产者私有制的否定。接着，又在协作和生产资料共同占有这一资本主义时代成就的基础上，建立起生产资料的社会主义公有制，这是第二个否定，是生产资料的社会公有制对资本主义私有制的否定，重新建立起劳动者的生产资料所有制，作为出发点的是劳动者的生产资料私有制，而现在却是劳动者的生产资料公有制，这是一种螺旋式的上升，进入一个新的历史时期。

2. 从重建个人所有制提出的针对性上看

重建个人所有制的提出是由于在资本积累过程中资本主义基本矛盾日益激化，终于发展到"生产资料的集中和劳动的社会化，达到了同它们的资本主义外壳不能相容的地步。这个外壳就要炸毁了。资本主义私有制的丧钟就要响了。剥夺者就要被剥夺了。"② 这里所说的"资本主义外壳"不是资本主义的生产资料私有制又会是什么呢？接下来针对资本主义基本矛盾提出来的重建个人所有制，不是建立生产资料的社会主义公有制又会是什么呢？

3. 从马克思对前后两个否定的比较上所作的说明来看

马克思在用否定之否定的辩证规律阐明了资本主义积累的历史趋势之后，

---

①② 《资本论》第 1 卷，人民出版社 2004 年版，第 874 页。

紧接着对前后两个否定进行了比较，在比较中点明了在社会主义社会中重建的个人所有制也就是生产资料的"社会所有制"①。

4. 从马克思在 1877 年写的一封书信中所作的说明来看

后来，马克思在一封书信中对当时编为《资本论》第 1 卷法文版第 32 章的有关重建个人所有制的那段话做了说明，他说："在那一章末尾，资本主义生产的历史趋势被归结成这样：'资本主义生产本身由于自然变化的必然性，造成了对自身的否定'；它本身已经创造出了新的经济制度的要素，它同时给社会劳动生产力和一切生产者个人的全面发展以极大的推动；实际上已经以一种集体生产方式为基础的资本主义所有制只能转变为社会所有制。"② 从这一说明中，我们可以看出，马克思所要重建的个人所有制就是生产资料的社会公有制，以重建的个人所有制否定资本主义所有制也就是以生产资料的社会公有制否定资本主义的私有制。

5. 从马克思的一贯论述上看

用重建个人所有制作为生产资料社会主义公有制的另一种表述方法，并不是在写作《资本论》这一著作时才有的。早在 1845 年秋至 1846 年 5 月期间，马克思和恩格斯在他们合著的《德意志意识形态》这一著作中就指出了："在无产阶级的占有制下，许多生产工具必定归属于每一个个人，而财产则归属于全体个人。现代的普遍交往，除了归全体个人支配，不可能归各个人支配。……随着联合起来的个人对全部生产力的占有，私有制也就终结了。"③ 马克思和恩格斯在 1847 年 12 月至 1848 年 1 月合写的《共产党宣言》中又说："当阶级差别在发展进程中已经消失而全部生产集中在联合起来的个人的手里的时候，公共权力就失去政治性质。……代替那存在着阶级和阶级对立的资产阶级旧社会的，将是这样一个联合体，在那里，每个人的自由发展是一切人的自由发展的条件。"④ 在 1861—1863 年经济学手稿中，马克思在谈到

---

① 《资本论》第 1 卷，人民出版社 2004 年版，第 874 页。

② 马克思写给《祖国纪事》杂志编辑部的信（1877 年 10 ~ 11 月），《马克思恩格斯选集》第 3 卷，人民出版社 1995 年版，第 341 页。

③ 《马克思恩格斯选集》第 1 卷，人民出版社 1995 年版，第 129 ~ 130 页。

④ 《马克思恩格斯选集》第 1 卷，人民出版社 1995 年版，第 294 页。

社会主义社会中工人对生产资料的占有时指出："这一对立形式一旦消除，结果就会是他们社会地占有而不是作为各个私的个人占有这些生产资料。资本主义所有制只是生产资料的这种公有制的对立的表现，即单个人对生产条件的所有制（从而对产品的所有制，因为产品不断转化为生产条件）遭到否定的对立的表现。……资本家对这种劳动的异己的所有制，只有通过他的所有制改造为非孤立的单个人的所有制，也就是改造为联合起来的社会个人的所有制，才可能被消灭。"①《资本论》第1卷出版后，马克思在1871年写成的《法兰西内战》这一著作中再次提出重建个人所有制的纲领。他说："公社是想要消灭那种将多数人的劳动变为少数人的财富的阶级所有制。他是想要剥夺剥夺者。它是想要把现在主要用作奴役和剥削劳动的手段的生产资料、土地和资本完全变成自由的和联合的劳动的工具，从而使个人所有制成为现实。"②

从马克思的这些论述中，我们可以得出这样的结论：

第一，生产资料的个人所有制不等于是生产资料的私有制，它可以是生产资料的私有制，也可以是生产资料的公有制，既可以是"孤立的单个人的所有制"，又可以是"联合起来的社会个人的所有制"。

第二，马克思所要重建的生产资料个人所有制是生产资料的社会主义公有制，绝不是生产资料的私有制，我们从《资本论》的有关论述中已经得出了这一结论，从上述马克思其他著作中的几段引文看，更进一步说明了这一结论。

在我国新民主主义革命取得胜利后的一个很长时期内，除了要以社会主义国有经济为主导，以生产资料社会主义公有制经济为主体之外，还要允许一切有利于国计民生的私有制经济的存在和发展，但是，如果把这些私有制经济说成是马克思所要重新建立的个人所有制，则是完全错误的。

在马克思主义理论队伍中，对重建个人所有制尽管也存在着不同的认识，

① 《马克思恩格斯全集》第48卷，人民出版社1985年版，第21页。
② 《马克思恩格斯选集》第3卷，人民出版社1985年版，第59页。

但是有一点十分明确的，重建个人所有制绝不是恢复生产资料私有制。

二、马克思提出的重新建立的个人所有制就是股份制吗？

谢韬认为资本主义社会中出现的股份公司使"资本主义就这样完成了向社会主义的和平过渡"，这次又和辛子陵一起，再一次重复这种陈词滥调。他们说："写《资本论》第 3 卷的时候，由于股份公司的出现，使马克思不仅找到了把生产资料'当作共同生产者共有的财产，直接的社会财产'的形式，而且找到了'资本再转化为生产者的所有'，即"重新建立个人所有制的形式，这就是股票。"

这是对马克思理论明目张胆地进行篡改与歪曲。

谢、辛一文中引述的是马克思的片言只语，整段话是："在股份公司内，职能已经同资本所有权相分离，因而劳动也已经完全同生产资料的所有权和剩余劳动的所有权相分离，资本主义生产极度发展的这个结果，是资本再转化为生产者的财产所必需的过渡点，不过这种财产不再是各个互相分离的生产者的私有财产，而是联合起来的生产者的财产，即直接的社会财产。另一方面，这是再生产过程中所有那些直到今天还和资本所有权结合在一起的职能转化为联合起来的生产者的单纯职能，转化为社会职能的过渡点。"①

对股份公司，马克思明明说的是在股份公司内生产者的劳动"已经完全同生产资料的所有权和剩余劳动的所有权相分离"，却被篡改成马克思认为在股份公司内，生产资料被"当作共同生产者共有的财产"！"资本再转化为生产者的所有"！使群众容易受到迷惑的是，谢、辛二人引用了马克思的原话来为他们进行论证。但是，我们只要读一读马克思所写的整段话，就会明白：马克思在这一小段话中，两次提到股份公司只是一个由资本转化为联合起来的生产者的财产的过渡点，股份公司为这一过渡准备了条件，还没有成为现实。要成为现实，必须进行无产阶级革命，实行无产阶级专政，谢、辛在文章中继续鼓吹和平长入社会主义的谬论，背叛了无产阶级革命和无产

---

① 《资本论》第 3 卷，人民出版社 2004 年版，第 495 页。

阶级专政。

马克思一贯认为，在共产主义的初级阶段即社会主义社会，商品和货币已经消亡，怎么还会去主张实行以商品和货币为前提条件的股份制来作为他提出的重建个人所有制的形式呢？

谢、辛二人为了坚持他们的私有化主张，不惜对马克思著作断章取义，动外科手术，并添枝加叶，将自己的观点强加到马克思的身上。

股份公司的建立是资本主义生产方式发生的一次重大变化，它从原来由各单个资本家私人支配和经营的生产改变为由资本家在股份公司范围内共同占有生产资料和统一管理，所有权和使用权发生了分离。"这是资本主义生产方式在资本主义生产方式本身范围内的扬弃"。[①] 在资本主义历史发展过程中，股份制发挥着重要的积极作用。但是，它并不能消除生产的社会化和生产资料的资本主义私有制的矛盾，"这种向股份形式的转化本身，还是局限在资本主义界限之内；因此，这种转化并没有克服财富作为社会财富的性质和作为私人财富的性质之间的对立，而只是在新的形态上发展了这种对立。"[②]

生产资料共同占有这种生产方式要求建立与之相适应的生产资料共同所有的生产关系，生产资料的共同占有也为生产资料的公有制提供了前提条件。

三、改革开放要不要坚持社会主义的方向

谢、辛二人的文章打着马克思主义的旗号，却一路招摇撞骗，肆意篡改和歪曲马克思的理论，在逻辑上混乱不堪，既不讲道理，又不顾事实，胡言乱语一通。

该文一开始就胡说："长期以来，占统治地位的理论宣称公有制、国有化是社会主义的最高原则，隐瞒马克思关于公有制、国有化的基础上重建个人所有制的主张。"

不知根据什么说，公有制、国有化在我国成为社会主义的最高原则，既

---

① 《资本论》第3卷，人民出版社2004年版，第497页。
② 《资本论》第3卷，人民出版社2004年版，第498~499页。

然成为最高原则，还要不要向前发展？占我国"统治地位"的马克思主义理论告诉我们：在推翻资本主义制度之后，生产资料社会主义公有制的建立有一个从低级到高级的发展过程，最先出现的是国有经济，接着又会产生城乡集体所有制经济，最后发展为全社会范围的公有制经济，如果说是社会主义的最高原则，也绝不是集体所有制经济和多种经济成分条件下的国有经济。

至于说我国在理论上"隐瞒"了马克思关于重建个人所有制的主张，直到今天才由谢、辛二位专家公之于世，纯属无稽之谈。就我个人在1995年研究这一问题时所搜集到的很不完整的资料来看，从1977年初至1995年初的18年中，学术界发表的有关重建个人所有制问题的著作和论文就有170篇（部）。至于马克思和恩格斯的有关著作，更是大量出版发行，何来"隐瞒"之有？

恩格斯在他的《反杜林论》著作中对马克思提出的重建个人所有制认为指的是生活资料上的个人所有制，这种生活资料的个人所有制是以"生产资料的社会所有制为基础"①的所有制。但是到了谢、辛二人手里，却被篡改成恩格斯认为"小小一张股票，体现了社会所有与个人所有的统一，公有制与私有制的统一，……"并且是"以个人私有为基础"，无中生有的将私有制连同它的股票形式硬塞进恩格斯的著作中。

谢、辛二人对生产资料所有制性质的判断提出一个荒诞的标准，认为凡是适合生产力发展的生产资料所有制就是社会主义的所有制。因此，"只要适合，私有制、股份制、合作制、公私合营、中外合资等等所有制形式，都是社会主义经济的组成部分。"照此标准，资本主义经济也成为社会主义经济了。按照谢、辛二人提出的标准，在社会主义经济组成部分中，还应列入奴隶主和农奴主的庄园，因为它们在历史上也是适合生产力的发展而产生出来的。

谢、辛二人肆意篡改和歪曲马克思和恩格斯的理论，意图十分明确，就是主张私有化，否定生产资料的社会主义公有制，尤其是社会主义的国家所

---

① 《马克思恩格斯选集》第3卷，人民出版社1995年版，第473页。

有制。

他们二人甚至用极为恶毒的语言攻击我国的国有经济是"名义上属于全民实际上人民没份的占有方式","实际上蜕化成一种官有制",劳动人民的"社会贫困、精神屈从和政治依附地位并没有变化,所谓全民所有是一种空话。""一切为了人民,但一切不要人民参与",劳动者仍在受"奴役",实行的是"俾斯麦的国有化"。

谢、辛二人为"中国改革"开出的药方是:"政府要寻找一定的形式将社会财富回归社会,回归人民,重新建立个人所有制。"这里所说的"回归"明明白白是要我国国有经济退回到私有化的道路上去。

谢、辛二人提出的主张并非什么创见。从上世纪80年代以来,我们就一直听到这种主张私有化的噪音。在1986年第11期的《经济研究》杂志上发表的李维森的文章中就认为"国家所有是劳动者个人的虚所有",主张建立"以企业劳动者的个人劳动为基础的生产资料的劳动者个人实所有"的所有制。在1989年第2期的《中国经济问题》杂志上发表的林慧勇的文章中提出"人人皆有的私有制"的主张。在1989年4月7日的《中国金报》上发表的李金亮的文章对坚持生产资料社会主义公有制的观点讥讽为"国有制被推崇备至",是"已经成为一个政治化了的所有制拜物教"。在1993年第3期的《经济理论与经济管理》杂志上发表的刘西荣和顾培东合写的文章中提出:"合理的产权主体结构应当是以私有产权主体为基本内核的产权主体结构。"在1993年第5期的《经济科学》杂志上发表的丁建中写的一篇文章中认为,马克思所说的重建个人所有制指的是靠劳动本身生产的生产资料"归劳动者个人所有"。在1995年第1期的《学术交流》杂志上发表的熊映梧的文章对马克思的重建个人所有制的解释是:"每个社会成员占有一定数量的劳动力、知识技能、房屋及其他生活资料、存款、债券等等,也就是拥有一笔资本。"……

谢、辛二人的观点与之相比较,共同点是要中国改革走上私有化的道路,否定生产资料的社会主义公有制,尤其是国有制经济,不同之处是谢、辛二人对私有化更显得迫不及待,对社会主义公有制经济,特别是国有经济,用语恶毒，大有泼妇骂街的味道。他们两人打着马克思主义的旗号，却肆意篡改和歪曲马克思和恩格斯的理论，对我国社会主义建设有极大的危害性。我们必须在广大群众面前，揭露这些理论骗子。其实，识别这种理论骗子，也并不困难，我们只要将他们所说的话和马克思原著中的话对照一下，就可看清他们的原形，充分暴露出他们兜售的民主社会主义是什么货色。

（原文发表于《重庆工商大学学报（社会科学版）》2007 年第 6 期）

评谢韬、辛子陵"重建个人所有制"言论

智效和*

谢韬、辛子陵在《试解马克思重建个人所有制的理论与中国改革》一文中，对中国改革提出了自己的主张。他们认为，"重建个人所有制是中国改革开放的总路线和总政策"。作者的这个主张是以马克思的重建个人所有制思想为旗帜的，准确地说，是用马克思的有关思想进行包装的，但是，我们从作者的论述中发现，他们似乎没有搞懂马克思，甚至误读了马克思。此外，作者的重建个人所有制主张含糊其辞，语焉不详，也有待进一步明确和辨析。

下面的文字不是对谢、辛的文章和主张的全面评论，或者说，不是对其实际主张本身对错与否的评论，而是仅就上面提到的两个问题提供讨论意见。

一

先说理论包装方面的问题。

文章开头的三段，是作者立论的理论基础，并且主要是谈论马克思的有关思想。这三段论述，似乎没有一句是正确的或准确的。为避妄言之嫌，我用逐段逐句评论的方式加以说明（其中仿宋体文字是作者原文）。

第一段：长期以来，占统治地位的理论宣称公有制、国有化是社会主义的最高原则，隐瞒马克思关于在公有制、国有化的基础上重建个人所有制的主张。这一理论上的修改，后果极其严重。我们以为，重建个人所有制，对社会主义国家来说，是个行之则一言可以兴邦，违之则一言可以丧邦的大问题。

作者关于长期以来"隐瞒"了马克思重新建立个人所有制主张的言论，

* 智效和，北京大学马克思主义学院。

颇有一点耸人听闻的味道。马克思的这个"主张"见之于《资本论》，长期以来《资本论》公开发行，随处可见，并且是若干专业的大学生的必修课，重新建立个人所有制的说法至少对专业人士是起码的知识，"隐瞒"说从何谈起？有《资本论》书在，怎么能隐瞒得了呢？当然，《资本论》不是人人都读过，有些人对此茫然，那也是可以理解的。

作者把只宣传公有制和国有制，不宣传重新建立个人所有制，看作是一种"理论上的修改"，这也不正确。在马克思那里，"社会主义社会的公有制"也就是"重新建立个人所有制"（道理下面再讲），不存在互相否定、取代的问题，"修改"说不过是作者没有搞懂马克思的反映。至于以往宣传中的问题，那很可能是我们连公有制和国有制也没有宣传好，没有从中国国情和落后国家社会主义道路的特殊性出发，来宣传公有制和国有制（当然包含不仅仅是实行国有制和公有制的意思在里头），而不是所谓"隐瞒"和"修改"了什么。

此外，作者关于"在公有制、国有化的基础上重新建立个人所有制"的说法也是不严谨的，至少马克思没有"在国有化的基础上重新建立个人所有制"这样的说法。

基于以上所述，作者所谓"兴邦"、"丧邦"云云，也就不免要打折扣了。

第二段：马克思设想革命胜利后建立社会主义经济体制的道路分为两步：第一步，把原属于资本家的大公司、大工厂等生产资料收归国有，由政府控制起来；第二步，政府要寻找一定的形式将社会财富回归社会，回归人民，重新建立个人所有制。这个意思见《资本论》第 1 卷第 832 页："在资本主义时代的成就的基础上，也就是说，在协作和对土地及靠劳动力（此处多了"力"字——评论者）本身生产的生产资料的共同占有的基础上，重新建立个人所有制。"

作者的"两步论"，"隐瞒"了一个十分重要的"情节"：过渡时期和社会主义社会的区分。在马克思的理论中，革命胜利后首先要经历一个从资本主义到社会主义（共产主义）的过渡时期，之后是社会主义社会（按马克思在 1875 年《哥达纲领批判》中的说法，过渡时期结束以后进入的是"共产主义社会第一阶段")。国有制是与过渡时期相联系的（尽管马克思讲的过渡时期的国有化也不是通常人们理解的那么简单），"重新建立个人所有制"是马克思关于社会主义社会（共产主义社会）的公有制（社会所有制）的一种表达。由此可见，"两步"论只有与过渡时期和社会主义社会分别对应起来，才大致可以说得过去（作者把社会主义国家的国有制与"回归人民"完全对立起来，这是说不过去的）。作者不讲过渡时期与社会主义社会的区分，因而他们说的那"两步"就没有了科学性。试问：究竟国有制发展到什么程度（是全国普遍的、单一的国有，还是仅仅有一部分经济是国有）、在什么样的社会主义发展阶段（过渡时期还是社会主义社会）才应让位于"第二步"，从而实现重新建立个人所有制呢？

马克思讲的社会主义社会（共产主义第一阶段），是没有非公有制，没有公有制的多种形式，没有商品生产，没有阶级和国家的社会，而我国社会主义发展现阶段还没有达到马克思讲的共产主义第一阶段。因此，在我国社会主义发展现阶段，如果头脑中不懂得我们现在的社会主义还不是马克思讲的共产主义第一阶段，不懂得我们现在的公有制还不是马克思讲的社会主义社会的公有制，谈论"两步论"，用"重新建立个人所有制"否定和取消国有制，是不切实际的、超阶段的，甚至会走向"歪理邪说"。

现在简要地讲一讲"重新建立个人所有制"这个说法。

马克思关于社会主义社会的所有制有不少说法，如"公有制"、"社会所有制"等，而"重新建立个人所有制"只是其中的一种。这些说法或表述在实质上是一样的。既然如此，马克思为什么要把社会主义公有制又说成是重新建立的"个人所有制"呢？这与他当时叙述的问题和叙述的方式有关。

马克思是在《资本论》第一卷接近尾声的部分，在论述"资本主义积累的历史趋势"时，讲到社会主义要重新建立个人所有制的。所谓资本主义积累的历史趋势，也就是我们通常讲的"两个必然"。有关的经济学论证已经在此前得到充分的阐述，所以在这里，马克思用很短的文字，从哲学的高度，运用否定之否定的辩证法规律，对资本主义产生、发展和走向灭亡的过程做了概括，并在最后指出：资本主义否定了小生产的个人所有制，资本主义在发展中又为否定自身创造了条件；社会主义公有制是对资本主义所有制的否定，从而是否定之否定，即重新建立个人所有制。马克思的原话是这样说的：

"从资本主义生产方式产生的资本主义占有方式，从而资本主义的私有制，是对个人的、以自己劳动为基础的私有制的第一个否定。但资本主义生产由于自然过程的必然性，造成了对自身的否定。这是否定的否定。这种否定不是重新建立私有制，而是在资本主义时代的成就的基础上，也就是说，在协作和对土地及靠劳动本身生产的生产资料的共同占有的基础上，重新建立个人所有制。"①

在上述这段话中，马克思把被资本主义否定的"个人所有制"具体表述为"个人的、以自己劳动为基础的私有制"，在此前的一段话中，马克思又把它表述为"靠自己劳动挣得的私有制，即以各个独立劳动者与其劳动条件相结合为基础的私有制"②。这是劳动者个人作为生产资料的所有者，靠自己的劳动进行生产，从而产品归劳动者占有的小生产者的私有制。说社会主义公有制是重新建立个人所有制，就在于二者有相同的东西：小生产的个人所有制与社会主义公有制都是劳动者的所有制；都以生产者自己的劳动为基础（不使用他人的劳动）进行生产；劳动者既是生产资料的主人，又是生产过程的主人，从而也是产品的主人。所有这些，同资本主义所有制形成根本差别。

当然，否定之否定不是回到原点，而是螺旋式上升，"重新建立个人所有制"也不是回到以前的小生产的个人所有制，而是建立公有制，在公有制的基础上再现本来意义上的个人所有制的某些特征。所以，马克思在讲到重新建立个人所有制时，一再强调"不是重新建立私有制"，并把重新建立的个人所有制称作"联合起来的社会个人的所有制"③。也就是说，个人所有制之"重新建立"，"新"就新在不是私有制，而是公有制，不是原来意义上的个人所有制，而是"社会个人所有制"。社会个人所有制的所有者是"社会个人"，即不是作为阶级联合起来，而是作为无阶级差别的个人联合起来的劳动

---

① 《马克思恩格斯全集》第 23 卷，人民出版社 1972 年版，第 832 页。
② 《马克思恩格斯全集》第 23 卷，人民出版社 1972 年版，第 830 ~ 831 页。
③ 《马克思恩格斯全集》第 48 卷，人民出版社 1985 年版，第 21 页。

者，他们共同地占有生产资料，成为生产和产品的主人。这又形成了重新建立的个人所有制（社会主义社会的公有制）与小生产的个人所有制的根本区别。排除了阶级差别的社会个人所有制是社会主义社会的劳动者自由全面发展的条件，这种自由又是小生产者的狭隘的自由所不能比拟的。

理论界常常有人把马克思讲的"重新建立个人所有制"解释为"公有＋私有"、"劳动者人人持股"。上个世纪80年代以来，一些论者开始关注"重新建立个人所有制"这个说法，主要是为了包装"人人持股的股份制"。他们既要强调"个人所有"，又要避私有化之嫌，"急中生智"地把人人持股的股份制说成是马克思主张的重新建立个人所有制。其实，公有制怎样改革包括是否实行人人持股的股份制是一回事，人人持股的股份制是否马克思的主张是另一回事。把马克思主张的没有阶级差别和没有商品关系的公有制变成了包含阶级差别和商品关系的股份制（尽管是"人人持股"），这显然是把马克思没有的东西强加到马克思头上了。

许多人对"重新建立个人所有制"的歪曲解释，与他们错误的公有制观联系在一起。在他们看来，公有制是"人人有份"的所有制，"人人有份"就应把公有产权落实到个人头上，人人持股，否则就是"所有者缺位"。他们不理解劳动者平等地、共同地、无阶级差别地占有生产和再生产，对于劳动者彻底解放和个人全面自由发展的意义。这就正好应了马克思的一句话："私有制使我们变得如此愚蠢而片面，以致一个对象，只有当它为我们拥有的时候，也就是说，当它对我们说来作为资本而存在，或者它被我们直接占有，被我们吃、喝、穿、住等等的时候，总之，在它被我们使用的时候，才是我们的"①。

最后再补充几点：（一）马克思的"重新建立个人所有制"曾被恩格斯解释为重新建立消费品的个人所有制。② 个人以为，恩格斯的解释是不对的，因为在马克思讲到这个问题时，如前所述，指的是生产资料所有制的"否定"

---

① 《马克思恩格斯全集》第42卷，人民出版社1979年版，第124页。
② 《马克思恩格斯选集》第3卷，人民出版社1995年版，第473页。

和"否定之否定",而马克思把重新建立的个人所有制称作"社会个人所有制"时,说的也是生产资料所有制。(二)学术界有人认为,如果把重新建立的个人所有制解释为社会主义社会的公有制,那就等于说在公有制的基础上("在协作和对土地及靠劳动本身生产的生产资料的共同占有的基础上")建立公有制,这是同义反复。其实,这里有一个对"共同占有"的理解问题。马克思在这个地方讲的"共同占有"也许应理解为"共同使用",而"共同使用"是资本主义已经实现了的(马克思在论述私有制的否定过程时说过,资本主义生产方式站稳脚跟以后,随着劳动的进一步社会化,"土地和其他生产资料"就"进一步转化为社会使用的即公共的生产资料"①。所谓"公共的生产资料"不是"公共所有"的,而是"公共使用"或"公共占有"的生产资料),因此也就有了"在资本主义时代的成就的基础上,也就是说,在协作和对土地及靠劳动本身生产的生产资料的共同占有的基础上"的表述。在这个表述中,"资本主义时代的成就"就是"协作和对土地及靠劳动本身生产的生产资料的共同占有"。按此理解,同义反复并不存在。此外,即使不把这里的"共同占有"理解为"共同使用",而是理解为"共同所有",也不存在同义反复的问题。按照我们的解释,马克思的这句话可以改写为:"在协作和对土地及靠劳动本身生产的生产资料的共同占有的基础上,重新建立劳动者自己成为生产资料、生产过程和生产成果的主人的所有制"。这样的改写,想必也是符合马克思意思的。(三)我们说股份制与马克思的"重新建立个人所有制"毫不沾边,丝毫不意味着否定股份制在我国现阶段的适用性,这需要用另外的道理来说明,兹不赘。

第三段:到写《资本论》第3卷的时候,由于股份公司的出现,使马克思不仅找到了把生产资料"当作共同生产者共有的财产,直接的社会财产"的形式,而且找到了"资本再转化为生产者的所有",即"重新建立个人所有制"的形式,这就是股票(见《资本论》第3卷,人民出版社1966年中文版第502页)。股票这种占有方式,是"以现代生产资料的本性为基础的产品占

---

① 《马克思恩格斯全集》第23卷,人民出版社1972年版,第831页。

有方式：一方面由社会直接占有，作为维持和扩大生产的资料；另一方面由个人直接占有，作为生活和享乐的资料"（恩格斯《反杜林论》，大字本第6分册第334页）。在马克思、恩格斯看来，小小一张股票，体现了社会所有与个人所有的统一，公有制与私有制的统一，生产资料与生活资料的统一。重建的这种个人所有制，既包括共同占有、个人有份的一定数量的生产资料，又包括由这个一定数量的生产资料派生出来的一定数量的生活资料，是一种以个人私有为基础的均富状态。马克思对公有制的定义，就是让自然人拥有生产资料，人人有份。这就是社会化，这就是公有制，而不是政府所有制。

这一段是全文理论观点和主张的集中表达。归纳起来，不外是下面逐个评论的三个观点。

先看第一个观点：马克思已经把股份公司的财产当作"共同生产者共有的财产，直接的社会财产"，把股票当作"资本再转化为生产者的所有"，即"重新建立个人所有制"的形式。

这完全是对马克思的歪曲，而歪曲的原因，我们愿意把它理解为作者对马克思的误读。

作者引用的是郭大力、王亚南的《资本论》译本，鉴于人们通常阅读和引用的是中央编译局的译本，我们把后者的译文抄录如下，并在主要的地方加下划线，与括号内的郭、王本译文相对照：

在股份公司内，职能已经同资本所有权相分离，因而劳动也已经完全同生产资料的所有权和剩余劳动的所有权相分离。资本主义生产极度发展的这个结果，是资本再转化为生产者的财产所必需的过渡点（是一个必经的过渡点，以便资本再转化为生产者的所有），不过这种财产不再是各个互相分离的生产者的私有财产，而是联合起来的生产者的财产，即直接的社会财产（不过这时它已经不是当作一个一个分立的生产者的私有财产，而是当作共同生产者共有的财产，直接的社会财产）。"①

马克思的这段话总体上是对股份公司的历史进步性和局限性的论述，两

---

① 《马克思恩格斯全集》第25卷，人民出版社1974年版，第494页。

个译本的意思完全一致。

这段话有两句，第一句讲的是由资本主义独资企业发展到股份公司后出现的新变化。在私人独资企业，资本家既是资本所有者，又是经营管理者。而在股份公司内，拥有资本所有权的人并不亲自执行资本的职能，而是把对生产的管理和经营交给了雇佣经理，这种变化就是马克思所说的"职能已经同资本所有权相分离"。由于股份公司的出资者不从事任何生产活动，连称之为"监督劳动"的劳动也脱离了，变成了单纯的食利者，因而在股份公司内，"劳动也已经完全同生产资料的所有权和剩余劳动的所有权相分离"了，资本家再也不能把剥削来的剩余价值说成是什么监督劳动的报酬了。

第二句话是马克思对股份公司带来的上述新变化的评价，指出这是"资本再转化为生产者的财产所必需的过渡点"，即资本主义所有制向社会主义公有制转化所必需的过渡点。在马克思看来，资本主义发展到股份公司阶段，由于资本更加集中，由于股份资本作为与单个私人资本有别的社会资本而存在，由于资本家完全脱离了实际生产过程，成了对实际生产过程"多余的人"，因而更有利于向社会主义过渡。但是，股份公司作为"过渡点"并不意味着已经实现了这种过渡，这也是股份公司的历史局限性。这句话中的"生产者的财产"指的是社会主义社会生产者的财产。由于"生产者的财产"在一般意义上也可以指小生产者的财产，为了不致引起误解，也为了阐明社会主义生产者的财产的本质，所以马克思补充说明："这种财产"即"生产者的财产"，"不再是互相分离的生产者的私有财产"，不再回到小生产者的财产，"而是联合起来的生产者的财产，即直接的社会财产"。在马克思看来，未来社会是消灭了阶级和阶级差别的社会，生产者能够在全社会范围内联合起来，实行统一的社会所有制，因而社会的财产直接就是联合起来的生产者的财产，或者反过来说，"联合起来的生产者的财产"就是"直接的社会财产"。

由于误读者缺乏对马克思关于股份公司的论述以及社会主义所有制的论述的全面理解和把握，就很容易把上引马克思话中"不过"以后的文字，当作是对资本主义股份公司的论述，把马克思对"资本再转化"以后的社会主义生产者的财产的说明，当作对资本主义股份公司财产性质的说明。于是，在他们看起来说得通的穿凿附会中，马克思的话就变成了这样的意思：股份公司之前的资本主义企业是私人独资企业，各个互相独立的企业的财产也就是"各个互相分离的生产者的私有财产"，多个私人独资企业联合而转变成股份公司后，公司的财产就成了"联合起来的生产者的财产，即直接的社会财产"。这样一来，马克思对社会主义公有制说的话就被张冠李戴到了股份公司上。

把资本主义股份公司的财产误读为社会主义"联合起来的生产者的财产，即直接的社会财产"，并非始于谢韬、辛子凌。20 年来，自倡导股份制改革起，就不断有人误读，直至公然篡改马克思的话，下面举几个例子：

1986 年，一位理论家引用了马克思的这段话之后说：资本主义股份公司"是联合起来的生产者的财产"①。

一位研究股份制改革的教授在其专著中也断言，"在股份公司内部，'财产不再是各个互相分离的生产者的私有财产，而是联合起来的生产者的财产，即直接的社会财产'"，硬说"这是马克思早就指出了的"②。

接下来，牟其中麾下的南德研究院竟篡改上引马克思论述，编出这样的"马克思语录"："在股份公司内，财产不再是各个互相分离的生产者的私有财产，而是联合起来的生产者的财产，即直接的社会财产"③。篡改在哪里？读者不妨与前引编译局本译文比较一下就清楚了。

不举了，就此打住罢。

再看第二个观点："股票这种占有方式，是'以现代生产资料的本性为基础的产品占有方式：一方面由社会直接占有，作为维持和扩大生产的资料；另一方面由个人直接占有，作为生活和享乐的资料'。"

作者已经注明，单引号内的话见之于恩格斯的《反杜林论》。作者的行文又在告诉人们，整个这句话的意思就是恩格斯的意思，恩格斯就是这样评价"股票这种占有方式"的。撇开"股票这种占有方式"提法失当不谈，说恩

---

① 《股份制是社会主义企业的一个新基点》，载于《人民日报》1986 年 8 月 18 日。
② 《中国企业股份制的理论与实践》，企业管理出版社 1989 年版，第 4 页。
③ 《南德视界》总第 276 期，1997 年 3 月 28 日。

格斯已经把"股票这种占有方式"当作"以现代生产资料的本性为基础的产品占有方式",这又是对恩格斯的亵渎。在《反杜林论》中,引号内的关于社会占有和个人占有的话,明确讲的是"资本主义的占有方式……让位于那种以现代生产资料的本性为基础的产品占有方式"以后的事情,是恩格斯对社会主义(共产主义)占有方式的描述。① 在这句话之前,恩格斯针对股份公司的论断是:股份公司只是"在资本关系内部可能的限度内""把生产力当作社会生产力看待","没有消除生产力的资本属性"②。这种随意嫁接语录的方式,不禁让我想起前面提到的南德研究院 1997 年编造的那份《股份制就是公有制》的语录,其中第一条是:"联合股份所有制不同于资本主义股份所有制的前期形态,因为它是'资本主义的共产主义'。"并煞有介事地注明了出处。然而一查不对了,马克思根本没有这样的话,所谓"资本主义的共产主义"是针对平均利润率说的,编者把这几个字拿出来与股份制对接,就成了马克思真的有这样的语录似的。

　　谢、辛二位把恩格斯关于社会主义社会占有方式的论述嫁接到"股票这种占有方式"上,这样也就有了后面的据称是"在马克思、恩格斯看来"的议论:什么"小小一张股票,体现了社会所有与个人所有的统一,公有制与私有制的统一,生产资料与生活资料的统一"呀,什么"既包括共同占有、个人有份的一定数量的生产资料,又包括由这个一定数量的生产资料派生出来的一定数量的生活资料,是一种以个人私有为基础的均富状态"呀,不一而足。

　　再看第三个观点:"马克思对公有制的定义,就是让自然人拥有生产资料,人人有份"。

　　这个观点具有总结的性质。不难看出,谢、辛二位关于"马克思对公有制的定义"云云,完全是建立在前面已经辨析过的、作者对马克思和恩格斯的误解和张冠李戴上面的。马克思没有这样的公有制定义,也不可能有这样

---

① 《马克思恩格斯选集》第 3 卷,人民出版社 1995 年版,第 630 页。
② 《马克思恩格斯选集》第 3 卷,人民出版社 1995 年版,第 628、629 页。

的定义。是作者自己心里有一个"让自然人拥有生产资料，人人有份"的改革主张，又非要借用马克思、恩格斯进行包装。

不过，话说回来，谢、辛二位的公有制定义虽然不是马克思的定义，但却是多年来在理论界有广泛市场的公有制定义，因而很值得在此一议。

在讨论之前，似乎有必要把作者的社会主义公有制定义准确化。所谓"让自然人拥有生产资料，人人有份"，应当不是指回到小生产，回到人人都直接使用归自己所有的生产资料进行生产，因为这是脱离社会化生产实际的；也不应当是在一个社会化生产机构内，把生产资料明确为这一部分是张三的，那一部分是李四的或王五的，如此等等，因为机器、厂房、道路等是无法作为生产资料分解到自然人头上的，即使能够这样做，让张三拥有机器，李四拥有厂房，王五拥有道路（更不必说许多其他自然人只能拥有少得可怜或小而又小的"生产资料"了），恐怕也无法组织生产，"交易费用"太高了；所谓"人人"还应当明确为生产当事人，不是指每一个居民或国民，至于退休人员等以前的生产当事人怎么算，可以存而不论；不是生产的直接当事人的，如谢、辛二位这样的教学科研人员，乃至官员、警察、法官、军人等等要不要作为"自然人""拥有生产资料"，作者没有说；同样，城乡居民要不要作为具有同等权利的"自然人""拥有生产资料"，或者，即使城市居民不能到农村经济组织中"拥有生产资料"，至少也应允许农民到以前被称作全民所有制或国有制的经济组织中"拥有生产资料"吧……所有这些，作者没有讲，看来都是难事。这样理论下来，所谓"让自然人拥有生产资料，人人有份"的"公有制"，比较可行的就是把原来的公有制企业改为股份制企业，通过发行股票，让"人人"拥有作者说的"小小一张股票"。不过，股票仅仅是现实资本的所有权证书，只表示有权获得一份公司红利，拥有股票并不是拥有现实的生产资料。

现在我们就来集中讨论股份公司所有制是不是社会主义公有制这个问题。

前面已经说过，马克思并不认为股份公司所有制是社会主义公有制，它只是转向社会主义公有制的过渡点或过渡形式。因为，尽管股份公司的资本是社会资本，但毕竟只是作为公司资本而存在，它仍然是私人财富，不是社会财富,"并没有克服财富作为社会财富的性质和作为私人财富的性质之间的对立"①,与马克思讲的财产为全社会所有的社会主义社会的财产(直接的社会财产)不可同日而语;尽管股份公司扬弃了单个私人资本,股份公司的生产不是由哪一个人的私有财产控制的,但它仍然是在使用雇佣劳动的基础上进行的生产,并没有克服资本与劳动的对立,仍然"是一种没有私有财产控制的私人生产"②,与联合起来的劳动者成为生产的主人的社会主义公有制有根本差别。所以说,股份公司的历史进步性,"还是局限在资本主义界限之内"③,或如前面提到的恩格斯论断,只是"在资本关系内部可能的限度内"的一种进步。如果说股份公司所有制就是公有制,那岂不是说资本主义国家早就公有制化和社会主义化了?

不过,我们还需要做进一步的讨论,问题似乎也还不是那么简单。一是,马克思讲的社会主义公有制,如前所述,是没有非公有制、没有公有制的多种形式、没有商品生产、没有阶级和国家的社会主义社会的公有制,因此,我们还不能简单地用这一标准来衡量我们今天的公有制。二是,我们现在讨论的是社会主义国家中的股份制,不是资本主义国家中的股份制,社会主义国家的股份制又情况各异,似不能一概而论。

的确,以马克思讲的社会主义社会的公有制为标准,我们现在的社会主义公有制都还是过渡形式。不过,我们从马克思关于社会主义公有制的一系列论述中不难发现,包括过渡时期在内的社会主义公有制的最起码的标准是什么。这就是:消灭雇佣劳动,使联合起来的劳动者成为生产的主人(生产资料、生产过程和产品的主人)。在我国社会主义发展现阶段,公有制经济不可能普遍化,即便是公有制经济,劳动者也只能在一定范围内联合起来,或者说,劳动者只能在一定范围内享有同等的权利和义务,不能在全社会范围内享有同等的权利和义务,因而公有制经济也是局部性的和多种形式的。但是,联合劳动者在自己的经济体内是所有者,不是雇佣劳动者,这是社会主

---

①③ 《马克思恩格斯全集》第25卷,人民出版社1974年版,第497页。
② 《马克思恩格斯全集》第25卷,人民出版社1974年版,第496页。

义公有制最起码的要素，也是过渡时期的公有制虽不是马克思讲的社会主义社会的公有制，但能称之为社会主义公有制的基本原因。在劳动者是不是雇佣劳动者，是不是生产的主人的问题上，社会主义公有制与资本主义私有制泾渭分明，没有什么难判断的。当然，在二者之间，也还有无数色层、中间状态，正像马克思讲过的，在以自己的劳动为基础的私有制和以别人的劳动为基础的私有制之间的"无数色层"，"只不过反映了这两极间的各种中间状态"①。

许多人认为股份公司所有制是公有制，在我们社会主义国家就是社会主义公有制。在他们看来，说张三的企业是私有企业，李四的企业是私有企业，这都没问题；问题是，张三、李四、王五……，他们联合起来办了一个股份制企业，这个企业不再是哪一个出资人的，而是他们共有的，这在社会主义国家里面还不是社会主义公有制企业吗？的确，这个企业的所有权是共有的，但这仅仅是股东的共有权。股东的共有权不是社会主义公有制。当人们把股东的共有看作是社会主义公有时，劳动者是不是所有者的问题从他们的视野中消失了，社会主义公有制的灵魂被抽掉了，从而社会主义公有制与资本主义私有制的根本区别被抹杀了。把使用雇佣劳动进行生产的股东共有制说成是社会主义公有制，这也是多年来人们只从抽象的法律关系上看问题，不从生产关系上看问题的一个典型表现。

那么，"劳动者人人持股"的股份公司的性质如何呢？

在马克思那里，他当然不会认为劳动者人人持股的股份公司属于社会主义公有制。马克思实际上也没有论述过这样的股份公司。马克思在《资本论》里谈到过工人的合作工厂，那里没有工人持股，看来是纯粹的劳动合作。马克思积极评价这样的合作工厂，认为在这里"工人作为联合体是他们自己的资本家"即自己当家作主，"资本和劳动的对立在这种工厂内已经被扬弃"，因而比仅仅扬弃了单个资本家的股份公司更具有进步性；同时又指出，这样

① 《马克思恩格斯全集》第23卷，人民出版社1972年版，第830页。

的合作工厂也和股份公司一样，属于向社会主义社会公有制转化的"过渡形式"。① 工人的合作工厂尚且如此，持股的合作工厂（股份合作制?）就更是过渡形式了。不过，如前所述，这是从社会主义社会公有制角度来论，如果换成过渡时期公有制角度，工人的合作工厂应该属于过渡时期的公有制的一种形式，即集体合作制，这也是马克思恩格斯在他们的过渡时期理论中多次肯定过的。劳动者人人持股的股份制类似于我国解放初的初级合作社，那时叫"半社会主义性质"，因为在生产资料所有权方面劳动者不是完全平等的。

尽管如此，我们还是要对劳动者人人持股的股份公司作稍微细致一点的分析。我们可以设想以下几种情况：

（1）企业劳动者，从经理到普通工人，人人持有相等的股份。这样的企业与集体合作企业在性质上应该没有什么差别，持股等于不持股，因为劳动者在收入上的差别与持股无关。不过，这样的企业在现实生活中是没有生命力的。因为企业在竞争中要图发展，仅仅由于要扩大投资，均等持股对企业的发展就是个致命的束缚。企业即使不发展，由于种种原因例如人员流动，要保持均等持股也是很难的。因此，我们在分析劳动者人人持股的股份公司时，此种情况只存在于想象中，实际上可以忽略不计。

（2）在一些小企业，如果劳动者人人持股的差别不大，在有合理的管理机制和"股""劳"结合的分配机制下，其性质与初级合作社没什么差别。它的发展趋势如何，似与第一种情况可比。

（3）典型的所谓"劳动者人人持股"是企业劳动者虽然人人持有股份，但企业内人员持股差别甚大，而且不排斥或者说必须有外部人持股。这也是俄罗斯私有化的典型做法和典型情况。在大中型企业，想不让外部人持股是做不到的：一是本企业人员经济实力有限，"吞"不下整个企业；二是外部人往往被冠以"战略投资者"的美名，说否则就会变成"内部人控制"，于企业发展不利；三是由于股票上市，即使一开始没有外部人持股，后来也必然出现外部人持股甚至控股。企业内部经理人员与普通工人持股差别大也是必然的：一是经理人员或管理层一般较有财力，即使告贷也关系多多，有多持股的能力；二是据说不多给他们股份就没有激励，就搞不好企业；三是他们为了保住自己在企业中的地位，往往采取各种手段从职工手中收购股份（什么你不转让给我就让你下岗呀，什么你要转让给外人将来人家控股后就要整治咱们呀，等等），以加强他们在股东大会和董事会中与外部人争斗的实力。这样，所谓"劳动者人人持股"就变成了空话，至多是对少数人持大股的陪衬和粉饰。俄罗斯当初实行私有化，美其名曰"人民私有化"，一人一张私有化券，无论城乡、长幼和地位。结果如何呢？当初"私有化之父"丘拜斯在电视上信誓旦旦地夸耀和许诺的"一张私有化券相当于两辆伏尔加轿车"，顿时化为泡影，老百姓、普通工人没有一点儿"主人翁"感，生活更不安全和自由了。难怪一位没有赶上十月革命的诗人讲了这样一句讽刺性的话：我不知道十月革命是否掠夺过富人，但如今的改革在掠夺穷人，这是千真万确的。这种在俄罗斯叫"私有化"的东西，在我们国家就可以叫坚持"公有制"吗？这样的"拥有一张小小的股票"是马克思的"重新建立个人所有制"吗？

（4）国家控股，劳动者人人持股。这里所说的国家控股当然是社会主义国家控股，从而与资本主义国家控股相区别。若此，我们当然不能否认其中的社会主义公有制因素，但也不能算是社会主义公有制企业，而是混合所有制企业。这种情况也是俄罗斯私有化的典型形式，不过就国家控股看，从量上说是逐渐减少的形式。原因在于，国家控股在不少情况下并非推行者的本意，而是卖不出去或暂时不卖的表现。一旦时机合适，或者为了解决燃眉之急，国家就要卖了，更不要说国家控股给多少官员和财阀留下了相互利用的空间。而从"劳动者人人持股"角度看，上面讲的第三种情况在这里完全适用。

以上四种情况当然不是可以设想出来的全部，但对于讨论"劳动者人人持股"的股份制是不是社会主义公有制（过渡时期的公有制），自觉已经足够。从上面的讨论可以看出，不论就一般理论而言，还是从具体形式来看，劳动者人人持股的股份制基本上都不具有社会主义公有制性质，在最好的情况下也只是某些形式有若干公有制因素罢了。

马克思说过，政治经济学在原则上把两种极不相同的私有制混同起来了，其中一种是以生产者自己的劳动为基础，另一种是以剥削别人的劳动为基础。^①科学社会主义产生以后，时不时地又有人在原则上把两种极不相同的"劳动者与生产资料相结合"或两种"个人所有制"混同起来：一种是小生产者的"劳动者与生产资料相结合"，或本来意义上的个人所有制，另一种是社会主义公有性质的"劳动者与生产资料相结合"，或马克思讲的重新建立的个人所有制即社会个人所有制。当然，如今的此类混淆已不是单纯地主张小生产，但在原则上是以小生产那样的"劳动者与生产资料相结合"的私有观念为依据的。

二

我们从前面对谢、辛二位的"重建个人所有制"言论的分析中了解到，他们具体主张的应该是"劳动者人人持股"的股份制。但是，我们从文章后面的言论看，他们的主张是一个"乱线球"，还需要再理一理。

首先，他们的"重建个人所有制"是不是包罗万象、覆盖全社会的？他们说，"在所有制问题上马克思主义的最高原则是生产关系一定要适合生产力的发展。只要适合，私有制、股份制、合作制、公私合营、中外合资等等所有制形式，都是社会主义经济的组成部分。"笔者非常赞同这里的第一句话（当然，这是众所周知的观点，只不过说起来容易做起来难，人人都可以用这句话为自己的主张辩护，尽管其主张不见得是符合这个最高原则的）。问题是后面的第二句话。看来作者是把"社会主义初级阶段的经济"与"社会主义经济"混淆了。这一点不用多说。需要澄清的是：私有制、股份制、合作制、公私合营、中外合资等等所有制形式，是不是都是"重建个人所有制"的形式？如果从他们把"重建个人所有制"作为"总路线和总政策"的主张看，这里提到的几种形式，不说全部，至少多数应属于"重建个人所有制"的形式；如果从他们对"小小一张股票"的高度评价看，从其把私有制、股份制、

---

① 《马克思恩格斯全集》第23卷，人民出版社1972年版，第833页。

合作制、公私合营、中外合资等形式并列起来，或把私有制、合作制、公私合营、中外合资等形式不称之为"股份制"看，这"重建个人所有制"只适用于社会主义初级阶段的个别所有制形式；如果从他们强调"重建个人所有制"与公有制的内在联系看，至少他们明确的私有制、公私合营、中外合资等形式也不能说是"重建个人所有制"的形式。他们还说，"社会自然演进的结果是混合经济，是所有制多元化"。照此看来，"所有制多元化"才是"总路线和总政策"，而他们关于"重建个人所有制"的"总路线和总政策"，要么是大话式炒作，要么是另有意思在里头。

国有制企业还要不要？他们说过，马克思设想革命胜利后建立社会主义经济体制的道路分为两步，第一步是大企业国有化，第二步是重新建立个人所有制。按此，他们既已举起"重新建立个人所有制"的大旗，就必然否定国有制，更何况国有制使"全国人民都成为政府的打工仔"，"实际上变成对包括工人阶级在内的社会各阶层人民的剥夺"。但他们又说还要有"必须由国家垄断的企业（如铁路、航空、银行），私人无力兴办的企业（如核电站、石油、天然气），以及公益性企业（如城市公共交通、邮政、自来水）"。不是说要把国有财产"回归人民"么，怎么"人民"又不要这些国有企业了呢？原来是因为"这些企业带有全民福利性质，不以赢利为主，要靠国家投资和补贴"。是否"全民福利性质"暂且不论，反正"人民"只要赚钱的财产，并且还要国家贴钱为"人民"赚钱"铺路"，提供便利。看来谢、辛二位还是想得蛮周到的，只是他们的"第二步"——"重新建立个人所有制"又打了折扣，不能成为普遍原则了。而他们主张的这个国有经济模式，我们似乎并不陌生。

除了为非公有企业服务的、具有所谓"全民福利性质"的极少量国有企业外，谢、辛二位没有提到国家控股或国有股，大概这个不必要了，因为国家股不符合他们要把国有财产"回归社会"、"回归人民"的理念。

"重建个人所有制"究竟是不是在坚持公有制？他们一会儿想方设法论证"重建个人所有制"就是公有制，为此还给马克思讲的社会主义公有制下了一个他们自己的定义；一会儿又说民主革命时期提出的"打土豪，分田地"，

"这和马克思主张的第一步没收资本家的财产，第二步重建个人所有制的主张是一致的"；他们还"较较真"地认为："提到理论上说，自留地、自负盈亏、自由市场和包产到户就是马克思说的在'生产资料的共同占有的基础上，重新建立个人所有制'"，改革开放以来"从农村的联产承包制到城市国营中小企业承包、租赁、卖给个人经营，大企业改为股份制，都是要在'生产资料的共同占有的基础上，重新建立个人所有制'"。如此看来，谢、辛二位扯上马克思的"重建个人所有制"只是个幌子，强调个人所有并把"个人所有化"作为"中国改革开放的总路线和总政策"，才是其本意所在。

综上所述，并用谢、辛二位的话来概括，他们的所有制改革纲领实际上就是四句话：

在理论方面是——

"社会自然演进的结果是混合经济，是所有制多元化"；

"私有制、股份制、合作制、公私合营、中外合资等等所有制形式，都是社会主义经济的组成部分"；

在实践方面是——

"公有制企业主要是必须由国家垄断的企业（如铁路、航空、银行），私人无力兴办的企业（如核电站、石油、天然气），以及公益性企业（如城市公共交通、邮政、自来水）"；

其他是"重新建立个人所有制"的非公有企业，即个人所有化。

在结束本文的时候，还有几句话要说。

笔者以为，谢、辛二位完全可以把自己的主张，即被我归纳为"个人所有化"的主张，用规规矩矩的做法、明明白白的道理表达出来，供大家讨论。他们不应该把自己的这个主张与马克思的"重建个人所有制"扯上关系，特别是采用了张冠李戴、移花接木、肆意歪曲那样的手法。本来，读书人说话为文，再大的学者也难免出错，至于学术观点的争论，更是见仁见智，往往一时分不出个对错来。问题是如今有一些做学问的人，不择手段地对一些明明白白的事或知识或道理加以"创新"，睁眼说瞎话，大声疾呼 1＋1＝2 错了，等于 3 才是正确的。这就不免让我想起一个时下流行的词，叫做"恶搞"。到目前为止，"恶搞"这两个字好像还没有被应用到分析社会科学界的某些现象。但是依笔者所见，社会科学界的"恶搞"似乎也不可小觑。我们不妨研究一下这方面的种种"恶搞"形态。"恶搞"是怎么形成的？这是另一个问题，更值得关注。

（原文发表于《高校理论战线》2007 年第 9 期）

评在马克思重建个人所有制理论
与中国改革问题上的错误观点

奚兆永*

谢韬发表了他为辛子陵一部书稿写的序言即《民主社会主义模式与中国前途》（以下简称《模式》），由于文章涉及一系列重大理论和实践问题，而作者的观点又存在明显的错误，因此文章发表后受到了理论界的广泛批评。我于 2007 年 2～6 月也写了 17 篇评论文章，对其错误进行了系统的批判。遗憾的是，直到今天，还没有看到谢韬的回应文章。但却看到了谢韬和辛子陵合写的新论《试解马克思重建个人所有制的理论与中国改革》（以下简称《试解》）。

比较前后两篇文章，《模式》一文涵盖的问题比较多，牵涉的面比较广，而《试解》一文所讨论的是一个比较具体的理论问题，涉及的面比较窄，但是都关系到党和国家的前途和命运，值得我们给予同样的关注。我在阅读《试解》过程中注意到：在《模式》中强调、使用最多的"民主社会主义"一词（作者甚至提出"只有民主社会主义才能救中国"）在《试解》中没有再出现，对学术界提出的种种质疑也没有给予任何答复。是不是谢、辛已经放弃了他们原来的观点了？从两篇文章的比较看，《试解》虽然较《模式》有所收敛，但是，他们在所有制这样一个根本性问题上并没有任何改变，相反，更加强化了否定公有制、主张搞私有化的观点。因此，对于这篇新论，是很值得我们进行一番剖析和评论的。

---

* 奚兆永，南京大学商学院。

一、关于所谓"隐瞒"、"修改"马克思重建个人所有制理论说

谢、辛在《试解》一文中说，"长期以来，占统治地位的理论宣称，公有制国有化是社会主义的最高原则，隐瞒马克思关于在公有制、国有化基础上重建个人所有制的主张。这一理论上的修改，后果极其严重。我们认为，重建个人所有制，对社会主义国家来说，是个行之则一言可以兴邦，违之则一言可以丧邦的大问题。"这段话完全是无中生有。试问，谁"隐瞒""修改"了马克思关于重建个人所有制的"理论"？

我们知道，马克思关于"重建"的说法出自《资本论》第一卷第24章关于"资本主义积累的历史趋势"的论述中。原话是这样："从资本主义生产方式产生的资本主义占有方式，从而资本主义的私有制，是对个人的、以自己劳动为基础的私有制的第一个否定。但资本主义生产由于自然过程的必然性，造成了对自身的否定。这是否定的否定。这种否定不是重新建立私有制，而是在资本主义时代的成就的基础上，也就是说，在协作和对土地及靠劳动本身生产的生产资料的共同占有的基础上，重新建立个人所有制。"[①] 马克思的这段话，以否定之否定的形式，阐明了资本主义积累的历史趋势、资本主义的发展会造成社会革命、建立土地和一切生产资料公有制的历史必然性。严格地说，"重新建立个人所有制"并不是一个完整的理论，而只是马克思论述"资本主义积累的历史趋势"时说的一句话，将其扩大为一个"理论"并不恰当。对于马克思的这一论述，自1867年《资本论》第一卷出版以来，马克思曾经在文字表述上作过细微的修改，但是从未有他人加以"隐瞒"和"修改"的问题。事实上，因为《资本论》第一卷是马克思生前就已出版的著作，并未经过任何编者的编辑和整理，他人也根本不可能对其加以"隐瞒"和"修改"。在这方面，且不说德文原版，马克思在世时出版的法文、俄文版，就是马克思去世后出版的英文版及其他文字的版本，也都不存在所谓"隐瞒"和"修改"的问题。以中文版来说，无论是郭大力、王亚南翻译的、新中国

---

① 《资本论》第1卷，人民出版社1975年版，第832页。

成立前由读书出版社 1938 年出的第一版、1948 年出的第二版，还是新中国成立后由人民出版社 1953 年出版的修订版、1963 年出版的第二版，抑或是由中央编译局翻译、人民出版社先后在 1975 年和 2001 年出的两个版本，也都不存在所谓"隐瞒"和"修改"问题。在今天，任何人只要读《资本论》第一卷，不论是读什么版本，都可以读到马克思的这一论述，不知其"隐瞒""修改"说出自何据？

实际上，对马克思的这一说法，不仅不存在什么"隐瞒"和"修改"，恰恰相反，马克思主义经典作家不止一次地对这一说法进行过解释。恩格斯在《反杜林论》中说："靠剥夺剥夺者建立起来的状态，被称为以土地和靠劳动本身生产的生产资料的社会所有制为基础的个人所有制的恢复。对任何一个懂德语的人来说，这也就是说，社会所有制涉及土地和其他生产资料，个人所有制涉及产品，那就是涉及消费品。为了使甚至 6 岁的儿童也能明白这一点，马克思在第 56 页设想了一个'自由人联合体，他们用公共的生产资料进行劳动，并且自觉地把他们许多个人劳动力当作一个社会劳动力来使用'，也就是设想了一个按社会主义原则组织起来的联合体，并且说：'这个联合体的总产品是一个社会产品。这个产品的一部分重新用作生产资料。这一部分依旧是社会的。而另一部分则作为生活资料由联合体成员消费。因此，这一部分要在他们之间进行分配。'这些话甚至对杜林先生的黑格尔化的头脑来说，也是足够清楚的了。"① 恩格斯的这一解释表明，马克思所说的"个人所有制"并不是指生产资料的个人所有制，而指的只是消费品。应该说，这是一个非常权威的解释。因为恩格斯在《反杜林论》付印前曾经将该书读给马克思听过，也就是说，该书的观点是得到了马克思同意的；而且，恩格斯在解释时还引用了马克思《资本论》里有关"自由人联合体"的论述进行了佐证，这样理解正符合马克思在其他地方对同一个问题的论述。②

对这个问题在我国理论界之所以出现不同的理解，很重要的一个原因是

---

① 《马克思恩格斯选集》第 3 卷，人民出版社 1995 年版，第 473～474 页。

② 程恩富：《不应误用"重建个人所有制"》，载于《社会科学报》2004 年 3 月 18 日。

人们认为，马克思所讲的所有制应该是生产资料所有制而不是消费资料所有制。应该说，提出这种怀疑虽然也有一定的道理，但是，否定恩格斯的解释而提出各种各样的新解释却是很不郑重的。为此，我曾在 1991 年初发表的一篇文章里对各种各样的新解释进行了评论，并且着重支持了余名汉同志关于《资本论》中译本对 Eigentum 一词存在误译的观点。[①] 由于在德语里，Eigentum 一词具有"所有制""财产""所有权"等不同含义，应该根据不同的语言环境分别选取不同的含义进行翻译。在我们所讨论的问题上，由于 individuelle Eigentum 只限于消费品而不包括生产资料，因此它应该译为"个人财产"，而不应该译为"个人所有制"。事实上，马克思在《哥达纲领批判》里也明确指出过，"在改变了的情况下，除了自己的劳动，谁都不能提供其他任何东西，另一方面，除了个人的消费资料，没有任何东西可以转为个人的财产"[②]。这里说的"个人财产"在德语里也是 individuelle Eigentum。看来，将该词译为"个人财产"不仅是可以的，而且在具体的情况下还更为准确。但是一些人还是继续坚持把"个人"与"生产资料所有制"联系起来，谢、辛的观点也是这样。显然，这和马克思原意是不相符的。

谢、辛强调说，搞不搞所谓"个人所有制"是一个"行则一言可以兴邦，违则一言可以丧邦的大问题"。我们对这句话应该取分析的态度。并不是一句话本身对国家兴亡具有多么了不起的作用，关键在于这句话是不是代表了历史发展的方向，如果它代表了历史前进的方向，它就能够兴邦，如果是逆历史潮流而动，代表了历史的反动和倒退，它就不能兴邦，而要丧邦。谢、辛认为，搞公有制、国有化就要丧邦，而大搞生产资料个人所有制就可以兴邦。在我看来，情况正好相反，"只有社会主义才能救中国"，"只有社会主义才能发展中国"。对中国来说，公有制的主体地位在任何时候都不能削弱，职能加强。这才是符合历史前进的方向。

《共产党宣言》里有一句非常著名的话："共产党人可以把自己的理论概

---

① 余文见《江汉论坛》，1983 年第 3 期；拙文见《中国经济问题》，1991 年第 1 期。
② 《马克思恩格斯选集》第 3 卷，人民出版社 1995 年版，第 304 页。

括为一句话：消灭私有制。"① 套用谢、辛的话，这才真是一个"行之则一言可以兴邦，违之则一言可以丧邦的大问题"。试想，如果忘记了马克思恩格斯这一最基本理论，还叫搞马克思主义吗？如果忘记了共产主义大目标，还能叫共产党吗？如果不坚持公有制的主体地位，搞私有化，还能叫社会主义国家吗？

二、关于所谓马克思的"两步走""设想"说

《试解》一文说，"马克思设想革命胜利后建立社会主义经济体制的道路分为两步走：第一步，把原属于资本家的大公司、大工厂等生产资料收归国有，由政府控制起来；第二步，政府寻找一定的社会形式将社会财富回归社会，回归人民，重新建立个人所有制。这个意思见《资本论》第一卷第832页：'在资本主义时代成绩的基础上，也就是说，在协作和对土地及靠劳动力（原文为劳动，而非劳动力—奚注）本身生产的生产资料的共同占有的基础，重新建立个人所有制。'"读《试解》这段话，联系《模式》一文"和平长入社会主义"和否定暴力革命的观点，显然很矛盾。既然是"和平长入社会主义"，没有暴力革命发生，这里怎么又出现了"革命胜利后"的字样了呢？莫非他们已经改变了《模式》一文的观点？如果真是这样，那我们自然会感到非常高兴，因为这是服从真理、纠正错误的表现。但是，作为一个对读者负责任的作者，自己的观点改变了，应该向读者说明这个观点是怎样改变的，给读者一个明确的交代，而事实是没有。在这方面，正如我们前面已经指出的，作者的观点其实并没有改变。显然，谢、辛在《模式》和《试解》两文中的观点出现了逻辑混乱、互相矛盾。

更重要的是，谢、辛所谓的马克思关于"革命胜利后建立社会主义经济体制"的"两步走""设想"是毫无根据的。按他们的说法，"这个意思见《资本论》第一卷第832页"，可是，在那里，连"两步走""设想"的影子都没有。关于《资本论》第一卷第832页有关论述的全文，我已经在本文第

---

① 《马克思恩格斯选集》第 1 卷，人民出版社 1995 年版，第 286 页。

一部分作了引述，实际上，马克思在那里讲的是两个否定：一个是资本主义私有制否定了以个人劳动为基础的小私有制，一个是社会主义公有制否定了资本主义的私有制。至于"革命胜利后"如何建立"社会主义经济体制"的问题，马克思什么也没有说，又何来什么"两步走"的"设想"？实际上，马克思论述"资本主义积累的历史趋势"，是用否定之否定的形式阐明资本主义是怎样取代小生产的，而资本主义又怎样走到了自己的反面，被社会主义所取代的历史必然性。至于说未来如何建立社会主义经济体制，那根本不是马克思所面临的任务，而是未来的任务。马克思不想制造"乌托邦"，他怎么会提出所谓"第一步"、"第二步"的"设想"呢？对马克思来说，重要的问题是指明社会发展的方向，用社会主义公有制代替资本主义私有制，而这个公有制只限于生产资料，至于消费品，那还应是个人的财产，因为这是人的全面而自由的发展所必需的一个条件。这一点也是科学社会主义和空想社会主义相区别的一个重要方面。但是，生产资料的社会所有和消费品的个人所有是同时实现的，这里也根本不存在谢、辛所说的"两步走"的问题。

退一步说，即使谢、辛未把所谓"两步走"的"设想"说成是马克思的，而是作为他们自己提出的观点，也是错误的。革命胜利后，无产阶级国家把资本家的生产资料收归国有，这本身就是国家作为社会代表所采取的行动。恩格斯说："国家真正作为整个社会的代表所采取的第一个行动，即以社会的名义占有生产资料，同时也是它作为国家所采取的最后一个独立行动。那时，国家政权对社会关系的干预在各个领域中将先后成为多余的事情而自行停止下来。那时，对人的统治将由对物的管理和对生产过程的领导所代替。"① 这就是说，将资本家的生产资料收归国有是国家真正作为社会代表所采取的行动，国家所有也就是社会所有，根本不存在国家再将这些生产资料"回归社会，回归人民"的问题。而且，"当国家终于真正成为整个社会的代表时，它就使自己成为多余的了"②。也就是说，当国家代表整个社会时，国家已经不是原来意义上的国家，已经不再是阶级压迫阶级的工具，原来意义

———————————

① ②　《马克思恩格斯选集》第 3 卷，人民出版社 1995 年版，第 631 页。

上的国家就自行消亡了，哪里还有什么第二步？当然，最重要的还是，根本就不应该把已经公有制或已经是社会所有的生产资料再变成个人所有的生产资料。这对任何一个稍谙马克思主义常识的人来说都是不言而喻的。

三、关于所谓"股票"既是"社会财产"又是"重建个人所有制的形式"说

谢、辛在《模式》一文里曾把马克思在《资本论》第三卷里有关股份公司的论述用来论证马克思是和平长入社会主义的首倡者，遭到了人们的批评。在《试解》一文里，他们又用同一个论据来论证"个人所有制"问题。文章说，"到写《资本论》第三卷的时候，由于股份公司的出现，使马克思不仅找到了把生产资料'当作生产者共有的财产、直接的社会财产'的形式，而且找到了'资本再转化为生产者的所有'即'重新建立个人所有制'的形式，这就是股票。"

这里又一次证明了谢、辛对于马克思《资本论》创作过程的不了解。我在以前的文章里已经指出，马克思是在写好了《资本论》全部草稿以后才开始对第一卷进行加工润色的，因此第一卷是在写了第二、三卷草稿以后才出版的。后来马克思因为进行新的研究，一直未能对第二、三卷的草稿进行加工和整理，这个工作是在他去世以后由恩格斯完成的。因此要说《资本论》的写作时间，实际上是第一卷晚于第二、三卷。而按照谢、辛的说法，是先写了第一卷，然后过了很长时间才写第二、三卷；在写第一卷时还没有股份公司，只是"到写《资本论》第三卷的时候"才有"股份公司出现"。这种说法不仅不符合《资本论》的创作史，也不符合股份公司出现的历史。事实上，股份公司的出现要早得多，当然它的大发展是在 19 世纪中叶以后。马克思《资本论》里有关股份公司的论述不仅出现在第三卷，也出现在第一、二卷里。在《资本论》第一卷里，马克思说："还在资本主义生产初期，某些生产部门所需要的最低限额的资本就不是在单个人手中所能找到的。这种情况一方面引起国家对私人的补助，……另一方面，促使对某些工商业部门的经

营享有合法垄断权的公司的形成，这种公司就是现代股份公司的前驱。"①
"假如必须等待积累去使某些单个资本增长到能够修建铁路的程度，那么恐怕
直到今天世界上还没有铁路。但是，集中通过股份公司转瞬之间就把这件事
完成了。"②《资本论》第二卷里论述股份公司和股份资本的地方比第一卷更
多，限于篇幅，这里就不多说了。

　　问题在于，在马克思所设想的未来社会，是一个没有商品生产和商品交
换的社会，又哪里来什么"股份公司"和"股票"呢？对这个问题，马克思
在许多地方都说得非常清楚。比如在《哥达纲领批判》中说："在一个集体
的、以生产资料公有为基础的社会中，生产者不交换自己的产品；用在产品
上的劳动，在这里也不表现为这些产品的价值，不表现为这些产品所具有的
某些物的属性，因为这时，同资本主义社会相反，个人的劳动不再经过迂回
曲折的道路，而是直接作为总劳动的组成部分存着。"③ 就是说，在马克思所
设想的未来社会里，没有商品，也不存在价值，当然也就更不存在作为"增
殖价值的价值"的资本，哪里还有股份公司和股票这样一些东西呢？谢、辛
说马克思由于出现了股份公司因而"不仅找到了把生产资料'当作生产者共
有的财产、直接的社会财产'的形式，而且找到了'资本再转化为生产者所
有'即'重新建立个人所有制'的形式，这就是股票"。其实，马克思说的
"资本再转化为生产者所有"正是共同所有，而谢、辛把它说成是"即重新建
立个人所有制"，这完全是对马克思的强加和歪曲！

　　谢、辛在《试解》一文中还引证说，"股票这种占有方式，是'以现代
生产资料的本性为基础的占有方式：一方面由社会直接占有，作为维持和扩
大生产的资料；另一方面由个人直接占有，作为生活和享乐的资料'（恩格
斯：《反杜林论》，大字本第 6 分册第 334 页）。"

　　这又是对马克思主义经典著作的歪曲！试问：恩格斯在这里是论述"股
票这种占有形式"吗？显然不是。这里我们不妨把恩格斯的论述完整地摘录

　　① 《资本论》第 1 卷，人民出版社 1975 年版，第 343 页。
　　② 《资本论》第 1 卷，人民出版社 1975 年版，第 688 页。
　　③ 《马克思恩格斯选集》第 3 卷，人民出版社 1995 年版，第 303 页。

如下，恩格斯说："那时，资本主义的占有方式，即产品起初奴役生产者而后又奴役占有者的占有方式，就让位于那种以现代生产资料的本性为基础的产品占有方式：一方面由社会直接占有，作为维持和扩大生产的资料，另一方面由个人直接占有，作为生活资料和享受资料。"① 在这里，恩格斯论述的是资本主义占有方式让位于社会占有生产资料以后的状况，而不是如《试解》所言是论述"股票这种占有形式"的。把恩格斯根本没有提到的"股票这种占有形式"，当成是恩格斯论述的主词加以阐发，这在学风上是极不严肃的，作为马克思主义理论工作者决不可为！再者，对于马克思主义经典著作，应该尽量使用新版《选集》本，以方便读者查阅，而用过去发行量极其有限的大字本，一方面不符合引用规范要求，另一方面也有故弄玄虚之嫌。

不仅如此，谢、辛还作了这样的"发挥"："在马克思、恩格斯看来，小小一张股票，体现了社会所有和个人所有的统一、公有制与私有制的统一、生产资料与生活资料的统一。重建的这种个人所有制，既包括共同占有、个人有份的一定数量的生产资料，又包括由这个一定数量的生产资料派生出来的一定数量的生活资料，是一种以个人私有为基础的均富状态。马克思对公有制的定义，就是让自然人拥有生产资料，人人有份。这就是社会化，这就是公有制，而不是政府所有制。"对于这一段话，我以为应该把首句"在马克思、恩格斯看来"删去，因为在此后，有的是杜林的杜撰，有的是谢、辛自己的思想，或者还有别的什么人的思想，但有一点可以肯定的是，它们惟独不是马克思、恩格斯的思想，惟独不是什么属于"在马克思、恩格斯看来"的东西，而恰恰是马克思、恩格斯所明确坚决反对的东西。

事实上，把马克思的重新建立个人所有制说成是所谓"社会所有和个人所有的统一"，不是马克思，也不是恩格斯，而是杜林杜撰出来强加给马克思的。杜林说，"既然这种新的'个人所有制'在马克思先生那里同时也称为'社会所有制'，那么这里正表现出黑格尔的更高的统一"。对此，恩格斯在《反杜林论》里驳斥道："我们先把否定的否定撇在一边，来看看'既是个人

---

① 《马克思恩格斯选集》第3卷，人民出版社1995年版，第630页。

的又是社会的所有制'。杜林先生把这叫做'混沌世界',而且他在这里令人惊奇地确实说对了。但是很遗憾,处于这个'混沌世界'之中的不是马克思,而又是杜林先生自己。……在这里他也可以不大费力地按照黑格尔来纠正马克思,把马克思只字未提的什么所有制的更高的统一硬加给马克思。"① 谢、辛读了恩格斯的《反杜林论》,竟然不知道什么是马克思的思想,什么是杜林强加给马克思的思想,谢、辛不仅重复了以上杜林的错误,还对其进一步发展,提出什么"公有制和私有制的统一"、"生产资料和生活资料的统一"。这两个所谓"统一"也是完全错误的。

关于"公有制和私有制的统一",恩格斯在《法德农民问题》中曾说过这样一段话:"紧接法国纲领中关于占有生产资料是生产者自由的前提这句话之后,应该添上下面这几句,即生产资料的占有只能有两种形式:或者是个人占有,这一形式无论何时何地对于生产者来说都从来没有作为普遍形式存在过,而且一天天地越来越被工业的进步所排除;或者是公共占有,这一形式的物质的和精神的前提都已经由资本主义社会的发展本身造成了;所以,必须以无产阶级所拥有的一切手段来为生产资料转归公共占有而斗争。"他还强调,"因为工业的进步本来就在排除个人占有,所以社会主义的利益决不在于维护个人占有,而是在于排除它,因为凡是个人占有还存在的地方,公共占有就成为不可能。"② 在这里,恩格斯说得非常清楚:公共占有和个人占有是互相排斥的,二者的关系不是"既是……又是……",而是"或者是……或者是……"的关系;无产阶级的任务,社会主义的利益,都要求为生产资料转归公共占有而斗争,而决不在于维护所谓个人占有。谢、辛把公有制说成是"以个人私有为基础的均富状态",是"让自然人拥有生产资料,人人有份",等等,完全背离了马克思主义关于这个问题的基本原理。

关于"生产资料和生活资料的统一",马克思在研究社会资本的再生产时,根据社会产品在再生产过程中的作用,把社会总产品分为两大部类,第

---

① 《马克思恩格斯选集》第 3 卷,人民出版社 1995 年版,第 473 页。
② 《马克思恩格斯选集》第 4 卷,人民出版社 1995 年版,第 490、491 页。

一部类是生产资料，第二部类是生活资料。前者用于生产消费，后者用于生活消费。当然，有一些产品既可以用于生产消费，也可以用于生活消费。马克思就说过，"谷物不仅可以用作生产工人等等的生活资料，而且可以用作牲畜的饲料，用作酿酒，制淀粉等等的原料。牲畜（肉用牲畜或役畜）也不仅可以用作生活资料，而且可以为许多任务业部门提供原料，即毛皮、皮革、油脂、骨、角等等，同时还可以部分地为农业本身，部分地为运输业提供动力。"[①] 但是，正如马克思所说，"一个使用价值究竟表现为原料、劳动资料还是产品，完全取决于它在劳动过程中所起的特定的作用，取决于它在劳动过程中所处的地位，随着地位的改变，这些规定也就改变。"[②] 就是说，一个产品虽然既可以充当生产资料，也可以充当生活资料，但是在一个具体的再生产过程里它的作用是确定的，它成为生产资料就不能同时还是生活资料，它成为生活资料就不能同时再是生产资料。在这里并不存在什么"既是……又是……"的问题，更不存在什么"生产资料和生活资料的统一"的"混沌世界"。实际上，恩格斯对于"重建"问题已经做了非常清楚的解释：生产资料由社会占有，而个人占有的只是生活资料。在我看来，界限是如此清楚，谢、辛提出什么二者的统一之类"理论"不过是为生产资料的私有化制造理论根据罢了。

四、要害是要在中国实行私有化

谢、辛在《试解》一文里大谈所谓重建个人所有制，并不是因为他们对这个问题有兴趣，想解决这个理论界争议，而是想通过这个问题否定列宁、斯大林和毛泽东，否定第一个社会主义国家苏联在社会主义革命和社会主义建设方面所取得的伟大成就，否定中国在社会主义改造和社会主义建设方面所取得的伟大成就，进而否定马克思主义的科学社会主义理论，取消马列主义和毛泽东思想在中国的指导地位，为在中国推行民主社会主义，实现私有

---

① 《剩余价值理论》第 2 册，人民出版社 1975 年版，第 555 页。
② 《资本论》第 1 卷，人民出版社 1975 年版，第 207 页。

化开辟道路。这一点，在他们的文章里说得很清楚。

　　《试解》说："列宁、斯大林，包括我们的毛泽东主席，在革命取得成功以后，忽视马克思关于'在生产资料的公共占有的基础上，重新建立个人所有制'这句最重要的话，把公有制异化为政府所有制，事实变成对包括工人阶级在内的社会各阶层人民的剥夺，这是苏联、东欧与改革前中国社会主义经济建设失败的理论根源。他们先把大企业收归国有，然后又对中小企业、手工业和农业进行社会主义改造，消灭一切私有制，建立公有制经济体制，一切归公。"在谢、辛看来，列宁、斯大林和毛泽东都错了，因为他们都忽视了"重新建立个人所有制"，他们都对"包括工人阶级在内的社会各阶层人民"进行了"剥夺"。这种看法显然是极端错误的。

　　说到消灭私有制，那并不是列宁、斯大林和毛泽东提出来的，而恰恰是马克思和恩格斯在《共产党宣言》里明确向全世界庄严宣告的。这一庄严宣告成了一切想搞私有化的人的一个最大的理论障碍。他们总是千方百计地在这个问题上做文章，有时说翻译有问题，有时说这个私有制是指什么而不是指什么，还有就是在"重建个人所有制"上做文章。但是，这些文章并没有也不可能给他们带来预期的效果，相反却暴露了自己。现在谢、辛再次拿"重建"做文章，其结果也决不会更好一些。问题不只是"消灭私有制"这一句话，而是马克思恩格斯的整个"理论"，这句话乃是对马克思恩格斯的"理论概括"。只要对马克思恩格斯的理论有比较全面的了解，就不会随便否定这句话了。值得注意的是，谢、辛否定列宁、斯大林和毛泽东，但是并不否定马克思恩格斯，也不否定邓小平。对马克思恩格斯，他们不敢贸然否定"消灭私有制"这句话，而只好在歪曲"重建"上做文章。对于邓小平，他们也不敢涉及他的有关论述，因为邓小平也是主张公有制、主张对农业、手工业和资本主义工商业进行社会主义改造的，并且也是肯定新中国成立以来社会主义建设取得巨大成就的。他一再说，"一个公有制占主体，一个共同富裕，这是我们所必须坚持的社会主义的根本原则。我们就是要坚决执行和实现这些社会主义的原则。"① 现在有些人不大喜欢邓小平强调公有制的这句话，而喜欢引用邓小平说的没有提到公有制的另一句话："社会主义的本质，是解放生产力，发展生产力，消灭剥削，消除两极分化，最终达到共同富裕。"② 其实，这后一句话里就包含着消灭私有制和主张公有制的内容。试想，如果不消灭私有制，建立公有制，而让私有制万岁，又怎么能解放生产力和发展生产力？如果不消灭私有制和建立公有制，而让一些人掌握着对于生产资料的垄断权，又如何能够消灭剥削、达到共同富裕？道理是如此清楚，难道还有什么疑问吗？

这里需要指出一点，谢、辛在否定列宁、斯大林和毛泽东时，说他们"消灭一切私有制，建立公有制经济体制，一切归公"。这里用了两个"一切"——"消灭一切私有制"和"一切归公"，显然，谢、辛有意提出两个"一切"，并将其含义极端化。事实上，无论是马克思、恩格斯，还是列宁、斯大林和毛泽东，都没有说过这两个"一切"，恰恰相反，他们只主张生产资料归公共占有，而没有主张"一切归公"——连生活资料也归公。这是马克思早在《法兰西阶级斗争》一书里就已提出的一个科学社会主义的原理，也是科学社会主义不同于其他形形色色社会主义的一个重大区别。因为这些社会主义所提出的是模糊的"财产公有"——他们把生活资料也列入了公有的范围。后来马克思在《资本论》里提出在生产资料共同占有的基础上"重新建立个人财产"（生活资料），实际上是对这一原理的深化。列宁、斯大林领导的苏联也非常注意关心人们的个人利益，并没有搞什么"一切归公"。当然在苏联农业集体化的过程中也发生过一些过火的行动，如未坚持自愿原则，如跳过农业劳动组合（集体农庄）径直搞农业公社等，但是，这些都很快被纠正了。1930 年 1 月联共（布）中央通过一个决议，决议极严厉地警告各级党组织，必须"反对任何自上'号令'集体农庄运动"，强调"集体农庄运动在目前阶段上的主要形式是只把基本生产资料实行集体化的农业劳动组

---

① 《邓小平文选》第 3 卷，人民出版社 1993 年版，第 111 页。
② 《邓小平文选》第 3 卷，人民出版社 1993 年版，第 373 页。

合"，同时决定把 1929～1930 年度发给集体农庄的贷款增加一倍（增加到 5 亿卢布），并且决定由国家出资给集体农庄进行土地整理。① 在这方面，如果我们再看一看苏联实现集体化后于 1935 年通过的《农业劳动组合示范章程》就更加清楚。该示范章程规定，从公有化的土地中为每个农户拨出 1/4 到 1/2 公顷（不包括住房用土地，个别地区可达 1 公顷）作为宅旁园地（菜园、果园）。章程还规定，在畜牧业发达的种植区，每个农户可以自养 2～3 头母牛，外加小牛，2～3 头带仔猪的母猪，20～25 只绵羊或山羊，家禽家兔不限，蜂 20 箱以下；而在种植业没有任何意义的游牧区，每个农户更可以自养 8～10 头母牛，外加小牛，100～150 只绵羊或山羊，马 10 匹，骆驼 5～8 头，家禽不限。② 这显然不能说是"消灭一切私有制"和"一切归公"。毛泽东也没有否定个人利益，他甚至还说过"不是'大公无私'，而是'大公有私'"这样的话。当然，中国也犯过刮共产风这样的错误，但是毛泽东和党中央很快就发现并且纠正了这个错误。在这样的事实面前，谢、辛在《试解》一文中还要批评什么"公有制、国有化的比例越高越好"，不知意义何在。

《试解》一文还说，"在所有制问题上，马克思主义的最高原则是生产关系一定要适合生产力的发展。只要适合，私有制、股份制、合作制、公私合营、中外合资等等所有制形式，都是社会主义经济的组成部分。"这个说法显然经不起推敲。按照这样的说法，只要适合生产力的发展，任何一种历史上曾经存在而现在已不复存在的所有制形式岂不都是社会主义了？任何一种所有制形式之所以能够产生，就是因为能够适应生产力发展。奴隶社会和封建社会的所有制关系，历史上也都曾经适合生产力的发展，但是难道因为这样，它们也都变成了社会主义的了吗？这显然是说不通的。实际上，每一种所有制形式，都有其不同于其他所有制形式或经济成分的质的规定性，如果因为其适合生产力的发展就成了社会主义的经济，那么不同的所有制形式或经济成分之间还有什么质的不同、还有什么区别呢？

---

① 《联共（布）党史简明教程》，莫斯科外文书籍出版局 1949 年版，第 376～377 页。
② 参见《苏联共产党和苏联政府关于经济问题的决议汇编》第 2 卷，中国人民大学出版社 1987 年版，第 576～577 页。

　　以上我们剖析和评论了谢、辛的种种错误观点，问题是，谢、辛为什么要提出这样一些经不起推敲的错误观点呢？答案很清楚，他们提出这些观点，有一个很明确的目的，那就是为在中国实行私有化制造舆论。要害就在这里。他们自己也说得很明白："社会自然演进的结果是混合经济，是所有制多元化。'一大二公'的追求是一种'左'倾愚昧。"但是，对于马克思主义者来说，科学社会主义改造社会的公式只能是：消灭私有制，让生产资料由社会占有。虽然消灭私有制不是一下子就能实现的，但是，社会自然演进的结果决不是什么混合经济，而必然是公有制经济。尽管我国目前还处于社会主义初级阶段，但是，既然我们要搞社会主义，将来还要搞共产主义，在思想上就不应忘记要消灭私有制，并代之以公有制，否则就谈不上社会主义，谈不上消灭阶级、消灭剥削和实现共同富裕，当然也就更谈不上为实现共产主义大目标而奋斗了。

（原文发表于《马克思主义研究》2007 年第 9 期）

重建个人所有制是共产主义高级阶段的所有制关系

——兼评把它与社会主义公有制和股份制等同的观点

胡　钧[*]

国有企业股份制改革的实践取得了重要成就。近些年来，国有企业推进股份制改革，同时完善公司治理结构，深化三项制度改革，体制机制发生了深刻变化，企业管理水平有了很大提高。2003 年至 2007 年，中央企业在 A 股上市 29 家，H 股 16 家，红筹股 7 家。目前，中央企业作为实际控股方的上市公司共有 279 家。从 2003 年的 5 年来，国有企业得到了快速发展，虽然数量不断减少，但资产规模大幅增加，经济效益和运行质量显著提高，活力和竞争力进一步增强。它对国民经济的影响力、控制力也有很大的提高。这些成就的取得显然与国有企业股份制改革是分不开的。

但是，股份制改革措施取得的巨大成就使一些人对股份制这种私人资本的联合方式产生了一些糊涂看法，认为实行股份制改革是因为它本身具有公有制性质，认为在资本主义制度下，公众持股的股份企业就具有公有制性质，是资本主义制度中的"新社会因素"，是"对私有制的积极扬弃"。更令人惊讶的是，有一些人竟然把公众持股的股份制与马克思所讲的共产主义高级阶段的所有制形式在生产资料共同占有基础上重新建立个人所有制等同起来，认为前者是后者最适当的形式，认为小小一张股票，体现了社会所有与个人所有的统一，甚至说应把股份制形式的"个人所有制"作为中国改革开放的总路线和总政策，认为建立这种"个人所有制"，"对社会主义国家来说，是个行之则一言可以兴邦，违之则一言可以丧邦的大问题"。真有些耸人听闻了。

---

[*]　胡钧，中国人民大学经济学院。

分析以上错误看法可以看出，他们都与不正确理解马克思的"重建个人所有制"思想有关。弄清它的科学内涵，也才能从根本上否定那些利用混淆"重建个人所有制"与作为私人资本联合形式的"股份制"之间的本质区别的错误观点。下面我首先就这个问题谈谈自己的看法。

一、马克思的"重建个人所有制"是共产主义高级阶段的所有制关系

马克思认为未来社会的所有制形式是生产资料公有制或社会所有制。但是他把它表述为在共同占有一切生产资料的基础上，重新建立"个人所有制"。为什么把社会所有制表述为重建"个人所有制"呢？这不是一个随意用语问题，而是马克思的根本思想，是他的一贯看法。在早年出版的《德意志意识形态》中，他就明确地说"在无产阶级的占有制下，许多生产工具应当受每一个个人支配，而财产则受所有的个人支配"。[①] 在《资本论》第 1 卷的第 7 篇中对此作了经典式表述，这是大家经常引用的。在 1871 年写的总结巴黎公社经验的《法兰西内战》这部著作中，更加明确地做了如下表述："巴黎公社曾想把现在主要用作奴役和剥削劳动的手段的生产资料、土地和资本完全变成自由的和联合的劳动的工具，从而使个人所有制成为现实"。[②] 马克思强调指出这不是重新建立劳动者的私有制，可是又为什么一再强调重新建立"个人所有制"呢？为了弄清共产主义社会的所有制关系的根本特征，关键是对马克思强调的"个人所有制"有科学理解。

应当注意的是，要避免把重建个人所有制的解释简单化，譬如认为马克思所说个人所有制只是指个人消费品而不是生产资料。这种解释看起来容易理解，可是从上面所引马克思的原文来看，把生产资料排除在"个人所有制"之外，并不符合他的原意，马克思在论述个人所有制时，都明确讲的是生产资料、生产工具、土地、资本等，根本没有涉及消费资料。因为根据马克思主义的基本原理，只有生产资料的所有制形式构成生产关系整个体系的基础。

---

① 《马克思恩格斯全集》第 3 卷，人民出版社 1960 年版，第 76 页。
② 《马克思恩格斯选集》第 3 卷，人民出版社 1995 年版，第 59 页。

另外，更值得注意的是，有的人在反对把股份制等同于"重建个人所有制"的错误观点时，却又陷于另一种不当观点，他们把"重建个人所有制"直接与社会主义公有制等同，说"重建个人所有制"就是社会主义公有制，"重建个人所有制"不过是社会主义公有制的另一种提法，是社会主义公有制的同义语。这种解释是不科学的，不符合马克思的本意。把它与社会主义公有制简单等同，既没有说明为什么马克思一再强调重建"个人所有制"，它的科学涵义何在，这实际上回避了问题本身。更重要的是它没有说明共产主义低级阶段和高级阶段在所有制关系上的重大差别，这就不能使人们认识共产主义所有制关系的本质特征，也就不能使我们对共产主义低级阶段所有制关系特征和历史过渡性有明确的认识，会把它绝对化、永恒化，模糊了它进一步发展的方向和目标，从而也就看不清走向高级阶段的途径和在实践中推动这一发展应采取的步骤和具体措施。

马克思所说的"重建个人所有制"只能是共产主义高级阶段的所有制关系，不可能是指作为它的低级阶段社会主义阶段的公有制。马克思最初做出这种表述时，还没有共产主义两个阶段的理论，这一理论只是在总结了巴黎公社经验的基础上在《哥达纲领批判》这本著作中提出的。

最重要的问题是从理论上阐明，马克思在阐述共产主义所有制关系特征时，为什么一方面强调全社会共同占有全部生产资料，同时又强调是"重建个人所有制"，"共同占有"和"个人所有"这二者是怎样的关系呢？

（一）每一个个人的全面而自由的发展是"重建个人所有制"的根据

理解这个问题的关键是把握马克思关于个人的发展与社会的发展之间相互关系的思想。在马克思看来，社会与个人是辩证统一的关系。人总是作为一个个的个体存在的。个人的生存和发展是社会存在和发展的基础。没有每个个人的存在和发展，也就没有社会的存在和发展。

但是，个人又不能离开社会而单独存在，个人的存在与发展又是依赖社会的存在和发展的，这种依赖性越追溯至远古，越是明显、强烈。许多个人组成的社会的存在是单个人存在和发展的根本条件。社会是个人交互行动的产物，归根结底是服务于每个个人的存在和发展的，是个体活动借以实现的形式。①

个人与社会的依赖性关系是随着社会历史的发展不断变化的，其总趋势是个人逐渐获得全面发展，随着社会生产力的发展，个人的力量从弱小变得日益强大，独立生存能力不断增大，自由个性、独立性随之也不断增强。马克思把人的发展概括为三种形态或三个阶段，最初是人的依赖性关系包括原始社会、奴隶社会和封建社会，这时人还被束缚在一个狭小的范围里，劳动者对统治者还是一种人身依附关系，不能成为自由的个人。后来发展到以物的依赖性为基础的人的独立性，这时人的社会关系表现为物的社会关系。在资本主义制度下，劳动者获得了个人自由，但由于工人失去了一切物质生产资料，不得不被迫去为物质生产资料的垄断占有者劳动，同样还不是自由的个人。最后阶段是在个人全面发展基础上的自由个性的充分发展。这时个人才能成为自由的个人。共产主义所有制关系的成熟，就是以这种全面发展的自由的个人的长成为标志的。马克思说"人们的社会历史始终只是他们的个体发展的历史，而不管他们是否意识到这一点。"②

社会的解放要以个人得到解放为基础。这里所说的个人解放，它是一个客观历史过程，它包含哪些内容呢？从哪些方面得到解放才能说个人得到彻底解放，成为自由的个人、自由个性才得到充分发展呢？主要是以下几方面。

（1）摆脱了属于自己私有的生产资料的束缚，从小私有制中特别是从土地上解放出来。这方面已经由资本主义对他们的剥夺实现了，使他们成为表面独立的自由的个人。

（2）从资本的剥削和强制下解放出来。在资本主义制度，工人是被饥饿的锁链牢牢地锁在资本家追求剩余价值欲望的战车上的。这只能通过社会主义革命，通过消灭资本主义私有制使工人从被资本家的奴役中解放出来，实行生产资料公有制，使每个个人都成为生产过程的主人。随着阶级差别的消灭，个人也不再归属于特定的阶级。

---

①② 《马克思恩格斯选集》第 4 卷，人民出版社 1995 年版，第 532 页。

（3）消灭旧的分工。仅仅消灭资本主义私有制，实现生产关系的变革，还不可能使个人完全得到解放，还必须在劳动方式上实行根本的变革，这就是消灭旧的社会分工。这里所说的旧的社会分工，不是指一般的社会分工，劳动划分不同的领域，旧的社会分工是指人的固定分工，是指个人由于没有得到全面发展，故而不得不终生固定从事于某一种职业，个人被束缚在这个工种上，成为该工种劳动资料的奴隶。因此，只有消灭了旧的社会分工，个人才摆脱了奴隶般的服从旧分工的处境，才能说个人得到了解放。这只能依靠生产力的极大发展才能创造出消灭旧的社会分工的物质技术条件。

（4）从劳动仅仅是谋生手段的束缚解放出来。每个人得到全面发展，社会就能创造出极高的社会生产力，才能使物质财富极大丰富，这时生产劳动给每一个人提供全面发展和表现自己全部的即体力和脑力的能力的机会，只有在这时，劳动才能成为自由劳动，才能使劳动从谋生手段解放出来，成为生活的第一需要，成为个人的自我实现。每个人的自由个性将得到最充分的表现。"在那里，每个人的自由发展是一切人的自由发展的条件。"① 这时个人就不再是仅仅作为一个劳动者，作为一个劳动力被不断再生产，而是作为一个全面发展的自由的个人再产生出来。

只有在每个人都成长为这样自由的全面发展的个人，才能建立起自由人联合体。只有有了这样的自由全面发展的个人组成的联合体里，才能真正实现全体社会成员对生产资料的共同占有，才能实现全部生产资料属于每一个个人。因为只有全面发展的个人才能实际上成为全部生产资料的占有者，否则共同占有、共同所有还只能是形式上的或法理上的，而不是实质上的。

（二）消灭旧式分工是实现"重建个人所有制"的物质技术基础

实现对全部生产资料的共同占有，使全体成员都成为生产资料的主人，这是社会主义和共产主义革命和建设的目标。但是人们在这个问题的认识上并不是完全一致。恩格斯曾对杜林的错误看法进行过严肃的批判。杜林认为

———————

① 《马克思恩格斯选集》第 1 卷，人民出版社 1995 年版，第 294 页。

无须从根本上变革旧的生产方式，特别是无须废除旧的分工，社会就可以占有全部生产资料，恩格斯批评说这是幼稚观念。因为如果还保留旧的社会分工，那就等于说"社会应该成为全部生产资料的主人，同时让每一个人依旧做自己的生产资料的奴隶，而仅仅有选择哪一种生产资料的权利"。① 所以恩格斯断然说"要不是每一个人都得到解放，社会也不能得到解放。因此，旧的生产方式必须彻底变革，特别是旧的分工必须消灭。"②

从以上所述，我们可以看出，马克思所说的"重建个人所有制"中的"个人"是什么样的人，他只能是摆脱了旧的社会分工束缚的全面发展的自由个人，只有培育出了这样的个人，才能真正实现全社会对生产资料共同占有，才能实现人们都成为全社会生产资料的平等主人，才能实现共同占有的生产资料归每个个人支配，真正在事实上而不是限于法理规定上的属于全社会的每个个人。由此可以看出，对生产资料的事实上的共同占有和"个人所有制"是同一件事情，也可以说生产资料属于联合的每个个人是生产资料的共同占有的实现。马克思就明确指出"把现在主要用作奴役和剥削劳动的手段的生产资料、土地和资本完全变成自由的和联合的劳动的工具，从而使个人所有制成为现实"。③ 马克思的用公有制代替私有制的观点，不仅受到资产阶级的猛烈攻击，也受到代表小商品生产者利益的蒲鲁东等小资产阶级社会主义者的攻击。他们斥责说"公有制是对个人的剥夺"，他们囿于小生产私有制的观念，一件生产工具，如果不能拿回私人家里，就不能说是它的所有者。那些要通过股份制来实现马克思的重建个人所有制的人，其思想是与小私有制的观念一脉相承的。只有拿到一定股票在手里，才是生产资料的所有者，否则就是对他的剥夺，就是一无所有。

恩格斯揭露了蒲鲁东式的思想特点，他在《法兰西内战》1891 年单行本导言中说"蒲鲁东这个小农和手工业师傅的社会主义者，对联合简直是切齿痛恨的，……它是束缚工人自由的锁链之一，……既违反节省劳动的原则，

---

① 《马克思恩格斯选集》第 3 卷，人民出版社 1995 年版，第 648 页。
② 《马克思恩格斯选集》第 3 卷，人民出版社 1995 年版，第 644 页。
③ 《马克思恩格斯选集》第 3 卷，人民出版社 1995 年版，第 59 页。

又同工人的自由相矛盾；……竞争、分工、私有财产才是经济力量"，① 他们这种偏狭思想产生的原因主要在于：（1）小私有者的立场、观点妨碍了他们正确理解社会联合与个人自由之间的辩证关系；（2）小生产的狭隘眼界使他们不能认识联合的大生产是个人自由全面发展和得到彻底解放的根本前提。在他们的思想里，除了小私有制，就不可能有别的个人所有制。

实际上，如果个人都成了自己支配的生产工具的私有者，他也就不再可能成为全部生产资料的所有者；是自己的私有生产工具的主人，就不可能成为全社会生产资料的共同主人。恩格斯明确地指出了这种辩证关系。他在就住宅问题讨论时这样谈到："由劳动人民'实际占有'全部劳动工具和拥有全部工业，是同蒲鲁东主义的'赎买'完全相反的。如果采用后一种办法，单个劳动者将成为住房、农民田园、劳动工具的所有者；如果采用前一种办法，则'劳动人民'将成为房屋、工厂和劳动工具的总所有者。"② 很明显，马克思说的重建个人所有制，不是个人都握有自己支配的生产资料的私有权，而是联合起来的所有个人都握有全部生产资料的所有权。只有实行联合起来的劳动者对全部生产资料的共同占有，才能真正实现每个人都是全部生产资料的所有者，全部生产资料属于联合起来的每个个人，也就是每个个人都是全部生产资料的所有者，是全部生产资料的总所有者。这种生产关系的具体体现就是在这里每个个人对生产资料的管理支配权完全平等、消费品分配权完全平等和个人都有平等的发展权，每个人的自由发展是一切人的自由发展的条件。

因此，生产资料的集体共同占有与实现个人所有制二者是统一的。如果从实质内容上看，甚至可以说，重建个人所有制是未来社会的公有制或社会所有制的一个更确切地表述。这是马克思总是突出强调这一点的原因。马克思的这一表述驳斥了资产阶级对共产主义的攻击，说共产主义消灭了所有制、个人自由和独立性。马克思批驳说："在资产阶级社会里，资本具有独立性和个性，而活动着的个人却没有独立性和个性。"这种表述也彻底驳斥了蒲鲁东

---

① 《马克思恩格斯选集》第 3 卷，人民出版社 1995 年版，第 10 页。
② 《马克思恩格斯选集》第 3 卷，人民出版社 1995 年版，第 217 页。

主义小资产阶级社会主义派别对共产主义社会所有制关系的攻击。同时也可以看清楚那些把公众持股的股份制等同于马克思的重建个人所有制的观点是对这一深邃的科学思想的庸俗化解释。股份公司中的持股人不过只是他握有的一定股票的主人，而绝不会因为握有了那张小小股票而成为整个企业的主人，更不可能成为全社会生产资料的共同主人。

对"重建个人所有制"这一共产主义高级阶段所有制关系的深刻理解，有利于对共产主义制度有更明确的概念，它有助于我们明确共产主义低级阶段与高级阶段的重大差别。在二者的区别上，人们往往只注意到按劳分配与各取所需这种分配方式上的区别，这并不奇怪，因为分配方式一般是不同社会制度的最容易看到的区别。但更根本的应当从生产方式方面去寻找二者区别。根据上面分析我们看到，社会主义与共产主义高级阶段的最根本的区别在于，旧式分工的消灭。因为只有消灭了旧的社会分工，每个个人才能得到全面而自由的发展，才能有更高的劳动生产力，才能有集体财富大量涌流，才能实行各取所需的分配方式。旧分工的消灭是共产主义高级阶段与它的低级阶段生产力水平差别的基本标志，也是两个阶段人与人社会关系区别的重要标志。

显然，取消旧的社会分工，离我们还很遥远，它不是人为地强制采取某种措施的结果，而是由社会生产力发展决定的一个自然史过程。今天认识它的局限性的重要意义在于明确社会生产力发展的必然方向，避免把现时分工看成是永恒和绝对的生产形式。当前，旧社会分工还是我们发展社会生产力的最有力的杠杆之一。马克思强调指出共产主义必须建立在大工业和社会分工充分发展的基础之上。现时劳动者较固定地在社会各个部门从事生产活动的社会分工，脑力劳动者与体力劳动者间的分工，不仅谈不到消灭，而且还需要发展，加快科学技术人才的迅速增长和不同层次的管理人才队伍的更快增大，这都是社会生产力得以发展的根本条件。现在就提出消灭旧分工是不切实际的幻想。我们今天应当做的还只能是在承认旧的社会分工必要性前提下，尽可能使每个人，特别是直接生产者和普通劳动者得到更多方面学习提高自己的机会，在有利于生产力提高的前提下，尽可能地得到全面发展。

二、公众持股的股份公司是依资本主义私有制原则建立的企业形式

上面对重建个人所有制的分析，已经充分说明把现时的股份制看作是"重建个人所有制"的最恰当实现形式的观点是多么的不正确。下面再就有的人仍执意把公众持股股份公司等同于公有制的错误观点谈谈自己的看法。

我在《经济学动态》杂志 2005 年第 9 期发表的一篇论文"国有企业股份制改革的实质是什么"中曾说公众持股的股份公司的属性是私有制而不是公有制，说它不具有任何社会主义因素。我仍然认为这种看法是能成立的。因为社会主义公有制不简单就指一些人联合起来共同经营这样一种形式，它是一个特殊生产关系体系，它包括这样一系列特殊生产关系：人们对生产资料的所有权的完全平等、管理权上的平等和劳动成果分配权上的平等。可是在股份制公司里，参加者不是以劳动者的身份而是以私有资本所有者身份参与的，在这种联合形式中，人们在所有权上是不平等的，权力的大小由持有股票的数量决定，持有股本的多少决定了管理权的大小，这里实行按资本分配而不是按参加者提供的劳动量分配，参与分配权力的大小只与投入股本的多少相联系：更为重要的是在股份公司里，还存在着股票持有者与直接生产者的关系，它实际上是资本与雇佣劳动的关系，持股者所分享的收益，不是股票持有者们的劳动成果，而是该企业直接生产者创造的剩余产品。试思考一下，从生产关系上看，这哪里有社会主义公有制本质特征的影子呢！可以看出，在持这种看法的人的眼里，只有股东的地位，直接生产者则完全从视野里消失了，股东与劳动者的经济关系完全不在考虑之列，这怎么能说明这种公司的社会性质呢？

公众持股股份制与社会主义公有制是两种根本不同的所有制关系，这是很明显的。可是为什么一些人总是执意把二者纠缠在一起呢？我考虑主要是以下原因：

1. 未能正确理解甚至曲解了马克思的原话

主张股份制是公有制或具有"新社会因素"的人们立论的主要根据是从《资本论》中以下的话引申出来的，马克思说股份制"是资本主义体系本身的

基础上对资本主义的私人产业的扬弃","资本主义的股份企业,也和合作工厂一样,应当被看作是由资本主义生产方式转化为联合的生产方式的过渡形式,只不过在前者那里,对立是消极地扬弃的,而在后者那里,对立是积极地扬弃的"。① 马克思在这里科学地指出了资本主义制度下的股份制形式,尽管它不过是资本主义体系内的私有制关系的一种调整,但它与合作工厂一样,同样显示出了生产资料占有日益社会化的必然趋势,从而也显示出资本主义私有制必将过渡到社会主义公有制的客观规律性。但是马克思立即指出股份制与合作工厂这两种形式间的本质区别,一个是积极地扬弃,一个是消极地扬弃。一些人只注意到股份制的"对私人产业的扬弃"、向公有制的"过渡形式",而忽视了两种"扬弃"在内容上的根本不同。

马克思把实行股份制叫做"对资本主义关系的消极地扬弃",有的人不同意这一说法,提出"股份制是对私有制的积极扬弃",这显然是离开了马克思的认识,不懂得马克思这种规定的真正含义。为什么合作工厂被称为是"积极地"扬弃呢?马克思说得很清楚,这是因为它"是在旧形式内对旧形式打开的第一个缺口","资本与劳动之间的对立在这种工厂内已经被扬弃","是一种新的生产方式"。② 而股份制则根本不同。它不是对资本主义关系打开了"缺口",它丝毫没有触动资本与劳动之间的对立关系,恰恰相反,它是巩固和加强了这种关系。这里的扬弃丝毫不具有对资本主义关系的否定或削弱的意思。这里扬弃的是什么呢?它只是"使各单个资本的表面独立性和独立存在被扬弃",马克思强调指出,股份资本是"这种扬弃的最高形式,同时也就是资本在它的最适当形式中的最终确立"。③ 这里可以清楚看出,马克思所说的"消极地扬弃"的本意是什么,这种联合形式不仅不是什么"新社会因素",而是资本主义私有制找到了它更好发展自己的"最适当形式",使它对全社会的统治地位得以最终确立。

实际历史发展已经证明,股份制形式是巩固和发展资本主义私有制的有

① 《马克思恩格斯全集》第 25 卷,人民出版社 1974 年版,第 496、498 页。
② 《马克思恩格斯全集》第 25 卷,人民出版社 1974 年版,第 498 页。
③ 《马克思恩格斯全集》第 46 卷下,人民出版社 1980 年版,第 167 页。

力措施，它强化了资本在全社会的统治。尽管单个私人资本日益采取股份公司这种社会资本形式，但它只是私人资本的联合，丝毫没有触动资本主义私有制的基本性质，丝毫没有弱化资本对雇佣劳动的支配和统治，而是加强、扩大了资本的控制力量。因为只有这样，资本主义制度才能继续维持它对社会生产力发展的推动作用，从而才能维持和强化它对社会的统治。我们看问题应当尊重历史，实践是检验真理的标准。股份制二三百年的发展没有生长出任何社会主义因素，相反它却大大加强了垄断资本的影响力和带动力，成就了垄断资本的全面统治。股票愈分散，愈表明垄断资本巨大控制力的加强。这是不容怀疑的事实。

所以，从本质上看，股份制本身不会产生出任何社会主义所有制关系的萌芽，它在生产关系演进方面的意义是，它推动了资本主义基本矛盾的进一步发展，并由此使社会发展更靠近社会主义的大门。如恩格斯所指出的，它成为过渡点、过渡形式，不是因为它本身具有了社会主义因素，而是"最令人鼓舞地为将来由整个社会即全民族来实行剥夺做好了准备"。[①] 因为对少数大垄断资本实行公有化较之对大量分散小资本要容易得多。

2. 执意把公众持股股份公司与公有性纠缠在一起，更重要的一个原因是看问题的方法上的不正确

马克思主义政治经济学的一个重要方法是认识一个事物，必须注意它的形式方面与它的实质内容间的区别。举一个例子。在考察商品等价交换关系与资本主义关系的关系时，他指出"资本家和工人之间的交换关系，仅仅成为属于流通过程的一种表面现象，成为一种与内容本身无关的并只能使它神秘化的形式。劳动力的不断买卖是形式。其内容则是，资本家用他总是不付等价物而占有的别人的已经物化的劳动的一部分，来不断再换取更大量的别人的活劳动。"[②] 资产阶级经济学一直把资本主义关系与商品一般关系等同，这里暴露出它思维方法上一个特点，这就是把实质内容与它的形式相混淆，

---

① 《马克思恩格斯全集》第25卷，人民出版社1974年版，第495页。
② 《马克思恩格斯全集》第23卷，人民出版社1975年版，第640页。

用形式掩饰它的实质内容。就古典政治经济学来说，是因为受到认识水平和阶级局限性的影响，就资产阶级庸俗政治经济学来说，则是有意识的目的，企图用一般商品经济的平等掩盖资本主义剥削关系。

用马克思主义的上述方法来审视一下股份制与资本主义制度的关系，股份制是一种联合形式，若只从形式上看，它是一种联合的共同所有的形式，有人就把它说成是具有了公有性。可是，探索这种形式背后的实质内容它是私人资本的联合，联合的目的是加强和扩大对雇佣劳动的剥削，因此这里不可能产生任何社会主义因素，它只能是资本主义私有制的一种新形式，更有利于资本主义制度的进一步巩固和发展。

作为私人资本的联合形式，在资本主义经济中不仅有股份制，资本主义的信用制度具有同样特点。马克思说"银行制度从私人资本家和高利贷手中剥夺了资本分配这样一种特殊营业，这样一种社会职能"，"信用制度和银行制度扬弃了资本的私人性质，它本身，但也仅仅是就它本身来说，已经包含着资本本身的扬弃"。① 但是，马克思立即批判了那些把它说成是社会主义的谬论。马克思说："关于信用制度和银行制度的奇迹般的力量的种种幻想所以会被赋予社会主义的意义，是由于对资本主义生产方式和作为它的一个形式的信用制度完全没有认识。"② 因为关键在于生产方式，只要生产方式是资本主义的，信用制度的性质只能是强化资本统治的一种形式和手段。

运用上述研究事物的方法判别下面的一些观点，可以清楚地看出其不科学的地方。例如有人说股份制"具有新生产关系性质的公有因素从资本主义社会内部产生，并正在逐步生长和壮大"。③ 还有人说"只要控股权不掌握在资本家手中，就有明显的公有性"，公众股份公司"在其内容上已经具备了社会主义公有制的本质特征"。④ 上述这些看法的共同的地方，就是把股份制这种联合形式本身直接认定为公有制，而不问这种联合形式的实质内容。

---

① 《马克思恩格斯全集》第 25 卷，人民出版社 1974 年版，第 686 页。
② 《马克思恩格斯全集》第 25 卷，人民出版社 1974 年版，第 687 页。
③ 郑志国：《股份制：公私因素整合与扬弃》，载于《经济学动态》2008 年第 10 期。
④ 于金富：《社会公众股份公司的性质探索》，载于《经济学动态》2008 年第 6 期。

　　股份制如果就它是一种财产组织形式，只是一个抽象，现实中不存在这种财产组织形式，一般它不是独立存在的。在现实中只存在或者资本主义的股份制，或者社会主义公有制性质的股份制，或者混合各种所有制的股份制。像上面于文所说的"只要控股权不掌握在资本家手中，就有明显的公有性"，不知现实中有没有这种股份制？不应以主观设想来论证问题。不过他的话倒说出了问题的实质，即资本家掌握控股权决定了该公司不是公有制而是私有制。问题就在这里。股份制公司这种形式本身是一个抽象，它的性质只能是由参加者的性质决定。由私人资本参加入股组成的，就是私有制性质企业，资本家控股的，就是资本主义企业；如果是由劳动者或社会主义国有资本参加组成的，就是公有制股份企业。这样看问题才是确定股份公司性质的惟一正确的方法。私人资本一联合怎么就会长出公有制来呢？资本家会认同吗？怎样认识这种私人资本的联合呢？资本主义制度下平均利润率的形成，意味着全体资本联合在一起，共同按参与的资本量分配全体雇佣劳动者创造的剩余价值，马克思主义的研究方法告诉我们应当这样来认识问题，"资本家在他们的竞争中表现出彼此都是虚伪的兄弟，但面对着整个工人阶级却结成真正的共济会团体"。[①] 这种共济会团体是资本的联合而不能说它因为联合而具有了公有性。

　　马克思主义政治经济学的研究方法应当成为我们思考问题的指导思想，这有利于提高我们经济理论工作者科学研究水平。

（原文发表于《经济学动态》2009 年第 1 期）

---

　　① 《马克思恩格斯全集》第 25 卷，人民出版社 1974 年版，第 221 页。

从"消灭私有制"到"重建个人所有制"

——马克思的人类社会发展模式解析

白雪秋*

　　唯物史观是马克思发展模式的理论基础。马克思认为，生产力和生产关系作为人类社会生产方式的两个方面，是相互作用的对立统一关系。其中生产力是具有决定作用的力量，它反映了生产劳动中人与自然之间的关系，是生产方式中最活跃的因素。生产关系反映了生产活动中人与人之间的关系，它由生产力的水平和性质决定，同时又反作用于生产力的发展。人类社会正是在生产力和生产关系的矛盾运动中不断前进的。马克思以资本主义社会为研究对象，充分论述了以雇佣劳动为基础的资本主义私有制对小生产私有制的否定之历史进步性，以及终将被更高级的适合人的自由而全面发展的个人所有制所取代的历史必然性。

一、"消灭私有制"与解放和发展生产力

　　马克思和恩格斯在《共产党宣言》中明确指出，"共产党人可以把自己的理论概括为一句话：消灭私有制。"① "共产主义革命就是要同传统的所有制关系实行最彻底的决裂。"（293 页）共产党人之所以要消灭资本主义私有制、要同传统的资本主义私有制实行最彻底的决裂，就是由于资本主义私有制已经从最初的促进生产力发展的制度基础变成了严重束缚生产力发展的桎梏，因而，必须炸毁这个"外壳"以适应迅猛发展的生产力之客观要求。

---

　　* 白雪秋，北京大学马克思主义学院。
　　① 《马克思恩格斯选集》第 1 卷，人民出版社 1995 年版，第 286 页。本文以后凡引用《共产党宣言》中的话，均改为随文标出该选集的页码。

（一）资本主义私有制的历史进步性

"资产阶级在历史上曾经起过非常革命的作用。"（274 页）资本主义生产方式所以能战胜封建主义生产方式，正是由于前者适应了迅猛发展的生产力之要求。因而，它创造了令人惊叹的生产力。"造成蒸汽机和新工具机把旧的工场手工业变成大工业以后，在资产阶级领导下造成的生产力，就以前所未有的速度和闻所未闻的规模发展起来了。"[1]　"资产阶级在它的不到一百年的阶级统治中所创造的生产力，比过去一切时代创造的生产力还要多、还要大。"（277 页）

从经济发展的要素看，资本主义私有制对生产力具有如此巨大的推动力，一方面是由于生产资料集中在了少数人手中，从而克服了小生产的分散性的低效率，实现了规模效应；另一方面，占有生产资料的资本家对剩余价值的贪婪追求，是推动生产无限扩大的内在动力，从而极大地提高了社会生产力。因为资本的本性就唯利是图，正如马克思所一针见血指出的那样："不断扩大产品销路的需要，驱使资产阶级奔走于全球各地。它必须到处落户，到处开发，到处建立联系"（276 页）。"有 10% 的利润，资本就到处被使用；有 20% 的利润，资本就活跃起来；有 50% 的利润，它就铤而走险；有 100% 的利润，它就敢践踏人间一切法律；有 300% 的利润，它就敢犯任何罪行，甚至冒绞首的危险。"[2]

然而，当资本主义发展成熟之后，由于其自身的固有矛盾，其"生产力已经强大到这种关系所不能适应的地步，它已经受到这种关系的阻碍"（278页）时，资本主义私有制就失去了原有的进步性。

（二）资本主义私有制的固有矛盾

资本主义私有制虽然实现了大生产的规模效应，虽然资本的持有者具有

---

[1]　《马克思恩格斯选集》第 3 卷，人民出版社 1995 版，第 618 页。
[2]　《资本论》第 1 卷，人民出版社 1975 年版，第 829 页。

因无限追求剩余价值具有强烈的扩大再生产的内在动力，但由于其劳动基础是雇佣劳动，因而，具有残酷的剥削性质。在马克思看来，资本家把工人仅仅视为生产剩余价值的工具，"把人的尊严变成了交换价值"，"抹去了一切向来受人尊崇和令人敬畏的职业的神圣光环。它把医生、律师、教士、诗人和学者变成了它出钱招雇的雇佣劳动者"（275 页）。一方面，尽可能多地延长劳动时间，尽可能大地增加劳动强度；同时却尽可能少地付给工人工资，使"雇佣工人靠自己的劳动所占有的东西，只够勉强维持他的生命的再生产"（287 页）。让工人在尽可能差的劳动环境和劳动条件下工作，一切以利润最大化为出发点。资产阶级"用公开的、无耻的、直接的、露骨的剥削代替了由宗教幻想和政治幻想掩盖着的剥削。"（275 页）

于是，随着资本的积累，一方面是生产规模的无限扩大，另一方面却是广大劳动人民群众有支付能力需求的相对缩小，严重的两极分化便出现了："在一极是实际财富的积累，同时在另一极，即把自己的产品作为资本来生产的阶级方面，是贫困、劳动折磨、无知、粗野和道德堕落的积累"。[1] 这种分化直接导致了资本主义生产的相对过剩，引发经济危机的周期性爆发。而危机的爆发表明，资本主义制度的暂时性。因而，随着剩余价值的不断资本化，资本主义社会生产力和生产关系之间的矛盾日益加深，当这一矛盾的尖锐达到与它们的资本主义外壳不相容的地步时，"这个外壳就要炸毁了，资本主义私有制的丧钟就要响了。剥夺者就要被剥夺了。"[2]

从生产供给和消费需求两个方面剖析资本主义社会发展的约束条件，恰好是马克思超越古典经济学家的所在。在马克思看来，在以雇佣劳动为基础的资本主义私有制条件下，资本家进行资本积累从而扩大生产供给的动力十足，而备受资本剥削压迫的广大劳动群众的实际消费能力有限，从而造成生产无限扩大的趋势与广大劳动群众有支付能力需求之间的矛盾，从而使得实质为生产相对过剩的经济危机不可避免。于是，资本主义经济发展的路径只

---

① 《资本论》第 1 卷，人民出版社 1975 年版，第 708 页。
② 《资本论》第 1 卷，人民出版社 1975 年版，第 831~832 页。

能是高涨和萧条的相互交替，从而造成社会资源的巨大浪费。因此资本主义私有制社会既不公平也有失效率，必然被新的社会主义公有制社会所取代。也就是说"资产阶级的灭亡和无产阶级的胜利是同样不可避免的。"（284 页）

由此可见，共产党人所要消灭的私有制，是以雇佣劳动为基础、少数人凭借生产资料占有而残酷剥削广大劳动人民的资本主义私有制，也就是要消灭"建立在阶级对立上面、建立在一些人对另一些人的剥削上面的产品生产和占有的最后而又最完备的表现"之私有制（286 页）。

二、"重建个人所有制"与实现"人的自由而全面发展"

既然资本主义既不公平，又有失效率，那么，消灭资本主义私有制后，需要建立怎样的公有制形式才能既有效地促进生产力发展，又能公平地分配？马克思从否定之否定的哲学视角深刻地指出："资本主义私有制，是对个人的、以自己劳动为基础的私有制的第一个否定。但资本主义生产由于自然过程的必然性，造成了对自身的否定。这是否定的否定。这种否定不是重新建立（劳动者的）私有制，而是在资本主义时代的成就的基础上，也就是说，在协作和对土地及靠劳动本身生产的生产资料的共同占有的基础上，重新建立（劳动者的）个人所有制。"①

那么，未来的以个人所有制社会发展的目的究竟是为了什么？马克思明确指出，共产党人的目的是实现人的自由全面发展，"代替那存在着阶级和阶级对立的资产阶级旧社会的，将是这样一个联合体，在那里，每个人的自由发展是一切人的自由发展的条件。"（294 页）未来社会将是"以每个人的全面而自由发展为基本原则的社会形式。"②

马克思设想的个人所有制到底是怎样的一个所有制形式，与以往的个人占有生产资料的私有制有什么不同？在这种个人所有制社会中能够实现人的自由而全面的发展的目标吗？从个人所有制的内涵和特点来看，个人所有制

① 《资本论》第 1 卷，人民出版社 1975 年版，第 832 页。
② 《资本论》第 1 卷，人民出版社 1975 年版，第 649 页。

与以往的私有制决然不同，与实现人的自由而全面发展目标有内在的关联。

（一）个人所有制的内涵和特点

为了更方便地表述个人所有制的内涵和特点，本文将个人所有制、资本主义私有制和小生产私有制所具有的各自特点列在了一张表中。

如下表所示：

特点 所有制形式	劳动形式	生产资料 组合方式	剥削性质	生产力 状况	公平与 效率	目的	关系
小生产私有制	以自己劳动为基础	分散的	少剥削	不发达	较公平 低效率	丰衣足食	被否定
资本主义私有制	雇佣劳动	集中在少数人	严重剥削	发达	不公平 高效率	利润 最大化	否定前者
个人所有制	联合劳动	共同占有	无剥削	高度发达	公平又效率	个人自由 全面发展	否定之 否定

由表可见，无论从其劳动基础、生产资料占有形式，还是从剥削性质、生产力状况、公平与效率兼顾程度以及发展目的和相互关系等方面来看，马克思所设想的个人所有制绝不是小生产私有制的回归，更不是资本主义私有制的简单完善，而是一种全新的更高形式的共同占有制。

首先需要肯定的是，个人所有制作为否定资本主义私有制的产物，是公有制，而决不是私有制。从其劳动基础来看，它是以联合劳动为基础，既不是以自己个体劳动为基础，更是对雇佣劳动的彻底否定；从其生产资料的占有形式上看，它是全体劳动者共同占有，而不是分散的个人占有，更不是少数人占有，不是"私有财产对十分之九的成员来说已经不存在"。"那种以社会上的绝大多数人没有财产为必要条件的所有制"（288 页），正是共产党人要致力于消灭的。

其次，个人所有制作为对小生产私有制的"否定之否定"，不是对小生产私有制的第一个否定——资本主义私有制的全面否定，而是一种扬弃，是"建立在资本主义时代的成就的基础上"，建立在现代大工业规模经营和广泛而深入的社会分工"协作"的基础上的，是在铲除剥削赖以存在的私有制的同时，对其效率的一种继承。

（二）个人所有制是实现人的自由而全面发展的经济基础

从马克思的发展模式看，所有制不是目的，而只是实现目的的手段，发展的最终目的是实现人的自由而全面的发展。因此，"消灭私有制"本身并不是目的，而是通过铲除剥削赖以存在的经济基础，使广大劳动者获得经济上的解放；是通过消灭旧的分工、消灭由这种分工造成的片面性，使每个社会成员都能得以充分发挥其聪明才智、获得自由而全面的发展。同样，重建个人所有制本身也不是目的，而是要在个人所有制的基础上，通过共同占有，使剥削成为不可能；通过联合劳动，使劳动不再是资本增殖的手段，而是使人获得快乐和幸福的源泉，是为人的自由而全面的发展提供物质基础的手段。即"活的劳动"已不再"只是增殖已经积累起来的劳动的一种手段"，相反，"已经积累起来的劳动只是扩大、丰富和提高工人的生活的一种手段。"因而，在资本主义私有制条件下，"是过去支配现在，……资本具有独立和个性，而活着的个人却没有独立性和个性"。而在未来的个人所有制条件下，"是现在支配过去"（287 页），是具有独立性和个性的活着的个人，驾驭过去的劳动（生产资料等）不断拓展人自由而全面发展的空间领域。

总之，在发展问题上，马克思始终站在历史唯物主义的立场上，坚持以人为本，坚决维护最广大劳动人民的根本利益。因而，在所有制形式的选择上，马克思的最高原则永远是生产关系必须适应生产力的发展。正因为个人所有制不仅有利于促进适应生产力迅猛发展（联合劳动既获分工协作之效，又得规模效应之利），而且又无产生剥削的可能（共同占有剥夺了一些人凭借生产资料的占有无偿他人劳动之权力），因此，马克思把个人所有制认定为能够得以实现人的自由而全面发展的经济基础。

当然，从"消灭私有制"到"重建个人所有制"是一个漫长而复杂的过程。正如马克思所预见的那样："无论哪一个社会形态，在它们所能容纳的全部生产力发挥出来以前，是绝不会灭亡的；而新的更高的生产关系，在它存在的物质条件在旧社会的胎胞里成熟以前，是绝不会出现的。"① 因而，共产党人在明确了发展的目标方向性的同时，更要充分认识沿此方向前进从而趋近目标的复杂性和艰巨性；而在明确了其达到目标的长期性和曲折性的同时，更要始终坚持既定目标不动摇。正确把握方向和途径、目的和手段之间的关系，坚定共产主义理想信念，走中国特色社会主义道路，为最终实现人的自由而全面发展的目标作不懈努力。

（原文发表于《海派经济学》2009 卷第 27 辑）

---

① 《政治经济学批判·序言》，人民出版社 1975 年版，第 3 页。

究竟怎样理解马克思提出的
"重建个人所有制"的理论观点

——再评王成稼先生的理论观点

卫兴华 *

马克思在《资本论》中提出的社会主义要"重新建立个人所有制",是一个需要探讨和研究的学术性的理论问题,目前争论的焦点集中在社会主义究竟是要重建生产资料的个人所有制,还是重建消费资料的个人所有制。王成稼先生在《当代经济研究》2007 年第 10 期和 2009 年第 9 期先后发表了《论"重建个人所有制"逐步实现"共同富裕"》和《再论"重建个人所有制"逐步实现"共同富裕"》,在《经济纵横》2009 年第 2 期发表了《关于"重新建立个人所有制"错误观点和错误翻译的几个问题》。王成稼持后一种观点,我持前一种观点。但王先生除一再以恩格斯《反杜林论》中的解读作为论据外,没有提出任何有说服力的认证与论据。他大肆批判前一种观点的"错误",指责其为"杜林的阴魂不散",还不如谢韬、辛子陵的解读正确,是"别有用心"。然而,拜读了王先生的大作,特别他与我争论的《再论"重建个人所有制"逐步实现"共同富裕"》(以下简称《再论》)一文,看到他的文章充满错误、曲解,是非颠倒和思维逻辑混乱的批驳,本文将在下面予以评析。

一、重建劳动者的生产资料"个人所有制",是"强加于马克思的杜林的错误观点"么

王成稼先生坚持马克思讲的"重建个人所有制"是重建和恢复封建社会

* 卫兴华,中国人民大学经济学院。

末期劳动者的消费资料个人所有制，谁不赞同他的观点，主张应解读为重建被资本主义否定了的劳动者的生产资料个人所有制，是公有制（社会所有制）和个人所有制的统一，就是"杜林的阴魂不散"。在《再论》一文中，多处说我的观点，是杜林的观点。他指出我认为"公有制与个人所有制是等同的，不能区分"，又说"这与杜林强加给马克思的'混沌世界'极其相似。这种混同论是马克思首肯的《反杜林论》驳斥的要点之一"。他又说，卫教授"抱住个人所有制就是公有制，既是个人的又是公共的所有制"。这既是王先生对我观点的曲解和诬责，也是对杜林观点的错解。我认为，马克思讲"重建个人所有制"，是指社会主义通过否定资本主义生产资料所有制，重建被资本主义否定了的劳动者的生产资料所有制。社会主义生产资料所有制这一硬币的两面，是社会主义生产资料公有制和个人所有制。其正面是生产资料公有制，背面是生产资料个人所有制，即马克思自己解述的"联合起来的社会的个人的所有制"。两者既是统一的、相通的，又不是完全相同的概念。王成稼批驳我的观点"既是个人的又是公共的所有制"。这是马克思的观点，有何错误？他又说，我讲"公有制基础上的个人所有就是公有制基础上的公有制"，这也是违背事实的。过去，我们只强调社会主义生产资料公有制，忽视了马克思一再讲的它与生产资料个人所有制的统一关系。忽视这一点，就会片面强调公共利益而忽视个人利益，而且容易成为被一些权贵操纵或为厂长经理把持谋取私利的工具。马克思讲公有制或社会所有制，是从劳动者总体即共同体占有生产资料的角度讲的。而劳动者共同体是由众多劳动者个人组成的，因而公有制应是每个劳动者个人都有份、都得益的所有制。从这个角度讲，社会主义所有制又是众多劳动者的"个人所有制"，但不是作为孤立的单个劳动者个人所有制，而是马克思已说明的"联合起来的社会的个人所有制"。这种将"公有制"和"个人所有制"统一起来的社会主义生产资料所有制，是将公共利益和个人利益统一起来体现社会主义本质的所有制。

　　王成稼先生不顾一个起码的明显的事实，竟将我们的观点（越来越多的学者支持这一观点）视为杜林的观点。第一，杜林是否定和攻击马克思的观点的，而我们是维护和高度赞同马克思的观点的。第二，杜林批评马克思

"既是个人的又是社会的所有制的混沌世界","是从宗教领域中抄袭来的荒唐类比"①。我们认为,社会主义所有制就是也应当既是社会所有的(公有的),又是个人所有的,是两者的统一。马克思讲"在生产资料共同占有的基础上,重新建立个人所有制"(共同占有"即公有或社会所有"—引者),就是主张既是社会的,又是个人的。而杜林却认为二者是矛盾的,不能统一。第三,杜林的错误并不是把个人所有制与生产资料公有制等同,如果是这样,个人所有与公有就不存在矛盾了,就不会是什么"混沌世界"了,只是重叠和同义语反复了。杜林之所以把个人所有制与公有制看成相互矛盾不能统一,是因为他把重建个人所有制,理解为恢复被资本主义消灭的个体劳动者的个人所有制即个人私有制。杜林认为:从 16 世纪以来通过上述方法实现的个人所有制的消灭,是第一个否定,随之而来的是第二个否定,它被称为否定的否定,因而被称为"个人所有制"的重新建立。"既然这种新的'个人所有制'在马克思先生那里同时也称为'社会所有制',那么这里表现出黑格尔的更高的统一,在这种统一中,矛盾被扬弃,……矛盾既被克服又被保存"。在杜林看来,既然被资本主义消灭的"个人所有制",是指个体劳动者的生产资料个人私有制,而第二个否定即否定之否定"被称为个人所有制的重新建立",就意味着是重建劳动者的生产资料的个人私有制。而马克思又讲是在公有制的基础上重建个人所有制,他认为就是把相互矛盾的个人私有制与公有制相混淆。是用否定的否定来扬弃个人私有制与公有制的矛盾,是"矛盾既被克服又被保存"。杜林错解了马克思重建个人所有制的观点。不错,被资本主义否定了的个人所有制,是劳动者的个人私有制,但社会主义重建个人所有制,不是重建劳动者的生产资料个人私有制,而是在更高形式上重建劳动者的生产资料个人所有制。杜林认为马克思讲社会主义重建个人所有制,就是重建与公有制相矛盾的不能并存的个人私有制。因而认为"既是个人的又是公有的"所有制是一种"混沌的"东西。王成稼认为杜林是把马克思讲的重建的个人所有制,与公有制相等同,这是对杜林观点的错解,没有任何根据。

---

① 《马克思恩格斯文集》第 9 卷,人民出版社 2009 年版,第 137 页。

王成稼先生错解马克思与杜林的观点的要害，是把受到杜林攻击的"既是个人的又是社会的"马克思的观点竟颠倒为杜林的观点。本来，马克思讲在生产资料公有制基础上重新建立个人所有制，就意味着"既是个人的，又是社会的"。即使按恩格斯的解读，生产资料公有即社会所有，消费资料个人所有，也是"既是个人的，又是社会的"，是两者的统一，并不矛盾。恩格斯正是据此解释来反驳杜林对马克思"既是个人的又是社会的"攻击的。而王成稼竟然将被杜林攻击的马克思的观点说成是杜林的观点进行批判，从而将我们的观点诬为杜林的观点。

王成稼为了贬斥"重建生产资料个人所有制"的解读，竟然搬出谢韬和辛子陵的观点作为施压的助力。马克思主义学者都认为谢、辛发表于《炎黄春秋》的《试解马克思重建个人所有制的理论与中国改革》一文，是对马克思的错误解读，而王先生竟赞扬其观点的正确。那么请看看谢、辛的解读吧：（一）"……小小一张股票，体现了社会所有与个人所有的统一，公有制与私有制的统一"。（二）我国在民主革命时期，"打土豪、分田地"。"第一步是没收地主的土地，第二步是将土地分给少地、无地的农民。这和马克思主张的第一步没收资本家的财产，第二步重建个人所有制的主张是一致的"。把土地归农民私有看作是重建个人所有制。（三）"马克思说的重建个人所有制，就是民主社会主义道路"。请问王成稼先生，谢、辛观点的正确性在哪里？他们的观点是否就是你的观点？

二、应根据马克思自己的论述解读"重建个人所有制"的本意

改革开放前，我们从事《资本论》的教学与研究，都是按照恩格斯的说明，将重建个人所有制解读为建立消费资料的个人所有制。改革开放以来，人们的思想认识开阔了，对重建个人所有制问题进行了新的探讨。作者进一步查阅和研究马克思关于个人所有制的多方面论述，结合这些论述来解读《资本论》中的"重建个人所有制"，弄清了马克思的本意是重建被资本主义否定了的劳动者的生产资料个人所有制，而不是消费资料的个人所有制，而且结合我国公有制体制的改革，认为马克思讲的在生产资料公有制的基础上

建立联合起来的社会的个人的所有制，具有重要理论和实际意义。作者建议应将马克思关于社会主义公有制与个人所有制的统一，作为我国公有制实现形式改革中的指导思想。

迄今为止，凡能够查到马克思讲建立个人所有制的地方，都是讲的生产资料个人所有制。先让我们考证马克思几处涉及个人所有制的提法的本意。

（1）在《共产党宣言》中，讲到无产阶级取得胜利后的所有制关系时，提出随着阶级差别的消灭，"全部生产集中在联合起来的个人手里"①。因为生产资料是"全部生产"的基础，也可以认为，这里讲得是生产资料集中在联合起来的"个人手中"，即实行联合起来的个人所有制。这里的个人所有，决不能解读为消费资料的个人所有制。"全部生产"归"联合起来的个人"所有，与消费资料的个人所有制不沾边。

（2）马克思在《1861—1863经济学手稿》中，明确指出："资本家即非工人是这种社会大量生产资料的所有者"。"单个工人作为单独的人"，不可能"再恢复对生产条件的所有制"。资本家的所有制"只有通过他的所有制改造为非孤立的单个人的所有制，也就是改造为联合起来的社会的个人的所有制，才可能被消灭"②。这里所讲的资本家的所有制也好，社会所有制也好，个人的所有制也好，都是明确地指生产条件即生产资料的所有制，丝毫不涉及"消费资料的个人所有制"问题。这里将生产条件即生产资料的个人所有制分为两类，一类是"孤立的单个人的所有制"，也就是"各个私的个人"所有制。另一类是"联合起来的、社会的个人的所有制"。前一种作为各个私的个人所有制被资本家的所有制否定后，不能"再恢复"，而只能转化为"社会所有制"和"另一种个人所有制即联合起来的社会的个人的所有制"。弄清马克思这里所讲的几种所有制概念及其关系，对于正确解读《资本论》第一卷中所讲的在生产资料公有制基础上重新建立个人所有制的本意，具有用钥匙开锁的作用。它清楚地表明，资本主义所有制否定了作为"各个私的个人占有

---

① 《马克思恩格斯文集》第2卷，人民出版社2009年版，第53页。
② 《马克思恩格斯文集》第8卷，人民出版社2009年版，第386页。

生产资料"的所有制或"孤立的单个人的所有制",而取代使劳动者和生产条件分离的资本家所有制的,是生产资料的"联合起来的社会的个人的所有制"。整个论述丝毫没有涉及消费资料的个人所有问题。它表明,《资本论》中所讲的重建个人所有制,是重建被资本主义否定了的劳动者的生产资料个人所有制,但不是重建"作为各个私人的"或"孤立的单个人"的个人所有制,而是建立与公有制或社会所有制相统一的联合起来的社会的个人所有制。

(3)在《法兰西内战》中,马克思说:"把现在主要用作奴役和剥削劳动的工具的生产资料、土地和资本变成自由集体劳动的工具以实现个人所有制(原译为个人所有权——引者)。"① 这里依然没有任何空隙让王成稼将个人所有制解读为消费资料的个人所有制。因为马克思明确讲的是"生产资料、土地和资本"的个人所有制。这是消灭资本主义剥削制度后"自由集体劳动"中的个人所有制,也就是否定资本主义生产资料所有制后的社会主义生产资料个人所有制。

(4)在《德意志意识形态》一书中,有这样一段话:"共产主义和所有过去的运动不同的地方在于:它推翻一切旧的生产关系和交往关系的基础,并且第一次自觉地把一切自发形成的前提看做是前人的创造,消除这些前提的自发性,使这些前提受联合起来的个人支配。"② 这里所讲的推翻"一切旧的生产关系和交往关系的基础",是指推翻一切以往的生产资料私有制这一基础。共产主义运动要自觉地发展生产力,要自觉地将作为生产力要素的生产资料"受联合起来的个人支配"。显然,消费资料的个人所有制不会成为"生产关系和交往关系的基础"。"受联合起来的个人支配"的东西,决不是指个人消费品,而是生产资料和整个生产过程。

(5)在《资本论》第1卷中,提出在公有制(或社会所有制)基础上重新建立个人所有制,那么这里所讲的个人所有制究竟是生产资料的个人所有制,还是消费资料的个人所有制,只要联系马克思在其他著作中多次提及的

① 《马克思恩格斯全集》第17卷,人民出版社1963年版,第362页。
② 《马克思恩格斯文集》第1卷,人民出版社2009年版,第574页。

个人所有制都是指联合起来的个人对生产资料的占有，问题就会迎刃而解。就会明确，马克思在《资本论》中所讲的在公有制（或社会所有制）基础上重建个人所有制，是指与公有制相统一的"联合起来的社会的个人的"生产资料所有制。从未讲过资本主义否定或消灭或重建劳动者的消费资料个人所有制问题。《资本论》中是这样讲的："资本主义的私有制，是对个人的、以自己劳动为基础的所有制的第一个否定，但资本主义生产由于自然过程的必然性，造成了对自身的否定，这是否定的否定，这种否定不是重新建立私有制，而是……在协作和对土地及靠劳动本身生产的生产资料的共同占有的基础上，重新建立个人所有制。"① 这里所讲的否定的否定，是指三种生产资料所有制形式的相继否定，资本主义生产资料私有制是通过原始积累否定了个体劳动者的"个人的、以自己劳动为基础的私有制"而建立起来的。讲的是否定了劳动者"个人的"生产资料私有制，也可以说是否定了劳动者的生产资料个人所有制，并不涉及否定"生活资料的个人所有制"问题。因此，按逻辑推理和历史事实，用以否定资本主义私有制的，只能是与社会主义公有制相统一的生产资料的劳动者的个人所有制。否定的否定，不是简单地回到原位，即回归到单独的、孤立的劳动者的生产资料个人所有制去，而是要上升到更高形式的劳动者占有生产资料的所有制形式去。被否定的起点，是劳动者的生产资料个人所有制，否定的否定后的结果只能是劳动者生产资料个人所有制的重建，而不应是"生活资料个人所有制"的回归或回归。

　　然而，王先生反驳我说："卫教授还断言，马克思凡是正面运用'个人所有制'的理论论述问题时，都是讲生产资料的所有制问题，并举例佐证，然而遗憾的是全部文不对题。如'联合起来的个人对全部生产力总和的占有，消灭着私有制'，'无产阶级取得政权后，要将全部生产资料集中在个人手中'，这里讲的都是建立生产资料公有制，而不是公有制基础上的'个人所有制'"。

　　王先生的这种反驳离开了实事求是的学风。第一，他失去理论讨论的诚

① 《马克思恩格斯文集》第5卷，人民出版社2009年版，第874页。

实性。凡我引证马克思明确讲生产资料"个人所有制"的段落，他都有意抹煞。例如，我在《当代经济研究》2008 年第 9 期第 23 页引证马克思 1861 ~ 1863 年手稿中的话：资本家的所有制，只有"改造为联合起来的社会的个人的所有制，才可能被消灭"。显然这里讲的是用生产资料的联合起来的社会的个人所有制去消灭资本家的生产资料所有制。又如，我在《当代经济研究》2009 年第 1 期第 18 页引证马克思《法兰西内战》一书中的话："把现在主要用作奴役和剥削劳动者的生产资料、土地和资本变成自由集体劳动的工具以实现个人所有制"。这里更明确无误地是讲生产资料的个人所有制。王先生回避了这些引文。第二，王成稼硬说马克思讲的"联合起来的个人对全部生产力总和的占有，消灭着私有制"，"全部生产集中在联合起来的个人手中"，都不是讲个人所有制。这是逻辑思维混乱的无理辩解。难道联合起来的个人占有全部生产力总和，或集中全部生产于个人手中，不就是讲生产资料的个人所有制么？生产资料的公共占有就是公有制，个人占有就是个人所有制。只是应区分个人所有制的两种类型，马克思有时只讲公有制（或社会所有制），而有时候又只讲联合起来的个人所有制。特别是在早期著作中，只讲后者为多。虽然没有提及公有制这一概念，但讲"联合起来的个人所有制"已体现着公有制的存在了。《资本论》中讲在"生产资料的共同占有的基础上，重新建立个人所有制"，就是把社会主义生产资料所有制的两方面相统一起来的表述。第三，马克思讲的"全部生产集中在联合起来的个人手中"和"联合起来的个人对全部生产力总和的占有，消灭着私有制"，明确讲的是"全部生产"和"全部生产力"的个人占有，显然不能解读为消费资料的个人占有。王成稼先生不得不说"这里讲得都是建立生产资料公有制"。他把自己绕进去了。因为讲生产资料的联合起来的个人占有即个人所有制，就代表着生产资料的公有制。证明马克思讲的"个人所有制"也好，"个人占有"也好，都不是指消费资料的个人所有，而是与生产资料公有制相一致的个人所有制，完全否定了王成稼的错解。

三、从翻译上大做文章帮了王先生的倒忙

王成稼先生在多篇有关解读重建个人所有制的文章中，一再批评中央编

译局译文的错误，并用以批评主张解读为生产资料的个人所有制的学者。他发表于《经济纵横》2009 年第 2 期的文章《关于"重新建立个人所有制"错误观点和错误翻译的几个问题》一文，从德文和德文词典中找他立论的根据。断言德文德语词典中的"个人所有制"只能是消费资料的个人所有制。我的回应是：第一，在重大理论与学术问题或疑难问题的讨论中，靠搬弄词典来解决问题是没有出路的。第二，杜林的德文水平恐怕不会低于王先生吧！如果德文中的"个人所有制"只有消费资料个人所有制的一种解读，杜林还用恩格斯去纠正他么？他还会无理指责马克思的观点是"混沌世界"么？第三，王成稼的德语水平恐怕不会高于马克思吧？前面引证了马克思的多条关于生产资料的个人占有或个人所有制的论述，可以用以明确地反驳王先生对德文和德语词典的不正确的诠释。第四，马克思所讲的被资本主义否定了的劳动者的个人所有制，指的是生产资料个人所有制，而非消费资料的个人所有制。

王成稼先生坚持"消费资料的个人所有制"的主要理论根据，是恩格斯在《反杜林论》中批评杜林时讲过的一段话：公有制包括土地和其他生产资料，个人所有制包括产品即消费品。这段话在新出版的《马克思恩格斯文集》中，改译为"社会所有制涉及土地和其他生产资料，个人所有制涉及产品，也就是涉及消费品"①。我们始终像敬仰马克思一样敬仰恩格斯。但是，任何伟大人物的著作不可能"句句是真理"。改革开放以来，思想开阔了，重新研究马克思《资本论》中提出的"重建个人所有制"理论，觉得解读为"消费资料的个人所有制"存在问题很多。

第一，从马克思的其他有关著作来看，凡是讲到个人所有制的地方，都是讲的生产资料个人所有制，现在还找不到一处是讲消费资料个人所有制的地方。

第二，从理论逻辑来看，马克思讲否定的否定，是指三种生产资料所有制的否定的否定，不涉及消费资料的个人所有问题，用以否定资本主义生产资料所有制的，应是社会主义生产资料所有制，而不是消费资料的个人所有制。

———————————

① 《马克思恩格斯文集》第 9 卷，人民出版社 2009 年版，第 138 页。

　　第三，马克思讲的是重新建立个人所有制问题。王成稼看重"重新建立"一词，我也看重。但两者引出的理论观点相反。在我看来，"重新建立"的所有制，应是被否定了、已不存在、需要恢复的所有制。被资本主义否定了的所有制是什么？是劳动者的生产资料所有制，而决不是像王先生所理解的那样，是消费资料的所有制。前后被否定的都是指生产资料的所有制。如果被资本主义消灭的是生产资料个人所有制，而重新建立的是消费资料的个人所有制，逻辑上说不通。与否定的否定原理相悖。

　　第四，王成稼强调"重新建立"，是要重新建立封建社会末期的个体劳动者的消费资料个人所有制，这完全是主观编造。没有任何理论与事实根据。再者，重新建立的东西，应是被消灭的东西。试问，资本主义社会的广大工人群众，难道不存在消费资料的个人所有制么？而王先生正是不承认这一事实的。请看他在《再论》一文中对我的反驳：卫某人说什么"生活资料的'个人所有制'在资本主义经济中也存在，然后以这个杜撰出来的事实为依据，说什么既然消费品的劳动者个人所有制，在资本主义经济中没有被消灭，何来'重新建立'的问题呢？这种违背实事求是的推论是没有说服力的"。王先生没有写一句话去说明资本主义社会的工人群众不存在或为什么不存在消费品的个人所有制，只是用武断的口吻否定其存在。请问王先生，资本主义国家工人群众用出卖劳动力所得工资购买来的衣服、食品、用具以及现代工人家庭的家电、汽车等生活消费品，不归工人个人所有吗？难道是归公共所有或别人所有？这样一个日常生活的简单事实，他都敢于牛气冲天地否认，反诬我肯定这一事实是"杜撰出来的事实"，是"违背实事求是的推论"，"是没有说服力的"。再请看王先生接下来对我的质问："如果不剥夺剥夺者，不建立公有制，不在公有制的基础上重新建立个人所有制，劳动者能获得解放吗？能通过按劳分配乃至按需分配，获得丰富的生活资料，从而自由全面发展吗？"用这一套套话、大话能证明资本主义社会不存在消费资料的个人所有制么？用这类大话作为对我肯定资本主义的工人也存在消费品的个人所有制的质问和反驳，完全是牛头不对马嘴的东西，是思维逻辑极其混乱的表现。

　　第五，从马克思的科学社会主义的理论与实践来看，社会主义运动一贯重视所有制问题，强调一定生产资料所有制是一定社会经济制度的基础。经济制度的变革，首先是生产资料所有制的变革，社会主义运动没有提出过消费资料个人所有制的变革问题。社会主义革命，是无产阶级和劳动人民取得政权后，用社会主义生产资料所有制取代旧制度下的生产资料私有制，没有也不需要提出消费资料个人所有制的变革或重建问题。并不存在王先生编造的什么第一步建立生产资料公有制，第二步重建封建社会末期个体劳动者的消费资料个人所有制的事情。所有社会主义国家，都提出过生产资料所有制变革或改革的理论、方针、政策，而从来没有提出过建立或变革消费资料的个人所有制问题。消费资料个人所有的性质、内容和水平，既取决于生产资料所有制，也取决于生产力的发展水平。因而不会存在建立或变革消费资料个人所有制的独立的运动和历史进程。只要生产资料所有制的形式确定了，消费资料的个人所有制的形式也就随之确定了。并不存在王先生编造的什么重建封建社会末期消费资料个人所有制的独立运动过程。

第六，王成稼先生一再引证来作为重建消费资料个人所有制的一个论据，就是马克思在《资本论》中讲的："设想有一个自由人的联合体，他们用公共的生产资料进行劳动，……这个联合体的总产品是一个社会产品。这个产品的一部分重新用作生产资料，这一部分依旧是社会的，而另一部分则作为生活资料由联合体成员消费，因此，这一部分要在他们之间进行分配。"①

其实，马克思的这段话，是用以简单描述和构想未来社会主义共同体中的生产与分配情况，而不是讲重建个人所有制问题。在社会主义公有制经济中，社会总产品是为社会公共所有的社会产品。总产品的分配分为两部分，一部分用于补偿消耗了的生产资料和追加生产资料，将其用于再生产，仍归社会所有。而用作生活资料的部分，分配给社会成员。这是已经建成了的社会主义共同体中的情况，并非作为社会主义革命中用社会主义所有制取代资本主义所有制、重建个人所有制的说明。

第七，恩格斯是从正面讲述社会主义生产资料公有制、消费资料个人所

---

① 《马克思恩格斯文集》第 5 卷，人民出版社 2009 年版，第 96 页。

有制这一社会主义经济特点的，没有按照"重新建立"个人所有制的思路去
解读。只用这个解读也可以反驳杜林对马克思"既是个人的又是社会的"理
论的攻击。就反驳杜林的攻击来说，将个人所有制解读为消费资料的个人所
有制也有其正面意义。而王成稼搬用恩格斯的解读，却把恩格斯反驳杜林攻
击马克思"既是个人的，又是社会的"观点，同样当作杜林的观点来批判。

四、思维逻辑混乱的指责与批评

王成稼的文章中充满了逻辑思维混乱的错误指责与批判。篇幅所限不能
全面辩驳，只摘其中一段。王先生讲："卫教授文章中的一个大标题是《'重
建个人所有制'是建立'联合起来的社会的个人所有制'》"……"这个标题
本身就是错误的：（一）不是建立，而是重建和恢复，因为有一个在封建社会
末期或资本主义初期存在而被否定的目标，所以才产生重建或恢复；（二）引
文有误，原文是'联合起来的社会个人的所有制'，论的是所有制的社会性
质，是孤立的单个个人的还是联合起来社会个人的，也就是说是私有制还是
公有制，而不是'个人所有制'；（三）个人占有和公共占有是互相排斥的。
'生产资料的占有只能有两种形式：或者是个人占有……或者是公共占有……
必须以无产阶级所拥有的一切手段来为生产资料转归公共占有而斗争。凡是
个人占有的地方，公共占有就成为不可能'①，由此可见，二者的关系不是
'既是个人的，又是公共的。'"

王先生提出的对上述三点"错误"的批评，没有一条是正确的。

所谓标题的第一个错误。我在《当代经济研究》2009 年第 9 期的论文中
的第一个标题是《重建"个人所有制"是建立联合起来的社会的个人所有
制》。标题的前两个字明明写的是"重建"，而王先生批评说"不是建立而是
重建和恢复"。本来，所谓重建，是重建或恢复被资本主义消灭了的劳动者的
生产资料个人所有制。但不是劳动者的单个个人所有制的回归，更不是个人
私有制的回归，而是要建立更高形式上的劳动者的生产资料个人所有制。这

---

① 《马克思恩格斯选集》第 4 卷，人民出版社 1995 年版，第 490～491 页。

种与公有制相统一的个人所有制，不能使用"重建"一词。因为被消灭的个体劳动者不存在这种更高形态上的个人所有制。

所谓标题的第二个错误，是"引文有误，原文是'联合起来的社会个人的所有制'……是私有制还是公有制，而不是个人所有制。"王先生的这一批评，既表明他德文水平不高明，又存在思维逻辑上的混乱，试问"联合起来的社会的个人所有制"，与"联合起来的社会个人的所有制"有什么内容上的区别么？这句话本来是译文，我认为讲"社会的个人"，比讲"社会个人"更清楚。而"个人的所有制"，与"个人所有制"，是一样的概念。而王先生竟认为，"个人的所有制"不是"个人所有制"。我认为译文用"联合起来的社会的个人所有制"，更明确和简练。我在发表于 2009 年第 1 期的《当代经济研究》的文章中，就引用了张开焕和张仲朴的译文："联合起来的、社会的个人所有制"，并说明这个译文更明确。而王成稼竟指责这个译文不符合原文。原文是德文，王先生应讲明，这个译文与德文原文相比有什么错误呢？王先生说，"联合起来的社会个人的所有制"，"说的是私有还是公有"。但私有或公有都是生产资料所有制（决不能是私有），不是消费资料个人所有制。这又是王先生的自我否定！

所谓标题的第三个错误，是"个人占有和公共占有是相互排斥的"。看来王先生是认为，"个人所有制"说的是消费资料的个人所有；而"个人的所有制"即加了个"的"字，就说的是生产资料的个人所有了。这种见解是真正的荒唐！我的论文"标题"根本没有涉及这个问题，何来错误？更重要的是王先生在这个问题上的引文存在断章取义、误解和错解。他根据恩格斯在《法德农民问题》一文中讲的"生产资料的占有只有两种形式，或者是个人占有……或者是公共占有"，便得出结论："由此可见，二者的关系不是'既是个人的又是公共的'"。王先生引用恩格斯的这段话，却不去弄清这段话的内容是什么涵义，要解决什么问题。恩格斯讲这些话的背景是社会主义该怎样对待小农的土地问题。这里涉及法国社会党人的土地纲领中的错误观点。恩格斯说："应该如何帮助农民，不是作为未来的无产者，而是作为现时的私有者的农民来帮助，同时又不违背社会主义总的纲领的基本原则"。它对"纲领"中所讲的社会主义的职责在于一方面要剥夺大片领地的所有者，使其成为公有的形式，"另一方面，社会主义同样迫切的职责就在于维护自食其力的农民占有自己的小块土地"。恩格斯认为不应使个体农民对小块土地的私人占有固定化，因而提出："法国纲领中应该加上下面这几句，即生产资料的占有只能有两种形式，或者是个人占有，这一形式一天天地越来越被工业的进步所排除；或者是公共占有，这一形式的物质的和精神的前提都已经由资本主义社会的发展本身造成了；所以，必须以无产阶级所有的一切手段来为生产资料转为公共占有而斗争"。恩格斯继续评论说："所以社会主义的利益决不在于维护个人占有，而在于排除它，因为凡是个人占有还存在的地方，公共占有就成为不可能。"①

可以看出：恩格斯讲的生产资料的占有的两种形式，即个人占有或公共占有，是指怎样对待小农经济的土地占有而言的。社会主义不应维护小农对小块土地的个人占有即个人所有，而应使其转变为公共占有即公共所有。这两者显然是对立的。而马克思在《资本论》中所讲的社会主义要重建的个人所有制，并不是与公有制相对立的个体劳动者的个人私有制，而是与公有制相通的个人所有制。王先生竟用错解恩格斯关于两种对立的占有形式来否定马克思的重建生产资料个人所有制的原意。恩格斯强调：土地的小农个人占有或所有，同土地的公共占有或所有，是对立的两种占有形式，就此而言，确实不能"既是个人的又是公共的"。而杜林正是按这种理解来攻击马克思讲的在生产资料公有制基础上重建个人所有制是"既是个人的又是社会的"。本来，恩格斯讲的问题是，个体农民的生产资料个人占有（所有）和公共占有（公有）是矛盾的，不能"既是个人的又是公共的"。而王先生竟把马克思讲的社会主义生产资料所有制的建立问题，同恩格斯讲的社会主义怎样对待小农土地占有的纲领和政策问题绞在了一起，搅乱了理论是非。

（原文发表于《当代经济研究》2010 年第 6 期）

---

① 《马克思恩格斯选集》第 4 卷，人民出版社 1995 年版，第 490、491 页。

第三编　2011 年以来

用唯物史观的方法理解劳动者个人所有制

——读原苏联学者《在社会主义条件下重建个人所有制的含义》一文的思考

何干强[*]

一、关于劳动者个人所有制争议的简要回顾

马克思指出："从资本主义生产方式产生的资本主义占有方式，从而资本主义的私有制，是对个人的、以自己劳动为基础的私有制的第一个否定。但资本主义生产由于自然过程的必然性，造成了对自身的否定。这是否定的否定。这种否定不是重新建立私有制，而是在资本主义时代的成就的基础上，也就是说，在协作和对土地及靠劳动本身生产的生产资料的共同占有的基础上，重新建立个人所有制。"[①]

自从《资本论》第一卷问世以来，上述这段话中的"个人所有制"就备受关注，并形成两类不同性质的争议。一类是马克思主义与反马克思主义性质的争议。远的有，当年德国资产阶级学者杜林责难马克思，说"个人所有制""既是个人的又是社会的"，这是"所有制的混沌世界"，恩格斯则在《反杜林论》中对其强加于人的恶劣作风和形而上学的思维方法进行了深刻批判。[②] 近的有，在我国经济体制改革的大潮中，有人把"个人所有制"解读为"人人皆有的私有制"或股份制中的私人股份占有制，根本背离了马克思强调的"这种否定不是重新建立私有制"。另一类则是马克思主义学者之间在文本理解上的争议。这类学者的共同点是，都肯定马克思所讲的第二次否定

---

* 何干强，南京财经大学经济学院。

① 《资本论》第1卷，人民出版社2004年版，第874页。

② 参见《马克思恩格斯选集》第3卷，人民出版社1995年版，第472~475页。

不是重新建立生产资料私有制，都认为"个人所有制"与社会主义的公有制（或社会所有制）是不矛盾的、统一的；但是，对马克思提出的"个人所有制"究竟是指生产资料的所有制，还是指消费资料的所有制，则各执一端，见仁见智。

这两类理论争议都具有现实意义。前者是捍卫马克思主义之必需，有助于明确经济体制改革的社会主义方向；后者则有助于相互启发，集思广益，深化对马克思原创性经济学原理的理解，有重要理论价值和学术价值。

二、苏联学者康德拉索夫的观点值得重视

关于"个人所有制"的理论含义，新中国马克思主义学界的研讨已经持续了许多年①，至今仍存在观点上的分歧。② 其实，在国外也有关于这个专题的争议。笔者在这里向读者推荐苏联学者瓦西里·吉洪诺维奇·康德拉索夫（Василий Тихонович кодрашов）上世纪 80 年代末的一篇论文《在社会主义条件下重建个人所有制的含义》。了解一下他的观点，有助于我们开阔视野，深化研讨。

B. T. 康德拉索夫教授 1954 年毕业于莫斯科大学，1975 年到莫斯科普列哈诺夫国民经济学院商业系任教，是理论经济学博士生导师，原苏联研究马克思"个人所有制"的著名学者。笔者 1990 年 10 月至 1991 年 3 月在该院访问进修期间，他是指导老师。当时已 66 岁的他对笔者说，马克思关于个人所有制的思想对理解社会主义生产关系具有重要意义，但是苏联理论界目前（众所周知，当时苏联私有化思潮盛行，正处于资本主义复辟的前夜）对这个问题的研究并不重视。当他听说中国理论界对这个问题有较多的讨论时很高

---

① 新中国在 1978 年之前就有介绍个人所有制的文章，参见高松：《什么是个人所有制》，载于《学习》1955 年总第 88 期。1978 年以后研究学者不断增加，到 1989 年，对该专题的探讨已成为理论经济学的热点之一。参阅卢岱、余辉：《关于"重新建立个人所有制问题"》，载于《〈资本论〉研究资料和动态》第 6 集，江苏人民出版社 1985 年版；杜浩智：《马克思"重新建立个人所有制"理论与社会主义的所有制》，引自《经济研究》编辑部：《中国社会主义经济理论问题争鸣（1985—1989）》，中国财政经济出版社 1991 年版。

② 参阅卫兴华：《解读"重新建立个人所有制"必须弄清的几个问题》，王成稼：《恩格斯解读"个人所有制"最符合马克思的原意》，两文均刊登在《当代经济研究》2010 年第 12 期。

兴，就把代表他当时最新研究成果的《在社会主义条件下重建个人所有制的含义》一文签上名字，连同载文的《经济科学》（Экономические Науки）1989 年第 11 期杂志送我作纪念。

康德拉索夫在该文的一个注释中说，他在论述中"采取了高度的理论抽象，没有分析在现实社会主义条件下保留非社会化劳动形式的问题"，也就是说，他是以全社会实行纯粹的公有制或社会所有制作为分析的前提的，主要是为了从抽象的理论层面弄清马克思关于个人所有制文本的含义。

这篇论文力图以唯物史观解读个人所有制，在研究方法上给我们不少有益的启示。康德拉索夫认为：

（1）个人消费品所有制在资本主义社会也是存在的，它不可能因资本主义社会向社会主义转变而消除。这就是说，个人消费品所有制是不能用以表现社会经济制度的历史性质的。

（2）一定社会制度的历史性质主要在生产资料所有制的历史特征上体现出来，因此，共产主义社会的特征应当在生产资料所有制的特征上得到表现；生产资料的劳动者个人所有制就是体现共产主义（社会主义是其第一阶段）公有制特征的范畴。

（3）个人所有制的个人不是指一般的个人，而是指劳动者；因此，应当把个人所有制理解为劳动者个人所有制，并把它与社会主义生产方式紧密结合起来理解，弄清两者之间的内在联系。

（4）在社会主义条件下（这里指马克思所说的商品货币关系已消亡了的社会主义），生产方式或生产要素的结合方式具有自己的历史特点，它是每一个劳动者同公有生产资料的结合，但这只能是具有自由个性的劳动者以联合劳动形式与劳动者联合体掌握的、只有协作劳动才能在生产中占有的公有生产资料的直接结合。这是一种全社会范围内的直接社会劳动形式。

（5）一定社会形式的劳动是相应的生产资料所有制的物质基础。与资本主义私有制相适应的是劳动力买卖的雇佣劳动形式，雇佣形式的劳动是资本主义私有制的物质基础。与劳动者个人所有制相适应的是直接社会劳动形式，直接社会劳动是劳动者个人所有制的物质基础。因此，个人所有制并不是与劳动者共同占有生产资料相对立的，而是每个劳动者都通过联合体的协作劳动在直接生产过程中占有生产资料。

（6）个人所有制作为生产资料所有制关系，同其他生产资料所有制关系一样，是生产资料所有者在直接生产过程中对劳动者的劳动、劳动成果的占有关系，其特征是由作为联合体的总体劳动者占有每个生产者的劳动和劳动成果的关系，这是一种彻底排除了剥削关系的占有关系。总体劳动者的成果，应当既满足整个社会的要求，又满足每个单个成员要求。

（7）个人所有制作为与直接社会劳动相适应的生产关系，消除了生产和占有生产成果之间的对抗性，但是不会消灭矛盾本身。社会主义仍然存在生产的社会性与占有生产成果的集体形式之间的矛盾（康德拉索夫认为这是社会主义的主要矛盾）。这个矛盾的产生是与总体劳动者占有每个劳动者劳动的质与量的规定性相联系的，它的解决取决于与它相适应的分配方式，这就是按劳分配。它决定了社会主义条件下个人所有制的消费品分配的历史特征。

上述要点反映出，康德拉索夫《在社会主义条件下重建个人所有制的含义》这篇论文，是从生产资料所有制关系这个社会制度的经济基础层面来理解马克思的个人所有制范畴的。根据他的理解，可以认为，劳动者个人所有制揭示出的是资本主义制度被彻底消灭之后的生产资料公有制，在劳动者主体方面显示出的特征包括：自主结合成从事协作劳动的联合体、从事直接社会劳动、对劳动成果实行按劳分配等。他从生产方式、劳动社会性的实现形式和分配关系等相互联系的方面分析劳动者个人所有制，体现了唯物史观的基本方法。

三、用唯物史观的方法深化对劳动者个人所有制的理解

今天，我们有必要进一步应用唯物史观的方法论，科学回答我国理论界提出的新问题，以推进本专题研讨的进一步深化。为此，笔者提出以下几点看法。

（一）从辩证逻辑的角度理解恩格斯与马克思关于个人所有制阐释的一致性

我国理论界争议颇大的一个问题是，恩格斯关于个人所有制的阐释与马克思的原意是否存在矛盾。从康德拉索夫的论文中可以知道，这种争议在苏联也存在过。我们知道，恩格斯在《反杜林论》中指出，在生产资料社会所有制基础上重建个人所有制，"对于任何一个懂德语的人来说，这也就是说，社会所有制涉及土地和其他生产资料，个人所有制涉及产品，那就是消费品"①。据此，一些学者认为，恩格斯的解释十分清晰，个人所有制就是消费品的个人所有制，不是指生产资料的个人所有制；而恩格斯引用的马克思在《资本论》第一卷中的一段话也指出："设想有一个自由人联合体，他们用公共的生产资料进行劳动……这个联合体的总产品是一个社会产品。这个产品的一部分重新用作生产资料。这一部分依旧是社会的。而另一部分则作为生活资料由联合体成员消费。因此，这一部分要在他们之间进行分配。"② 因而他们认为，马克思关于个人所有制的阐释同恩格斯是一样的，指的是消费品个人所有制。

然而另一些学者则认为，马克思个人所有制的原创性含义指的是生产资料所有制，而不是消费品所有制；马克思在《资本论》中虽然没有明确把个人所有制表达为生产资料所有制范畴，但是他在其他论著中有明确的阐述。例如，在《法兰西内战》中，马克思十分清楚地在生产资料所有制的含义上使用"个人所有制"范畴；③ 在 1861～1863 年的《经济学手稿》中，则明确地指出，资本家占有"社会生产资料"的这种对立的形式一旦消除，结果就会是联合起来的工人"社会地占有而不是作为各个私的个人占有这些生产资料"，资本主义私人所有制只有"改造为非孤立的单个人的所有制，也就是改

---

① 《马克思恩格斯选集》第 3 卷，人民出版社 1995 年版，第 473 页。
② 《资本论》第 1 卷，人民出版社 2004 年版，第 94 页。
③ 参见《马克思恩格斯选集》第 3 卷，人民出版社 1995 年版，第 59 页。

造为联合起来的社会个人的所有制，才可能被消灭"。① 所以，马克思的劳动者个人所有制，只能理解为联合起来的劳动者个人共同占有社会生产资料的所有制。

我认为，在马克思主义学者内部的以上分歧，通过深入理解马克思和恩格斯阐述个人所有制的辩证逻辑或辩证方法，是可以消除的。不难看出，在上述学者对原著的引证中，马克思既阐明了，在否定了资本主义私有制之后，生活资料要在劳动者个人之间分配（在社会主义阶段实行按劳分配，也就是消费品属个人所有），又明确指出，生产资料公有制就是"联合起来的社会个人的所有制"。其实，恩格斯在《反杜林论》中指出个人所有制涉及消费品之后，在对否定之否定规律的进一步阐述中，与马克思一样，也明确地从生产资料所有制范畴角度阐述了个人所有制。恩格斯指出，马克思关于否定之否定的那段话，概述了"关于资本的所谓原始积累的经济研究和历史过程的最后结果"，资本的所谓原始积累，在英国就是"否定以劳动者自己生产资料的私有制为基础的小生产"，"消灭以自己劳动为基础的私有制"，"这种从个人的分散的生产资料到社会的集中的生产资料的转化，就构成资本的前史"；② 然后，恩格斯引证马克思的话指出，资本主义生产方式一旦站稳脚跟，"现在要剥夺的已经不再是独立经营的劳动者，而是剥削许多工人的资本家了。……剥夺者就要被剥夺了。"③ 不言而喻，被剥夺的正是资本家私人掌握的"社会生产资料"，所以否定资本主义私有制而重新建立的正是生产资料范畴意义上的劳动者个人所有制。可见，马克思和恩格斯完全一致地认为个人所有制既属于生产资料所有制范畴，又涉及消费品的个人所有或在劳动者个人之间分配。他们在个人所有制含义的阐释上是一致的。

这里不应忽视三个要点：其一，唯物史观认为，消费品的分配关系和生产资料的所有权关系是同一生产关系具有内在联系的两个方面，前者不过是

---

① 《马克思恩格斯全集》第 48 卷，人民出版社 1985 年版，第 21 页。
② 《马克思恩格斯选集》第 3 卷，人民出版社 1995 年版，第 477 页。
③ 《马克思恩格斯选集》第 3 卷，人民出版社 1995 年版，第 475～476 页。

后者的结果。① "分配关系不过表示生产关系的一个方面。"② 正因为如此，马克思和恩格斯才既从生产资料所有制范畴的角度论述个人所有制，又讲个人所有制涉及消费品。

其二，恩格斯在说"社会所有制涉及土地和其他生产资料，个人所有制涉及产品，那就是消费品"的时候，似乎谈了两种不同类型的所有制，其实不然。须知，恩格斯这样表述是针对杜林的形而上学思维方法的，是批判杜林的需要。对于只会用非此即彼的形式逻辑或者形而上学方法进行思维的杜林来说，同一生产关系存在相互联系的生产资料的所有权关系和消费品的分配关系，这就等于说一种所有制"既是个人的又是社会的"，这是自相矛盾的。恩格斯为了让杜林理解对他的批判，就不能不把生产资料占有方式和个人消费品占有方式这两种规定性分开表述。这也有助于习惯用形式逻辑进行思维的一般读者理解马克思论述的个人所有制范畴看似矛盾其实并不矛盾，从而认识杜林的肤浅和错误。

其三，马克思之所以在阐述对资本主义私有制的否定时，要用个人所有制来表达生产资料公有制，是为了让人们明白，资本主义自所谓原始积累以来的历史进程及其发展趋势正好体现了一般辩证法的否定之否定规律。资本主义私有制否定了"个人的、以自己劳动为基础的私有制"，这是第一次否定；但是在资本主义私有制发展中孕育出的社会化生产的新生产方式，必然造成对它自身的否定，这第二次否定"不是重新建立私有制"，而是重新建立起与第一次否定了的所有制形式有某种相似性的劳动者"个人所有制"。这种相似，也就是劳动者的个人自由、劳动者与生产资料的直接结合的"痕迹"。但是，这绝不是回到小生产的私有制，而是在公有制和社会化大生产基础上建立起"联合起来的社会个人的所有制"。这个历史过程和发展趋势，正好体现出劳动者与生产资料直接结合的生产方式从低级到高级的螺旋式上升的历史辩证法。

---

① 参见《马克思恩格斯选集》第 3 卷，人民出版社 1995 年版，第 306 页。
② 《资本论》第 3 卷，人民出版社 2004 年版，第 1000 页。

可见，只要我们遵循唯物史观的辩证方法，深入领会马克思与恩格斯的有关论述，就会得出，他们关于个人所有制含义所表述的思想是一致的、不矛盾的。

（二）劳动者个人所有制是对阶级所有制的彻底否定

前面提到，康德拉索夫把马克思的个人所有制表述为"劳动者个人所有制"；前面加上"劳动者"，这是很有必要的。在我国的研讨中，有的学者把个人所有制理解为"个人产权的界定"，类似于股份公司制中的个人对股份的占有，这是很值得商榷的。① 马克思的个人所有制意味着，每个劳动者在共同占有社会生产资料（生产资料公有制）的基础上，从事直接社会性的协作劳动，并通过按劳分配占有属于个人的消费资料；而股份制中的个人占有股份，本质是私人对资本化的生产资料的占有，而占有股权的私人可以是非劳动者的私人，因此，股份制股权占有的社会性质与劳动者个人所有制的社会性质存在本质上的差别。再说，马克思的劳动者个人所有制是以商品货币关系已经消亡的劳动者的直接社会劳动为前提的，到那时，与商品货币关系必然联系在一起的信用制度已不再存在，股份制必然消亡，又怎么会有股份制那样的"个人产权的界定"呢？

必须充分认识到，辩证法中的否定之否定规律展示了事物从低级向高级、从简单到复杂、从不发达到发达的自我扬弃（既有克服又有保存）的螺旋式上升的发展过程。每个客观事物向前发展的过程都有自身的否定之否定。就劳动者与生产资料能够直接结合的生产资料所有制的发展而言，小生产的劳动者私人所有制发展到一定程度，被资本主义私有制所否定；资本主义私有制发展到一定程度，又必将被公有制基础上的劳动者个人所有制所否定。但是，这前后两次否定，存在质的区别。第一次否定或扬弃，克服的是劳动者个人与生产资料的直接结合，但是保存了私人占有或私有制，并发展起社会

① 参见《经济研究》编辑部编：《中国社会主义经济理论问题争鸣（1985—1989）》，中国财政经济出版社 1991 年版，第 143～144 页。

化的生产方式；第二次否定或扬弃，则以生产资料公有制取代了（克服了）私有制，保存和进一步发展了社会化的生产方式，并使劳动者个人与生产资料的直接结合重新建立起来，而且是在更高级的阶段上，即以劳动者个人的自由联合、以全社会的协作劳动建立起来。所以，前后两次否定的一个根本的区别是，第二次否定是对包括"个人的、以自己劳动为基础的私有制"和资本主义私有制在内的全部私有制的彻底否定，是对马克思所指出的阶级社会的"阶级的所有制"① 的彻底否定，而重建的则是消灭了阶级的所有制，是全体劳动者个人自主联合、共同占有社会生产资料的公有制。正因为如此，劳动者个人所有制与私有制相比，意味着人类社会将进入到不再存在阶级差别的一个自由人联合体经济的高级阶段。可见，马克思的个人所有制与生产资料的私有产权是风牛马不相及的，绝不能用私有制的观念来曲解它！

（三）充分认识劳动者个人所有制与我国现实经济形态中公有制的区别和联系

在马克思关于小生产私有制经过否定之否定发展到重建劳动者个人所有制的论述中，后者是作为历史发展的必然趋势提出来的，它是一个抽象的理论范畴。尽管劳动者个人所有制实质上就是共产主义（社会主义是第一阶段）公有制，但是，抽象的范畴毕竟不同于具体事物。为了正确地发挥科学理论对经济实践的指导作用，我们有必要研究劳动者个人所有制与我国现实中已经建立的社会主义公有制的区别和联系。

它们的区别主要是：（1）前者是纯粹的生产资料公有制，不仅是彻底否定了一切私有制的公有制，而且也是消灭了商品货币关系的公有制；后者则是在现实生产力发展水平的历史条件下与非公有制经济并存的、在全社会占主体地位的公有制，是与商品货币关系结合在一起的公有制，既有采取国有制形式的全民所有制，又有以家庭承包经营为基础、实行集体与家庭统分结合双层经营体制的农村土地集体所有制。（2）前者建立在全社会劳动者自主

---

① 《马克思恩格斯选集》第 3 卷，人民出版社 1995 年版，第 59 页。

联合劳动的基础上，全体劳动者与社会生产资料已经实现了全社会范围的直接结合，在全社会从事直接社会性的劳动；后者则只是在公有制企业范围内实现劳动者与公有制生产资料的直接结合，但是，公有制企业的劳动者作为企业总体工人进行的劳动，相对于全社会来说，还不具有直接的社会性，还必须在国家计划的指导下把产品作为商品来生产，投入市场实现，才能转化为社会劳动。（3）前者对劳动者个人消费品的按劳分配在做了必要的社会扣除之后，在全社会范围直接进行；后者对劳动者个人消费品的按劳分配，则只能在企业生产的商品获得市场实现的前提下，扣除应交国家的税费，在企业内部进行；公有制企业虽然都贯彻按劳分配原则，但是相互之间存在生产条件、地区发展水平等多方面因素引起的差别，集体企业之间在个人消费品分配上就更存在明显差别；国有企业（本质上是全民所有制企业）之间还需要国家进行必要调节，才能做到企业间的公平按劳分配。不言而喻，我们不应当用劳动者个人所有制范畴的基本规定性简单地裁剪现实，而应当从社会生产力发展的实际水平出发，在坚持社会主义基本经济制度的实践中努力完善社会主义公有制的现实形态。

但是，我们也必须充分认识到，劳动者个人所有制与我国现实的公有制在内涵上具有共同性。现实的全民所有制和集体所有制都是对生产资料私有制的否定，都有条件要求在企业内部消灭剥削关系，劳动者取得主人翁的地位（“鞍钢宪法”的两参一改三结合、“厂务公开”等是具体表现形式），都有条件要求以各种具体形式贯彻按劳分配原则，尤其是在国民经济中起主导作用的全民所有制经济或国有经济，更表明其发展的趋势就是全体劳动者占有生产资料的公有制形式，也就是劳动者个人所有制。深刻理解这些内涵上的共同性，有助于我们坚定向共产主义前进的信念。

改革开放以来，我国为了适应社会生产力的发展，调整了生产资料的所有制结构，提出鼓励、支持、引导非公有制经济发展，这无非是为了实事求是地遵循否定之否定规律，也就是把过去否定太多的非公有制经济再给予一定的恢复。然而，我们必须看到，对小生产私有制和资本主义私有制的否定之否定的历史过程，实质是人类社会自身发展必将彻底否定私有制的过程。

全社会实现公有制或劳动者个人所有制，是历史前进的大方向，是不以人的意志为转移的发展趋势。所以，我们在多种经济成分并存的社会主义初级阶段，应当遵循客观经济规律，更努力地维护社会主义公有制的主体地位，促进公有制经济的发展，为社会逐步向高级阶段发展而努力奋斗。

（原文发表于《国外理论动态》2011 年第 6 期）

马克思"重建个人所有制"的思想探析

周 宇 程恩富*

马克思在《资本论》第 1 卷分析资本主义积累的历史发展趋势时，提出在终结了资本主义制度的未来社会应"重建个人所有制"。

对这个命题应如何解释，20 世纪以来中外理论界一直在进行激烈的争论，至今尚无一个明确的结论。这个问题，由于事关对未来共产主义社会的理解，事关我国社会主义建设和改革的基本方向，因而被公认为是政治经济学研究领域的尖端性问题，甚至被一些学者称为这个领域的"哥德巴赫猜想"。

在众说纷纭之中，本文认为，目前有关这个问题的大多数观点恐怕已偏离了正确的理解方向。综合马克思、恩格斯的著作来看，他们对于未来共产主义社会的所有制形态已表述得非常清楚，立足于这些清楚无误的表述，"重建个人所有制"这个命题实际不难理解。后人出现了很多误解，在很大程度上，是由于这里所使用的是否定之否定的表述方式引起了误解和猜测，也阻碍了人们对这个问题的准确认定和联系实际的思考。

一、《资本论》中的原叙述和恩格斯《反杜林论》作出的"重建消费资料个人所有制"的解读

"从资本主义生产方式产生的资本主义占有方式，从而资本主义的私有制，是对个人的、以自己劳动为基础的私有制的第一个否定。但资本主义生产由于自然过程的必然性，造成了对自身的否定。这是否定的否定。这种否定不是重新建立私有制，而是在资本主义时代的成就的基础上，也就是说，在协作和对土地及靠劳动本身生产的生产资料的共同占有的基础上，重新建

---

* 周宇，山东财经大学经济学院；程恩富，中国社会科学院马克思主义研究院。

立个人所有制。"①

这是马克思关于"重建个人所有制"的原叙述,他使用了否定之否定的辩证法表述方法。

后来,杜林攻击马克思在这里描述了一个"既是个人的又是公共的所有制"的"混沌世界",留下了"深奥的辩证法之谜"。

为了反驳杜林的攻击,恩格斯在《反杜林论》中专门对这段话进行了解释,他指出:"靠剥夺剥夺者而建立起来的状态,被称为以土地和靠劳动本身生产的生产资料的公有制为基础的个人所有制的恢复。对任何一个懂德语的人来说,这就是,公有制包括土地和其他生产资料,个人所有制包括产品即消费品。"

恩格斯又引用《资本论》书中所述,说马克思为了使甚至六岁的儿童也能明白,还在同书中描述了一个"自由人联合体,他们用公有的生产资料进行劳动,并且自觉地把他们的许多的个人劳动力当做一个社会劳动力来使用","这个联合体的总产品是社会的产品。这些产品的一部分重新用作生产资料。这一部分依旧是社会的。而另一部分则作为生活资料由联合体成员消费。因此,这一部分要在他们之间进行分配"。②

对于恩格斯的这个解释,后来的列宁也完全赞同,他为批判俄国民粹派而写的《什么是"人民之友"以及他们如何攻击社会民主主义者?》这部书中,就转摘了恩格斯与马克思的上述言语,并加注写道:"对任何一个懂德语的人来说(懂俄文也一样,米海洛夫斯基先生,因为译文完全正确),这就是,公有制包括土地和其他生产资料,个人所有制包括产品即消费品。"③

恩格斯在《反杜林论》一书的序言中曾提到,该书所阐述的世界观,绝大部分是由马克思所确立和阐发的,只有极少部分是属于他自己的。事实上,这部著作如果没有马克思的同意就不会完成。恩格斯还指出,在书付印之前,他曾把全部原稿念给马克思听,而且书中经济学那一编的第十章《〈批判史〉

---

① 《资本论》第 1 卷,人民出版社 1975 年版,第 832 页。
② 《马克思恩格斯全集》第 20 卷,人民出版社 1971 年版,第 143～144 页。
③ 《列宁选集》第 1 卷,人民出版社 1995 年版,第 35～41 页。

论述》就是由马克思写的。由此可见，《反杜林论》一书基本可以认为是恩格斯和马克思合写的，恩格斯对"重建个人所有制"的科学解释应是马克思赞同的。

对于什么是"重建个人所有制"，中外出现了各种各样的新旧说法。比如有"劳动者个人对于生产资料的联合占有制"①、"溶解于公有制之中的生产资料个人所有制"②、"社会主义公有制基础上人人都有一份的个人所有制"③、"生产资料公有制基础上的真正的劳动力个人所有制"④、"劳动者的劳动个人所有制"⑤、"社会主义劳动者对自己的劳动及其产品的局部个人所有制"、"既不是公有制，也不是私有制的劳动者所有制"、"人人皆有的私有制"⑥ 等等，还有认为家庭联产承包责任制就是马克思"重建个人所有制"的初步体现⑦。

今天，在理论界还有一种比较流行的说法是将它同股份制这种形式联系起来，比如认为财产的社会化、公众化、股份化是走向"重建的"个人所有制的途径⑧；还有人干脆就说股票体现了社会所有与个人所有的统一，体现了

---

① 戴道传：《论公有制基础上的个人所有制》，载于《江汉论坛》1981 年第 3 期。

② 罗郁聪、王瑞芳：《"重新建立个人所有制"辩》，载于《中国经济问题》1983 年增刊；卢钦堂：《马克思说的"重新建立个人所有制"究竟是什么意思?》，载于《经济科学》1983 年第 4 期；黄世雄：《如何理解"重新建立个人所有制"》，载于《经济理论与经济管理》1983 年第 6 期；孔陆泉：《"个人所有制"和我国现阶段基本经济制度》，载于《学习与探索》2010 年第 3 期。

③ 梁万成：《马克思讲的"个人所有制"就是指生活资料的个人所有制吗?》，载于《江淮论丛》1982 年第 2 期；卫兴华：《究竟怎样理解马克思提出的"重建个人所有制"的理论观点》，载于《当代经济研究》2010 年第 6 期。

④ 宋远肇：《生产资料公有制基础上的劳动力个人所有制》，载于《学术月刊》1983 年第 7 期；肖源：《生产资料公有制基础上的劳动力个人所有制》，载于《经济理论与经济管理》1985 年第 4 期。

⑤ 牛养商：《论社会主义劳动个人所有制》，载于《经济问题探索》1985 年第 10 期；刘德福、陈述君：《论马克思的"个人所有制"》，载于《学习与探索》1989 年第 1 期。

⑥ 吉铁肩、林集友：《社会主义所有制新探》，载于《中国社会科学》1986 年第 3 期；葛守昆：《马克思的"个人所有制"就是劳动者所有制》，载于《马克思主义研究》1986 年第 3 期；孙连成、林慧男：《马克思恩格斯是如何看待私有制的》，载于《光明日报》1988 年 12 月 19 日。

⑦ 李萌：《论马克思"重建个人所有制"与农村家庭联产承包责任制》，载于《中共乐山市委党校学报》2008 年第 3 期。

⑧ 厉以宁：《进一步开展公有制形式的探讨》，载于《经济导刊》2002 年第 3 期。

公有制与私有制的统一，体现了生产资料与生活资料的统一①。

对于上述观点②，在这里已无法一一作出评论，但我们认为这些看法都有欠妥当。为什么必须坚持马克思认同的恩格斯的解释呢？在笔者看来，王成稼先生发表于《经济研究》1990 年第 1 期上的长文《正确理解"重新建立个人所有制"》中，已作了比较透彻的分析。

当然，经济学界在这个问题上认识的混乱状态，表明经济学家只有理解黑格尔和马克思关于否定之否定的辩证法表达方式，这个讨论才能形成共识。

二、从《哥达纲领批判》看马克思的"重建个人所有制"

有一点是明确的，就是马克思的"重建个人所有制"之说，谈的是对未来共产主义社会的经济制度的构想。而他对共产主义经济制度最成熟、最详尽的表述，是在《哥达纲领批判》之中。《哥达纲领批判》写于 1875 年，是在《资本论》第 1 卷德文版（1867 年）出版的 7 年多以后。从思想发展、成熟的过程来看，用马克思在该文中所述，诠释《资本论》第 1 卷中的有关概念、命题，无疑是合理的。人们既然质疑恩格斯的解释，认为他未必能够理解马克思的原意，那么这里就根据马克思自己所著的《哥达纲领批判》来分析。

马克思在这一著作中，将未来共产主义社会划分为两个阶段。其中，他对于共产主义第一阶段的阐述比较多，指出这个时期的共产主义社会，是一个集体的、以共同占有生产资料为基础的社会。由于它在经济、道德和精神诸方面还带着其所脱胎出的那个旧社会，即资本主义社会的痕迹，更由于受到社会生产力发展水平的限制，因此，在社会成员的消费资料分配上，实行的是按劳分配制度。即每一个生产者，在作了各项扣除之后，从社会方面正

---

① 谢韬、辛子陵：《试解马克思重建个人所有制的理论和中国改革》，载于《炎黄春秋》2007 年第 6 期。

② 从 20 世纪 70 年代起，在日本的马克思研究者当中，曾围绕着这个问题发生过争论，形成了将个人所有制理解为"个体所有制"并由此建立"市民社会"的社会主义的平田清明派，和捍卫恩格斯解释的林直道派这两大派观点。另外，川下正道等将个人所有制理解为在社会主义公有制基础上"个人占有生产资料和享受这种状态"。详情可参见冈本博之等主编的《马克思〈资本论〉研究》，刘焱等译，山东人民出版社 1993 年版，第 292～294 页。

好领回他所给予社会的一切。他所给予社会的，就是他个人的劳动量。具体实施办法是：每个生产者从社会方面领得一张证书，证明他提供了多少劳动（扣除他为社会基金而进行的劳动），而他凭这张证书从社会储存中领得和他所提供的劳动量相当的一份消费资料。一方面，由于生产资料公有，对于生产者个人来说，除了自己的劳动，谁都不能提供其他任何东西；另一方面，除了个人的消费资料，没有任何东西可以成为个人的财产。虽然在这种分配制度下，没有阶级差别，每个人都像其他人一样只是劳动者，生产者的权利和他们提供的劳动成比例，消费资料在生产者间的分配遵循等量劳动交换原则。但是，生产者之间的这种劳动权利平等原则，仍然属于资产阶级法权的范畴。在事实上，由于各生产者的天赋条件、家庭情况等不尽相同，劳动权利的平等也不会造成他们之间平等分配的结果。而这种分配不平等的状况，只有到了共产主义高级阶段才会得到改变。

对于共产主义高级阶段，《哥达纲领批判》中只有一段比较简单的描述："在共产主义社会高级阶段上，在迫使人们奴隶般地服从分工的情形已经消失，从而脑力劳动和体力劳动的对立也随之消失之后；在劳动已经不仅仅是谋生的手段，而且本身成了生活的第一需要之后；在随着个人的全面发展生产力也增长起来，而集体财富的一切源泉都充分涌流之后，——只有在那个时候，才能完全超出资产阶级法权的狭隘眼界，社会才能在自己的旗帜上写上：各尽所能，按需分配！"①

综观马克思在《哥达纲领批判》中所述，可以认为他已为《资本论》中所说的"协作和对土地及靠劳动本身生产的生产资料的共同占有的基础上，重新建立个人所有制"，提供了明确的解释。从资本主义社会中脱胎而出的共产主义社会初级阶段，生产资料公有制和按劳分配后的个人消费资料私有，这是两个基本特征。在生产资料公有制基础上重建消费资料个人所有制，恩格斯的这个解释是很符合马克思的思想的。而马克思本身又是在指出了生产资料公有制的基础上紧接着说"重建个人所有制"的，所以将其理解为在消

---

① 《马克思恩格斯全集》第19卷，人民出版社1963年版，第22~23页。

费品方面重建个人所有制，从逻辑上讲是顺理成章的。为了更明确地表述这一点，恩格斯还在《反杜林论》的德文版中，把"重建"改译为"给予"或"分配"，在公有制的基础上作为给予的对象，那只能是消费品了，而不能理解为生产资料个人所有制。

总而言之，在马克思的总体思想中，重新建立的"个人所有制"只限于个人消费品；未来新社会要建立的生产资料公有制是全社会的，而不是多元化的所有制。一些论著把马克思的这一论断看成是社会主义的经济模式，或用现行的政策措施去附会马克思论断的含义，这些做法其实都是错误的①。

至于为什么要说"重建"，马克思在《哥达纲领批判》里有明确的回答：生产方式的性质变了，消费资料的分配方式当然需要重建②。重建后的个人消费资料在性质上是属于个人或私有的，而"私有制"一词已被人习惯于专指生产资料私有制，可能为了避免混淆，所以用了"个人所有制"来代称。马克思在 1871 年所著的《法兰西内战》中，提到巴黎公社"曾想把现在主要用作奴役和剥削劳动的工具的生产资料、土地和资本变成自由集体劳动的工具，以实现个人所有权"③，应该也是与此相关的一种表述方式。

从马克思的《哥达纲领批判》所述来看，对于"重建个人所有制"的阐释要比恩格斯在《反杜林论》中丰富得多。按照马克思这里的分析，在共产主义初级阶段，按劳分配后的消费资料明确为生产者个人私有，分配原则是一个人以一种形式给予社会的劳动量，又以另一种形式全部领回来。这种规定仍然具有资产阶级权利性质，因为它强调劳动所有权，在分配上体现的是等量劳动相交换的精神。而由劳动所有权决定的、作为等量劳动相交换结果的消费资料个人所有制具有资产阶级权利性质，也明示了这种"个人所有制"肯定会存在于共产主义社会初级阶段。那么，到了共产主义高级阶段则发生了改变，由于消灭了旧的社会分工，消除了脑力劳动和体力劳动的对立，劳动已不仅是个人谋生的手段，而且成了人生活的第一需要，即人不劳动就失

---

① 程恩富：《什么是重建"个人所有制"》，载于《社会科学报》1989 年 11 月 23 日。
② 《马克思恩格斯全集》第 19 卷，人民出版社 1963 年版，第 23 页。
③ 《马克思恩格斯全集》第 17 卷，人民出版社 1963 年版，第 362 页。

去了存在的意义。而伴随着个人的全面发展，社会生产力的水平已达到使集体财富的一切源泉都充分涌流出来的程度，人类社会在消费资料分配上将实行各尽所能，按需分配，这种分配方式完全超越了资产阶级权利的狭隘眼界。随着按需分配的实现，人类社会进入了共产主义高级阶段，这种体现资本主义法权的"个人所有制"就会无存在的必要。但是，体现个人消费自由和方便的部分消费资料"个人所有制"则并不一定消亡。

从 20 世纪 50 年代以来，首先在日本创办的山岸村（后在其他 6 个国家也有发展）带有明显共产主义社区性质的实践中，曾经取消一切消费资料的个人和家庭私有，但近些年便有所改变，允许少量消费资料属于个人和家庭所有。此案例便是一个现实例证。

否定之否定的逻辑能够帮助我们思考这样的问题。不过，对于马克思"重建个人所有制"的理解为什么有那么大的争议，症结也在于如何看待他这里的否定之否定逻辑。马克思这里为什么要坚持使用这种表达方法，原因仅仅是因为喜欢，所以就"起劲地摆弄"黑格尔的辩证法吗？恐怕值得深入思考。

三、"重建个人所有制"否定之否定逻辑的中心是"个人所有制"：《共产党宣言》在这个问题上的诠释意义

那些质疑马克思赞同恩格斯解释的论著，虽然提出的观点各异，但有一个共同之处，就是认为如果把重建"个人所有制"理解为重建"消费资料的个人所有制"，就背离了否定之否定规律。因为这里作为否定之否定起点的是"个人的、以自己劳动为基础的私有制"，即指的是生产资料所有制。它被生产资料的资本主义私有制否定。而第二个否定的结果不能导致"消费资料所有制"。否则，前后概念不对称，在逻辑上违背了同一律，也不符合否定之否定的规律。

然而问题在于，这么浅显的一个逻辑问题，难道马克思、恩格斯就不知道吗？当初，杜林就是在否定之否定的表述方式上攻击马克思的，恩格斯驳斥杜林，作出了"个人所有制"就是"消费资料的个人所有制"的解释。难道他和马克思就没有思考过，这里的否定之否定表述在逻辑上有什么问题？

马克思本人对这段辩证法的表述方式是很坚持的，在 1872 年出版的、由他亲自修订的法文版《资本论》第 1 卷中，这段话只是略有改动，变为："这种否定不是重新建立劳动者的私有制，而是……在协作和共同占有包括土地在内的一切生产资料的基础上，重新建立劳动者的个人所有制。"① 马克思加上了两个"劳动者的"限定语，应是要帮助读者理解他的意思。他希望读者怎么来理解呢，我们看这两个"劳动者的"限定的是什么就明白了：是"私有制"，是"个人所有制"。理解他这段表述的关键环节就在这里。

这就是说，马克思这段话前后对称的中心概念实际是"个人所有制"或"个人私有制"，否定之否定的起点是生产资料和消费资料均属个体私有的小生产者"个人所有制"，它为资本主义的"个人所有制"即资本家的大私有制所否定，第二次否定的结果又造成了一种"个人所有制"，不过是在生产资料公有制基础上的个人消费资料所有制。马克思在这里运用了"正—反—合"的辩证法手法来揭示所有制发展轨迹和规律。而我们只有搞懂了其形式上概念的对称性与内容上概念的非对称性或可变性，才能认识到，正是出于形式上表述否定之否定规律的概念对称的需要，他才没有直接点明而只是隐含了"重建个人所有制"的对象和范围——消费资料。这样，都是在"个人所有制"的同一形式上运用否定之否定的表述方法，但其经济内容却不完全重复和同一。可见，马克思的这段名言和恩格斯的解释并未违背否定之否定规律，而恰好是这一规律的绝妙表述②。

从《资本论》第 1 卷讨论内容来看，我们的这种理解显然是合理的。马克思是在《所谓原始积累》一章的最后部分，展望整个资本主义积累的历史趋势时，提出要"重建个人所有制"的。在内容安排上，经典作家以分析原始积累的实质开始，明确指出所谓原始积累不过是小生产者和生产资料分离的历史过程，该过程形成了资本和与之相适应的生产方式的前史，而对农民土地的剥夺是形成资本原始积累全部过程的基础③。也就是说，资本主义原始

---

① 《资本论》第 1 卷（译自法文版），中国社会科学出版社 1983 年版，第 826 页。
② 程恩富：《不应误用"重建个人所有制"》，载于《社会科学报》2004 年 3 月 18 日。
③ 洪远朋：《新编〈资本论〉教程》第 1 卷，复旦大学出版社 1988 年版，第 415、416 页。

积累的中心问题，就是小生产者的"个人所有制"被消灭的问题。为了使读者明确这一点，马克思在接下来的《现代殖民理论》一章里，还继续指出：小生产者的私有制和资本主义私有制是两种完全不同的私有制；若小生产者的私有制不能被消灭，在劳动者依然能够占有土地的地方，资本主义私有制就无从建立。这里，他再次强调了小生产者"个人所有制"被消灭是资本主义生产方式得以建立的前提条件，因而综合来看，在资本原始积累这个问题框架内，"个人所有制"或"个人私有制"无疑是其中心概念。这也决定了我们对于马克思在这里提出的"重建个人所有制"应如何理解。

但是，马克思这里为什么要刻意凸显"个人所有制"呢？翻阅马克思、恩格斯的有关文献，《共产党宣言》（以下简称《宣言》）中的有关论述可能会为我们提供一把适宜的钥匙，帮助解开这个谜团。看看《宣言》开始就说什么吧："一个幽灵，共产主义的幽灵，在欧洲游荡。为了对这个幽灵进行神圣的围剿，旧欧洲的一切势力，教皇和沙皇、梅特涅和基佐、法国的激进派和德国的警察，都联合起来了。有哪一个反对党不被它的当政的敌人骂为共产党呢？又有哪一个反对党不拿共产主义这个罪名去回敬更进步的反对党人和自己的反动敌人呢？从这一事实中可以得出两个结论：共产主义已经被欧洲的一切势力公认为一种势力；现在是共产党人向全世界公开说明自己的观点、自己的目的、自己的意图并且拿党自己的宣言来反驳关于共产主义幽灵的神话的时候了。"①

《宣言》开篇之言说明什么呢，说明马克思那个时代，共产主义理想在欧洲已是一个被妖魔化的事物了。而在经济领域，共产主义所承受的一大"罪名"就是："有人责备我们共产党人，说我们要消灭个人挣得的、自己劳动得来的财产，要消灭构成个人的一切自由、活动和独立的基础的财产。"② 而共产主义承受这样的"罪名"似乎也不是完全"无辜"，因为早先的有些空想社会主义者们没有完全说清楚这个生产资料公有制与某些消费资料可以私有

---

① 《马克思恩格斯选集》第 1 卷，人民出版社 1995 年版，第 271 页。
② 《马克思恩格斯选集》第 1 卷，人民出版社 1995 年版，第 286 页。

的双重制度的并存问题。像欧文就说："私有财产过去和现在都是人们所犯的无数罪行和所遭的无数灾祸的根源"，"在合理组织起来的社会里，私有财产将不再存在。"① 德萨米在那里大声疾呼："公有制！公有制！所有可能达到的善和美都概括在这一个名词之中了。"为了实现公有制，他号召人们要勇于献身，牺牲自己的自由、权利和私人财产②。他们的观点可以说是有代表性的。而这样的观点正好就给资产阶级妖魔化共产主义思想提供了有利的借口。

《共产党宣言》的发表，就是为了澄清科学社会主义与各种顶着"社会主义"之名的既有思潮的区别，反击资产阶级对共产主义的诬蔑和攻击。所以，《宣言》中明确指出："共产主义并不剥夺任何人占有社会产品的权力，它只剥夺利用这种占有去奴役他人劳动的权力。""资本不是一种个人力量，而是一种社会力量。因此，把资本变为公共的、属于社会全体成员的公共财产，这并不是把个人财产变为社会财产。这里所改变的只是财产的社会性质。它将失掉它的阶级性质。"而对于上述空想社会主义者们的宣教，《宣言》中这样指出："随着这些早期的无产阶级运动而出现的革命文献，就其内容来说必然是反动的。这种文献倡导普遍的禁欲主义和粗陋的平均主义。"总之一句话，虽然"共产主义革命就是同传统的所有制关系实行最彻底的决裂"③，但这场革命并不是完全要消灭"个人所有制"。

然而，《共产党宣言》的发表，并不意味着资产阶级对无产阶级要"消灭个人财产"的诬蔑和攻击就会结束。作为无产阶级革命理论家的马克思在此后的著述中，也必然会注意这个方面。在《资本论》第 1 卷中，他刻意强调在终结资本主义制度的未来社会要"重建个人所有制"，应该就是要在深厚的理论工作和系统分析的基础上，进一步表明共产主义者的立场、观点和行动目标，以回击各类反动势力的不实之词。想通此逻辑，显然有助于正确理解马克思所使用的否定之否定表述方法。

---

① 罗伯特·欧文：《欧文选集》第 2 卷，柯象峰等译，商务印书馆 1981 年版，第 11、13 页。
② 泰·德萨米：《公有法典》，黄建华等译，商务印书馆 1982 年版，第 28 页。
③ 《马克思恩格斯选集》第 1 卷，人民出版社 1995 年版，第 287、288、293、303 页。

四、结语

综观马克思和恩格斯著作，沿着《共产党宣言》—《资本论》第 1 卷—《哥达纲领批判》—《反杜林论》的思路，实际已不难看出，经典作家围绕着"重建个人所有制"这个命题的科学界定和制度形式，以及怎样理解这里的否定之否定逻辑，都有相关的阐述甚至是明确的解释，已形成一个比较完整、严密的逻辑体系。我们分析的结论有两个：其一，马克思、恩格斯和列宁均精通否定之否定规律，他们自己的反驳性解释具有权威性和准确性。马克思正是运用"正—反—合"的辩证法观点来揭示所有制发展轨迹和规律的，出于形式上表述否定之否定规律的概念对称的需要，才没有直接点明而只是隐含"重建个人所有制"的对象和范围——消费品。这样，便都是在"所有制"的同一形式上运用否定之否定的表述方法，而其经济内容却不完全重复和同一。也就是说，资本主义生产资料所有制否定的是生产资料和消费资料均属个体私有的"个人所有制"，而否定资本主义所有制的结果，则是在生产资料公有制基础上重建消费资料可属私有的"个人所有制"（在共产主义社会，消费资料可分属个人或社会，其实际分属的结构会不断变化）。只有搞懂形式上概念的对称性与内容上概念的非对称性或可变性，才能认识到马克思主义经典作家的这段名言及其解释不仅没有背离否定之否定规律，而且恰好是这一规律的绝妙表述。其二，马克思、恩格斯和列宁一贯主张纯粹的社会主义或共产主义社会是实行生产资料的全社会所有制（撇开向社会主义社会过渡的时期），因而未来社会需要重建的个人所有制不可能是生产资料的合作所有制和股份所有制。据此，没有必要和理由用现行的理论和体制（股份制、农村联产承包制等）去附会马克思论断的含义。

可见，只要我们从思想上回到马克思、恩格斯和列宁的思路上来，坚持他们的基本逻辑，从总体上把握其有关著述，而不是只抓住只言片语，并随意地裁剪当下中国经济现实，那么，这个政治经济学中的"哥德巴赫猜想"的比喻，应该是不会出现的。

（原文发表于《马克思主义研究》2012 年第 1 期）

马克思"重建个人所有制"涵义浅释

徐祥军[*]

马克思"重新建立个人所有制"思想是中外马克思主义学者争论的焦点之一，尤其对"个人所有制"的涵义争议颇多。在苏联和中国的社会主义实践中，由于多年来形成的将公有制与社会主义等同起来的错误思想，以及马克思和恩格斯本人在探讨所有制相关问题时表述形式前后的差别等原因，学术界对马克思重建个人所有制思想的理解出现多种猜测，形成许多不同的甚至是对立的解释，成为一个经济学之谜，被称为经济学的"哥德巴赫猜想"。

一、学术界对于"重建个人所有制"的争论

建国以来，我国经济学界对马克思重新建立个人所有制理论争论颇多，莫衷一是。概括起来主要涵盖以下几个方面：

首先是关于重新建立个人所有制的性质讨论。此类争论关系到社会主义基本经济制度和社会性质，是一个重大课题。争论的焦点是在马克思重新建立个人所有制理论中的个人所有制是公有制还是私有制，或是生产资料的公有制和消费资料的私有制的共存。有学者认为个人所有制应当属于公有制。孔陆泉（1990）等人认为马克思明确指出个人所有制不是私有制，"重新建立的个人所有制，即指社会主义的公有制。"而个人则是通过协作劳动，对生产资料的共同占有而联合起来的社会个人。卫兴华（2007）指出"重新建立个人所有制"是联合起来的个人所有制，是在公有制经济中作为联合体的个人所有制。而有学者认为个人所有制应当属于私有制。忠东（1988）等人提出马克思的重新建立个人所有制指的是重新建立社会主义私有制。私有制本身

---
[*] 徐祥军，河南大学经济学院。

是中性的，"随夫而姓"。林慧勇（1989）将私有制分为两种：一种是部分人掌握社会生产资料的"部分人私有制"；一种是社会生产资料归每个成员所有的"人人皆有的私有制"。马克思"重新建立个人所有制"就是要建立社会主义个人所有制，即"人人皆有的私有制"。

其次是关于重新建立个人所有制客体的争论。此类争论的焦点是马克思在重新建立个人所有制理论中要"重新建立"的对象究竟是消费资料、生产资料还是劳动力的"个人所有"。建国以后，受苏联社会主义建设经验和斯大林模式的影响，我国在社会主义实践中将公有制简单等同于社会主义，在学术界也普遍认可马克思要重新建立的个人所有制是生活资料的个人所有。持这种观点的学者主要依据的是恩格斯在《反杜林论》中的相关论述："对任何懂德语的人来说，这也就是说，社会所有制涉及土地和其他生产资料，个人所有制涉及产品，那就是涉及消费品。"[1] 在《哥达纲领批判》中，马克思本人指出在未来社会"除了个人的消费资料，没有任何东西可以转为个人的财产。"[2] 这种观点是改革开放之前国内学者的主流思想，长期处于主导地位。持这一观点的学者有唐卫兵（1987）、王成稼（2010）等。改革开放以来，国内理论界对于个人所有制的认识不断深入，不少学者提出了反面观点，如庄寿康（1990）、刘志国（2008）、卫兴华（2008）等学者认为马克思原意是要重建生产资料个人所有制。

最后是关于重新建立个人所有制在实现形式上的讨论。改革开放以来，伴随着社会主义经济建设的伟大实践，我国学者对社会主义公有制实现形式进行了深入探索研究，股份制被许多学者认为是重新建立个人所有制的最好形式。许兴亚（1989）认为出现在经济体制改革中的股份制企业并不是资本主义股份公司，而是"社会主义股份制"，其理论依据之一就是马克思"重新建立个人所有制"理论。于金富（2010）认为现阶段的公众股份制既能体现社会主义公有制的本质特征，又适合目前我国国情与经济发展要求，应该成

---

① 《马克思恩格斯选集》第 1 卷，人民出版社 1995 年版，第 473 页。
② 《马克思恩格斯选集》第 1 卷，人民出版社 1995 年版，第 304 页。

为"重建个人所有制"的重要形式。而有学者反对将股份制作为重建个人所有制的实现形式。卫兴华（2008）认为马克思的重建"个人所有制"并不是搞股份制。股份制不是独立的所有制形式，而是一种资本的经营方式，不能简单地认为资本主义国家股份制具有社会主义公有制性质。

以上诸多学者从不同角度对马克思"重新建立个人所有制"理论进行了深入分析和探索，体现了马克思主义基本原理与时代背景的结合，丰富与发展了马克思所有制理论，但不难看出这些文献也存在着一定缺陷与不足。部分学者并没有把握马克思对所有制问题的原本含义，而是侧重于表面剖析，极具片面性；部分学者为了论述自己的观点不惜断章取义，缺乏对马克思"重新建立个人所有制"涵义的整体把握。实际上，国内学者对于"重新建立个人所有制"涵义的不同理解，在很大程度上是由于《资本论》第一卷在翻译为中文时的偏差造成的。因此，要想准确把握马克思重建个人所有制的确切涵义，还要从《资本论》德文版的相关论述进行考察。

二、对《资本论》第一卷德文版的考察

在《马克思恩格斯全集》50 卷本中，马克思、恩格斯一共有十几处提到"个人所有制"，而大多是简单引用或者是对农民个人所有制的描述。真正对"重新建立个人所有制"理论进行经典论述是在《资本论》第一卷。要准确把握马克思重建个人所有制理论，就必须从考察《资本论》第一卷的德文版开始。

众所周知，《资本论》第一卷德文版共有 4 个版本，即 1867 年的第一版；1871 ~ 1873 年的第二版；1884 年的第三版；1890 年的第四版。在这 4 个版本中关于重建个人所有制理论有两种不同描述。前 2 个版本的德文是："Es ist Negation der Negation. Diese stellt das individuelle Eigentum wieder her, aber auf Grundlage der Errungenschaft der kapitalistischen Ära, der Kooperation freier Arbeiter und ihrem Gemeineigentum an der Erde und den durch die Arbeit selbst produzierten Produktionsmittel. "① 中文翻译为："这是否定的否定。这种否定重新建立个人所有制，然而是在资本主义时代的成就的基础上，在自由劳动者的协作的基础上和在他们对土地及靠劳动本身生产的生产资料的公有制上来重新建立。"② 而在第三、四版中，这段话的德文原文是："Es ist Negation der Negation. Diese stellt nicht das Privateigentum wieder her，wohl aber das individuelle Eigentum auf Grundlage der Errungenschaft der kapitalistischen Ära：der Kooperation und des Gemeinbesitzes der Erde und der durch die Arbeit selbst produzierten Produktionsmittel. "③ 对于这段话最新版《资本论》中译为："这是否定的否定。这种否定不是重新建立私有制，而是在资本主义时代的成就的基础上，也就是说，在协作和对土地及靠劳动本身生产的生产资料的共同占有的基础上，重新建立个人所有制。"④

在这 2 个版本中的"个人所有制"的德语表述都是"das individuelle Eigentum"，其基本词是"Eigentum"，表示"财产，所有物"和"所有制"之意，"individuelle"作定语，是"单个人的，非公共的"之意。因此，"das individuelle Eigentum"在这里翻译为"个人所有制"，当然亦可翻译为"个人财产"。《杜登通用德语词典》对"das individuelle Eigentum"的解释为"属于单个人的，非公共使用的财产"；德国狄兹出版社出版的《小政治学词典》中的解释为"在社会主义条件下，满足个人需求的个人消费品。其来源是自己的个人劳动，包括工资、奖金等或者通过集成和赠送所获得的资金，均属于个人财产。"可见，在上述解释中，"个人所有制"即为"个人财产"。再对比一下《资本论》第一卷德文一、二版和三、四版对重建个人所有制的描述不难发现，三、四版将一、二版本中的"Gemeineigentum"一词改为"Gemeinbesitz（es）"，这是个很重要的变动。这两个词都是复合词，相同的前半部的"Gemein"是"共同的"之意。两个词的区别在于后半部："eigentum"

---

① 《马克思恩格斯全集》第二部第五卷，狄兹出版社 1986 年版，第 609~610 页。
② 《资本论》第 1 卷（根据第 1 卷德文第一版翻译），经济科学出版社 1987 年版，第 731 页。
③ 《马克思恩格斯著作》第 23 卷，狄兹出版社 1974 年版，第 791 页。
④ 《资本论》第 1 卷，人民出版社 2004 年版，第 874 页。

是"财产，所有物"和"所有制"之意。因此，"Gemeineigentum"是"共同的财产、共同的所有制"，也就是一、二版中文翻译的"公有制"；"besitz"是"占有，所有"之意，"Gemeinbesitz"就被译为"共同占有"。这一变动表明恩格斯在对《资本论》第一卷德文第一、二版进行增补完善时，将重新建立个人所有制理论表述的更加准确，体现出"个人所有制"的基础不是"生产资料公有制"，而应该是"生产资料的共同占有"。因为"占有"（Besitz）只是"一种事实"，并且是一种"无可争辩的事实"，它是一种纯粹的经济关系；而"所有"（Eigentum），则不仅是简单的"占有"关系，而是同时包含着法律关系或者"权利"，它是"占有"（Besitz）与这种占有的法律形式的统一，而在资产阶级社会里，二者又是可以分离的，以至于一个人虽然在法律上（或者名义上）拥有或占有某物，但在事实上却并不真正拥有它。"Gemeineigentum"和"Gemeinbesitz"按照通常的译法，都可以译作"公有制"，这也是导致我国学者们争论的原因之一。例如，王成稼认为它们都是"公有制"。但本文认为，这种译法并不准确。这是因为：其一，它容易使人们把它误解为上层建筑方面的"制度"（德文和英文写法都是 Institution）；其二，德文 gemein 一词的本意就有"共同的"的意思。所以，更好的译法似应是"共同所有"和"共同占有"。而且，在马克思看来，在人类社会的早期阶段，对原始"公社"或"共同体"来说，有的只是简单的"占有"，而不是法律意义上的"所有"；因而也只有"占有"的概念，而没有"所有"的概念。因此，原始社会的"所有制"或"所有"（或者"财产"）关系，并不是现代意义上的"所有制"或"所有"关系，而只是一种简单的"占有"关系，即共同体及其成员把他们遇到的现成的或者靠劳动创造的生产资料或条件简单地当作他们的生产资料和生活资料，而并不存在资产阶级意义上的"所有制关系"。

由此可见，恩格斯对《资本论》德文第三、四版的这段经典论述的改动意味着：未来社会的生产资料只剩下了"共同占有"的关系，而非原来意义上的"共同财产"或"共同所有"的"公有制"。也就是说，在未来共产主义社会的所有制关系——"重新建立个人所有制"是劳动者个人对社会生产资料和劳动产品的占有关系。

三、"重建个人所有制"的确切涵义

从《资本论》第一卷德文版的中文翻译来看，与第一、二版相比，三、四版有两点重要的变动：一是"他们对土地以及靠劳动本身生产的生产资料公有制"改为"对土地及靠劳动本身生产的生产资料的共同占有"；另一个是在一、二版中"资本主义时代的成就"与下一句用逗号隔开，而在三、四版中是用冒号隔开。很显然，两种表述下的"个人所有制"含义有所不同。按照第一、二版本的表述，"个人所有制"重新建立的基础是"资本主义时代的成就"与"自由劳动者的协作和在他们对土地以及靠劳动本身生产的生产资料公有制"等，"资本主义时代的成就"与"生产资料公有制"是并列关系，二者共同构成了"重新建立个人所有制"的基础。但三、四版表述的"个人所有制"重新建立的基础是"资本主义时代的成就"，这个"资本主义时代的成就"本身就是"在协作和对土地及靠劳动本身生产的生产资料的共同占有"，二者表示的是同一概念。因此，马克思要重新建立的个人所有制的基础是"生产资料的共同占有"，而不是资本主义时代的"成就"与"生产资料公有制"。

从另一个角度看，在《资本论》第一卷德文一、二版的表述中，自由劳动者的生产资料公有制直接构成资本主义所有制的否定因素，以此为基础重新建立的个人所有制就不应该是"公有制"，只能是与"私有制"有着本质区别的所有制，这就是"个人所有制"。而且，在《资本论》德文三、四版的表述中，更能明显突出强调了这一点，"这种否定不是重新建立私有制"，这种否定要否定的是资本主义生产资料的私人占有制，从对立面强调了"个人所有制"与资本主义"私有制"的本质区别。因此，马克思要重新建立的"个人所有制"绝不是"私有制"。

马克思并没有用"公有制"表述未来社会的所有制形式，而是采用"个人所有制"的说法，这说明两者既有联系又有区别，"重建个人所有制"并不是一般意义上的"公有制"。这个所谓的"个人所有制"的完整说法应当是

"对土地和生产资料共同占有的基础上的个人所有制"，如果"个人所有制"等同于"公有制"，就会存在有些学者认为的"在共同占有生产资料的基础上，重新建立公有制"的同义反复的问题。而按照恩格斯的解释：未来社会中的惟一的"个人财产"就是生活资料，但是这种个人财产又是建立在对于生产资料的共同占有的基础之上的，两者是一个不可分割的整体。因此，如果将"个人所有制"理解为"个人财产"就不会出现上述问题。

在对德文版《资本论》的分析中看出，一、二版对所谓生产资料"公有制"的翻译更应该译作生产资料的"共同占有"；三、四版强调了"在资本主义时代的成就的基础上，也就是说，在协作和对土地及靠劳动本身生产的生产资料的共同占有的基础上，重新建立个人所有制"，很显然，这个基础上重建的"个人财产"或"个人所有制"，则是"生产资料的共同占有的基础"的组成部分和必然产物。从这个意义上说，这个基础上的"重建个人财产"或"重新建立个人所有制"与"把资本主义的私有财产变成社会的"是一致的。虽然从形式逻辑的角度看，两者在概念上是有区别的，但从内容和实质上看，亦即从辩证逻辑的角度看，两者又是不可分割的。无论未来社会中的"对于生产资料的共同占有"，还是在此基础上的对于生活资料的"个人所有"，都必须是在剥夺了资产阶级的"私有财产"（或"私人所有"）以后才能实现的。而这一剥夺的过程，就是马克思所说的把"事实上已经以社会生产为基础的资本主义财产转归社会所有"的过程，这也就是人们所谓的未来社会中的"社会所有制"。马克思在论述了"重新建立个人所有制"理论之后紧接着就写到："以个人自己劳动为基础的分散的私有制转化为资本主义私有制，同事实上已经以社会生产为基础的资本主义所有制转化为社会所有制比较起来，自然是一个长久得多、艰苦得多、困难得多的过程。"① 这段话的德文中的 "die Verwandlung … kapitalistischen Eigentums in gesellschaftliches"，就是"把资本主义的财产转化为社会财产"，或者，更准确一点就是"把资本主义的财产转化为社会的"的意思。这也就是《资本论》中所说的"社会所

---

① 《资本论》第 1 卷，人民出版社 2004 年版，第 874 页。

有制"这个说法的来源。这样看来，如果继续采用"所有制"这个译法的话，那么"在生产资料共同占有的基础上重建个人所有制"与"把资本主义的所有制变为社会所有制"就同样也是一回事。而在《资本论》的中文第一版中，这个"社会的"的译法所用的则是"公有制"。因此，"个人所有制"是一种"公有制"，但又是与"公有制"有所区别的"社会所有制"。

四、小结

本文认为，首先，马克思要重新建立"个人所有制"的性质绝不是私有制，也不完全等同于公有制，而是"社会所有制"；其次，重建个人所有制的方式是全社会联合起来的劳动者个人对生产资料的"共同占有"；最后，重建个人所有制的对象是"个人财产"—生活资料，但这种个人财产是建立在对于生产资料的共同占有的基础之上的，两者是一个不可分割的统一整体，即"重新建立个人所有制"就是在生产资料全社会共同占有的基础上的"个人财产"的重建。

（原文发表于《湖北经济学院学报》2012 年第 10 卷第 2 期）

对马克思"重建个人所有制"再理解

吴宣恭[*]

在《资本论》第 1 卷中，马克思阐明了资本主义私有制必然被替代的趋势以及未来社会所有制的特点。他说："从资本主义生产方式产生的资本主义占有方式，从而资本主义的私有制，是对个人的、以自己劳动为基础的私有制的第一个否定。但资本主义生产由于自然过程的必然性，造成了对自身的否定。这是否定的否定。这种否定不是重新建立私有制，而是在资本主义时代的成就的基础上，也就是说，在协作和对土地及靠劳动本身生产的生产资料的共同占有的基础上，重新建立个人所有制。"[①] 在这段话里，马克思设想未来社会仍然存在个人所有制，但它不同于以前的、生产资料归劳动者私人所有的个人所有制，而是建立在协作和生产资料公有制基础之上的。

这个论述在当时就遭到杜林的攻击。他辱骂马克思主张"既是个人的又是公共的所有制"，"混混沌沌的杂种"。恩格斯运用唯物辩证法，从自然界和人类社会多方阐述了否定之否定的客观发展规律，还击了这种污蔑，指出："对任何一个懂德语的人来说，这就是，公有制包括土地和其他生产资料，个人所有制包括产品即消费品。"[②]

恩格斯的解释完全符合马克思设想的本意，得到马克思的首肯，无论在辩证逻辑或形式逻辑上都是正确的，在很长时期被国内外马克思主义理论界所接受。但是，在改革开放以后，出于对改革方向的不同主张，对马克思那段论述作了多达几十种的不同解释，在我国引发了如何理解"重建个人所有制"的争论，把马克思本来已经表达得很清楚、很容易理解的话，搅成混乱

---

* 吴宣恭，厦门大学经济学院。

① 《马克思恩格斯选集》第 2 卷，人民出版社 1995 年版，第 269 页。

② 《马克思恩格斯全集》第 20 卷，人民出版社 1971 年版，第 143 页。

不堪的所谓经济学的"哥德巴赫猜想"。对马克思"重建个人所有制"的意见分歧是从质疑恩格斯的解释开始的，澄清认识就得从这个源头开始。

一、恩格斯的解释符合逻辑和历史唯物主义的基本原理

认为恩格斯将"个人所有制"解释为消费资料所有制是一种误解的观点，归纳起来，理由有三：第一，马克思在考察社会变革时，一贯侧重生产资料所有制的变革，消费资料所有制只是派生的。在"重建个人所有制"问题上，马克思论述的主题应该是生产资料所有制的变革，不可能仅仅指消费资料所有制。第二，马克思讲的是"个人所有制"的辩证发展，即否定之否定。初始是生产资料的"个人所有制"，到最后却变成消费资料，在逻辑概念上是不一致的。第三，即使在资本主义的雇佣劳动制度下，消费资料也是归工人个人所有，不存在重建的问题。所以，只用消费资料去解释"个人所有制"是行不通的。

这些质疑是从概念的逻辑辨析入手的，但它们本身就存在逻辑上的错误（当然还有理论上的错误）。

1. 剖析第一个质疑

马克思和恩格斯总结人类历史发现社会发展的基本规律，的确是始终强调生产资料所有制在社会生产关系中的基础性决定作用。他们一贯地沿着生产社会化与资本主义私有制的矛盾分析资本主义从发展到最终必然趋于灭亡的过程。在设想替代资本主义的社会制度时，首先考虑的当然是生产资料的所有制。恩格斯在《法德农民问题》中指出："必须以无产阶级所拥有的一切手段来为生产资料转归公共占有而斗争。"① 在那段否定之否定的名言中，马克思的立足点正是这样的。他明白无误地指出："这种否定不是重新建立私有制，而是……对土地及靠劳动本身生产的生产资料的共同占有"，表明他正是以生产资料为客体设想未来社会的所有制，即生产资料归社会共同占有的所有制。在这里，马克思的表述是非常清楚的，即从生产资料归劳动者个人所

① 《马克思恩格斯选集》第4卷，人民出版社1995年版，第490页。

有的私有制发展为资本主义的私有制是第一个否定；消灭资本主义私有制而建立劳动人民共同占有的生产资料公有制，就是否定之否定。① 至于这段话提到的"个人所有制"，只是完成了否定之否定后在新的生产资料所有制的"基础上"形成的。不难看出，这里谈到的所有制实际上包含了两个层次：前一个是归属于全体劳动人民的生产资料公有制，是新建立的生产关系的基础，是否定之否定的主题；后一个是在生产资料公有制的"基础上"形成的"个人所有制"，是从属于生产资料所有制这个主题，由主题派生出来的。这两种所有制的主体、客体及其在生产关系中的地位是不相同的，不可能都是生产资料所有制。这可以从马克思主义关于生产关系的系统理论和那段话的行文得到佐证。

先从理论上看。马克思这句话的中心是"在协作和……生产资料的共同占有的基础上，重新建立个人所有制"。这个设想是同他关于生产关系组成部分及其相互关系的理论一脉相承的。他对未来社会生产关系的一些论述应该有助于了解各个领域的所有制关系（而不是像有些人所说的"毫不相干"）。马克思指出："设想有一个自由人联合体，他们用公共的生产资料进行劳动，并且自觉地把他们许多个人劳动力当作一个社会劳动力来使用……这个联合体的总产品是社会的产品。这些产品的一部分重新用作生产资料。这一部分依旧是社会的。而另一部分则作为生活资料由联合体成员消费。因此，这一部分要在他们之间进行分配。"② 这是对未来社会的生产关系的要点所作的概括描述，即劳动者自主结合组成联合体，在生产资料公有制的基础上，共同占有和使用属于他们共同所有的生产资料，在直接生产过程中建立平等合作关系，共同占有协作劳动创造出的产品。为了保证社会生产的持续，生产资料还要由社会共同占有和使用，不能分给劳动者个人，归个人所有，但是属

---

① 有的学者认为重建个人所有制的"基础"是资本主义时代的"成就"，而不是公有制。这是对马克思原话的误读。因为，马克思紧接着还指出："也就是说，在协作和对土地及靠劳动本身生产的生产资料的共同占有的基础上，重新建立个人所有制。"生产资料共同占有根本不是资本主义的成就，在资本主义时代，生产资料和劳动产品都是资产阶级占有的，生产资料共同占有实指公有制，是在否定资本主义私有制以后才产生的。

② 《马克思恩格斯全集》第 23 卷，人民出版社 1972 年版，第 95 页。

于生活消费的产品则要分配给个人，由个人占有和使用。从马克思主义的这个基本理论看，在消灭了资本主义私有制以后，归劳动者"个人所有"的就不可能是生产资料，而只能是经过分配的消费资料。这样理解，既可消除"在生产资料公有制基础上建立生产资料个人所有制"的逻辑矛盾，也可回答为什么马克思讲生产资料公有制的同时还要提出个人对生活资料的所有。① 从马克思主义其他著作的论述看，也可证明这种理解的正确性。如《共产党宣言》就讲到，消灭了资本主义私有制以后："我们决不打算消灭这种供直接生命再生产用的劳动产品的个人占有，这种占有并不会留下任何剩余的东西使人们有可能支配别人的劳动。"② "生命再生产用的劳动产品"显然是指生活资料的所有。马克思在稍后发表的《哥达纲领批判》中明确指出：在"劳动资料是公共财产，总劳动是由集体调节的"社会里，"除了个人的消费资料，没有任何东西可以转为个人的财产"。③ 在《反杜林论》中，恩格斯也指出，在社会发展规律的作用下，资本主义占有方式必然让位于同现代生产力相适应的新的占有方式，"一方面由社会直接占有，作为维持和扩大生产的资料，另一方面由个人直接占有，作为生活和享乐的资料。"④ 总之，根据马克思和恩格斯关于未来社会生产关系的分析，个人财产或"个人所有制"的客体是消费资料。

再看看《资本论》的遣词用语。在德文版，接着 Es ist Negation（否定之否定）后面的话是："Diese stellt（建立）nicht（不）das privateigentum wieder her（重新），wohl aber das individuelle Eigentum auf Grundlage der Errungenschaft der kapitalistischen Ära：der Kooperation und des Gemeinbesitzes der Erde

---

① 有的专家提出，否定资本主义生产资料私有制，只需要实行生产资料公有制就够了，不需要在公有制外，再加一个消费资料的个人所有制。这种意见的前半部是对的，马克思正是这样讲的。问题是，在公有制中单个劳动者虽然不是生产资料的所有者，却能按自己提供的劳动享有共同生产的消费资料，这是与资本主义关系截然不同的，也是资产阶级极力歪曲和污蔑的重要问题，因而马克思不能不专门提及。
② 《马克思恩格斯选集》第 1 卷，人民出版社 1995 年版，第 287 页。
③ 《马克思恩格斯选集》第 3 卷，人民出版社 1995 年版，第 302、304 页。
④ 《马克思恩格斯全集》第 20 卷，人民出版社 1971 年版，第 305 页。

und der durch die Arbeit selbst produzierten Produktionsmittel. "① 在这里，前一个 Eigentun 是同大写的 Privat（私有）连在一起的，明显是指生产资料所有制，因为它才有重新建立（stellt wieder her）以及私有或公有的差别（如果是生活消费品，就天然地归个人而不能公有了）；后一个 Eigentum 则是同 individuelle 分开的，强调的是"个人的"，与前一个 Eigentum 用法不同，而且没有"重新建立"的字眼，不一定指生产资料所有制。有的专家建议将它翻译为财产，不是没有道理的。

为了得出更加准确的结论，不妨仔细分析一下马克思（是恩格斯，编者注）亲阅过的《资本论》英文版。马克思的话在英文版是："This does not re-establish private property for the producer, but give him property based on the acquisitions of the capitalist era：i. e., on co-operation and the possession in common of the land and of the means of production. "② 这个表述有两点值得重视：其一，那段话里的 individual property（"个人所有制"或个人财产）是在生产资料公有制基础上由共同体 give（分给）个人的，由于生产资料还得由共同体重新投入生产，不能分给个人，能分给个人的当然只是消费资料了。其二，话中的 re-establish 只用过一次，是针对 private property 讲的（即"不是重新建立私有制"）；而后面针对个人财产的动词则是 give（分给），根本没有重新建立（re-establish）的意思，亦即，不存在中文版所谓的"重新建立个人所有制"的提法。恩格斯在德文修订版中，把那段话中缺少动词的地方加上"给予"或"分配"，与英文版的措辞正好相同，说明英文版用 give 表示生产资料公有制与个人财产的关系，不是没有根据，而是更加恰切的。可见，如果根据这两个版本的表述，"个人所有制"是指生活资料的判断就毋庸置疑了。

---

① Das capital, Bd. I, Berlin：Dietz Verlag, DDR 1968, s. 791.

② Capital, Vol. I, p. 763. 文中的 possession in common 和德文的 Gemeinbesitzes 直译是公共占有。有些人曾借此大做文章，认为占有只是共同使用，不是公共所有，即不是公有制。其实，马克思和恩格斯在无需严格区分两者差别的许多场合都混用过所有和占有，例如，他们经常讲生产社会化与资本主义占有的矛盾，指的就是生产力与生产资料归资本家所有的矛盾。在《反杜林论》里，恩格斯解释"个人所有制"实属消费资料的那段话以及它的前两段，同样的文字就翻译为公有制。

2. 辨析第二个质疑

否定之否定是"一个极其普遍的，因而极其广泛地起作用的，重要的自然、历史和思维的发展规律"。① 它是与形式逻辑不同的辩证发展观，体现事物发展的曲折性和前进性的统一，揭示了事物发展的全过程和总趋势，是唯物辩证法基本规律的综合体现。唯物辩证法认为事物的发展表现在量和质的变化，量的变化到达一定程度就会发生质的变化，但与"是即是，非即非，是非非，非非是"界限分明、狭窄的形式逻辑不同，质变并不是简单的否定或旧事物的彻底消灭，新事物还会保留或继承某些旧时期的特征或者基因。经过几个阶段的质变，事物运动会出现几个周期，每个周期都会在更高的阶段上发展旧时期的某些特征，由此构成事物从低级到高级、从简单到复杂的周期性螺旋式上升或波浪式前进的发展过程。就一个阶段的变化而言，会以不同的形式出现正、反、合的生生不息的曲折过程。辩证法将事物发展的这种规律形象地称之为否定之否定。

因此，正确理解唯物辩证法，一方面，要看到它与形式逻辑的区别，不能把事物的变化当成绝对的否定或消灭，还要看到它的内在基因的延续和变化；另一方面，又不能把否定之否定看成原事物的简单再现，是旧有特征的简单恢复或全部重现，更不能认为它必须在概念上也完全同一。例如，蝶卵在一定的条件下孵化成为幼虫，是形态上的质变或否定；幼虫成长成熟后（经过成蛹阶段）化为蝴蝶，又是一个否定之否定。蝴蝶与初始阶段的虫卵无论是形态或概念完全不同，但在不同时期，无论是卵、幼虫、蛹和蝴蝶，却都保存着蝴蝶的基因，一步步地向前发展。在这个过程中，并不因为蛹或者蝴蝶与蝶卵截然不同就否认它是蝶卵的否定之否定。在这些相继发生、环环相扣的变化中，否定之否定的形态和名称不一定都要与初始阶段完全相同。总之，如果要求"否定之否定"阶段的状态一定要与初始阶段完全相同，那就是停滞，而谈不上发展了。

在最早的原始社会，生产力极其低下，个人只能依靠集体的力量对付自

---

① 《马克思恩格斯全集》第20卷，人民出版社1971年版，第154页。

然界才能获得起码的生存资料，集体也才能存在。那时，共同劳动，平等分享产品，生产资料和劳动产品都是公有的。随着生产力的较大提高，劳动条件发生变化，个人（家庭）劳动逐步取代部落全体成员的共同劳动，生产资料（土地和其他自然资源）就从共同所有、共同占有变为共同所有、个人占有，劳动所得也归个人所有。这样就发生了生产资料和劳动产品共同所有关系的否定。以后，生产力有了更大的提高，归家庭所有的财产不断增多，而且财产差别迅速扩大，有些穷人为了生存，把对公有生产资料的权利甚至是自己劳动力或人身的支配权出让给富人，生产资料公有制就瓦解了，出现少数人拥有较多生产资料并驱使别人劳动的关系。这就是原始公有制的否定。从较长阶段看，原始公有制变为奴隶制是生产关系的否定，奴隶制被封建制度或资本主义制度所代替，各个阶段又都经历了社会经济形态的否定之否定。从每个阶段的变化具体分析，后续社会经济形态虽然都保留或继承了前一经济形态的某些因素，可是否定之否定阶段的称谓与初始阶段不一定都是相同的。即使是从更长的历史时期看，原始部落公有制—私有制—全社会公有制，在概念和内涵上也不是完全相同的。可见，不能用形式逻辑的思维对待唯物辩证法，认为最终阶段的概念必须与初始阶段完全同一才叫否定之否定。

3. 剖析第三个质疑

有些专家认为消费资料所有制历来都是个人所有的，资本主义制度下劳动者也有生活资料的个人所有制，就消费资料而言不存在否定之否定。以这个为理由否认恩格斯的解释是片面的。的确受产品的使用价值决定，绝大部分的消费资料历来都是个人所有的。但是，从消费资料的构成，特别是消费资料的获得方式看，不同社会却存在巨大的差别。例如，奴隶是会讲话的工具或牲口，他们个人所得的消费资料是奴隶主用喂养牲畜的方式和低劣的质量、有限的数量给予的，以至于很难说是完整意义的消费资料个人所有制。封建社会的农奴得到的消费资料，是向领主缴纳地租后留下的劳动产品。由于农奴还处于人身依附状态，他们的消费资料个人所有制仍是不完整的。在资本主义社会，"个人的分散的生产资料转化为社会的积聚的生产资料，从而多数人的小财产转化为少数人的大财产，广大人民群众被剥夺土地、生活资料、劳动工具",① 只能通过出卖劳动力获取相当于劳动力价值和价格的工资，然后换取生活必需的消费资料。虽然比起以往的劳动者，雇佣工人的消费资料个人所有制是较为完整的。但由于他们只能靠被雇佣谋生，能否获得消费资料要取决于就业状况，因而这种消费资料所有制的基础也是不稳定的。总之，在以前的社会里，劳动者获得消费资料的方式，都因生产资料所有制性质的差异而彼此不同，历次的变化都可视为消费资料获得方式上的否定和否定之否定。生产资料归少数人所有的私有制以及在其基础上产生的剥削关系被消灭，劳动者共同占有生产资料和劳动产品，社会根据共同需要有计划地安排劳动产品的用途，其中一部分用于生活消费，按劳动者提供的劳动分配给个人，是更大轮回的否定之否定。这就是马克思所说的在协作和对土地及靠劳动本身生产的生产资料的共同占有的基础上，"重新建立个人所有制"，它与先前各种社会的消费资料所有制是截然不同的。所以，断言消费资料个人所有制不存在否定之否定而反对恩格斯的解释，是不符合辩证逻辑，也不符合人类社会发展的实际状况的。其实，如果根据上述《资本论》英文版的用语去理解，生活资料按社会主义公平原则分给个人是公有制替代资本主义私有制的自然结果，不是个人所有制的"重建"，这一质疑也就没有必要了。诚然，恩格斯对马克思理论的阐述不一定全部符合马克思的原意，但从以上对几种质疑的分析，表明他在《反杜林论》中对"个人所有制"的解释完全符合马克思主义的基本理论，是准确的、经得起推敲的，既不违反形式逻辑也符合辩证逻辑。因此，不能因为恩格斯在个别地方对马克思的理论可能存在解释不周全之处，就怀疑恩格斯对未来社会"个人所有制"解释的正确性。

二、准确认识生产资料公有制的主体和基本特征

有些专家为了论证"个人所有制"是生产资料所有制，引用了几段话，如《德意志意识形态》中的"联合起来的个人对全部生产力总和的占有，消

---

① 《马克思恩格斯选集》第 2 卷，人民出版社 1995 年版，第 268 页。

灭着私有制",①《共产党宣言》中的无产阶级取得政权后，要将"全部生产集中在联合起来的个人手中"；在《1861 – 1863 年经济学手稿》中认为，资本家的所有制"只有通过它的所有制改造为非孤立的单个人的所有制，也就是改造为联合起来的社会个人的所有制，才可能被消灭"。② 他们认为"全部生产力总和"、"全部生产"、"资本家的所有制"等，显然主要指生产资料，而且仅靠消费资料的个人所有制也不能取代和消灭资本主义私有制，因而个人所有制指的是生产资料所有制。

　　不错，这些引文讲的所有制客体的确是生产资料，但是，想引用它们去证明未来社会"个人所有制"是生产资料所有制，理由却不充分。关键就在于拥有生产资料的所有制主体是谁。劳动者对生产资料的所有可区分为两种类型：一是孤立的、单个人的劳动者的个人所有，一是"联合起来的社会的个人"所有，前者属于私有制，后者则属于公有制。两种所有制的主体，从而所有制的性质，是根本不同的。上述专家引用的语录里讲得很清楚，即未来社会拥有生产资料的所有制主体，不是作为私有者的孤立的个人，而是"联合起来的个人""联合起来的社会个人"，即联合起来形成一个社会整体的个人。但是，有些专家却用后者去证明作为私有者的个人在未来社会占有生产资料，这在逻辑上明显地犯了概念变换的错误，是不足为据的。

　　为了解决"生产资料既是公有又是个人所有"的矛盾，有些专家解释，重建的"个人所有制"，指社会个人所有制，是社会所有和个人所有的对立统一。讲生产资料公有或共同占有是从社会主义联合体的整体来着眼的，讲"个人所有制"是从构成联合体的劳动者个人着眼的，是在社会主义生产资料所有制关系中整体和个体的关系。它是一个整体的统一的所有制概念，不是相互不同的两个层次的所有制概念。这种意见仍然回避不了"在一种生产资料所有制（公有制）基础上建立一种生产资料所有制（个人所有制）"的逻辑矛盾。因为，如果真的像他们所称"公共占有和个人所有是统一整体的两

---

① 《马克思恩格斯全集》第 3 卷，人民出版社 1960 年版，第 77 页。
② 《马克思恩格斯全集》第 48 卷，人民出版社 1985 年版，第 21 页。

个方面"，那么，只讲生产资料的公共占有就足够说明所有制的性质了，何必再说在公共占有的"基础上"建立个人所有制呢？反过来看，如果说"个人所有制"指生产资料所有制，它本身就是社会生产关系的基础了，何必为它再规定一个生产资料公有制的"基础"呢？实际上，这两者是互不相同的范畴，前者是后者建立的基础，后者是在前者的"基础上"建立的，它们是不同层次的经济关系，而不是同一个概念的不同着眼点或观察点。

不仅如此，笼统和抽象地以"社会所有和个人所有的统一"去描述公有制的主体或公有制内部关系，也是过于简单，难以讲清公有制更为根本的特点。全社会的生产资料公有制与其他所有制的差别，首先在于所有者根本不同，即生产资料不归占人口少数的剥削阶级所有，而属于全社会的劳动人民，因而它彻底改变了劳动者被奴役、被剥削的状况，确立了劳动者在生产、流通和分配过程中的主人翁地位，满足劳动者不断增长的物质文化需要，保证劳动者日益全面的发展。此外，在其他方面还具有一系列重要的特点。从所有权的结构和存在形式看，其特点：一是所有权构成的直接社会性，即它将生产资料归个人所有改变为归全体劳动者共同所有。马克思在论述资本必然转化为生产者的财产时指出："不过这种财产不再是各个互相分离的生产者的私有财产，而是联合起来的生产者的财产，即直接的社会财产。"① 二是权利享有的平等性，全体劳动人民在归属权上都处于同等的地位，没有任何个人可以在生产资料的归属上多占一份或取得特殊的权力，并借此为个人牟取私利。三是产权结构的统一性，全体劳动人民组成一个整体，成为全民所有制资产的共同所有者，它的财产是联合体整体所有的，是全体人民的"集体财产"或"公共财产"。它虽然是人人有份，却不是分散地归单独的个人，也就是说，是劳动者共同所有而不是单个人所有。四是产权存在形式的集中性和不可分性。虽然全民所有制中每个成员都能得到一份平等的权利，但社会不把每人应得的权利分解给个人，不搞财产权利的分散化或是"量化"到个人

① 《马克思恩格斯选集》第 2 卷，人民出版社 1995 年版，第 517 页。

也就是《共产党宣言》所说的"全部生产集中在联合起来的个人的手里"①，个人不能将自己的份额转让给别人，任何社会集团或个人都不得瓜分全民所有制的财产并将其据为己有。再从所有权的行使方式看，全社会所有制的财产根据整体的意志和整体的利益，由整体的代表行使产权权能，获取产权利益，然后根据一定的方式和原则使个人公平地分享共同获得的利益。《德意志意识形态》写道："现代的普遍交往除了受全部个人支配不可能通过任何其他途径受一个个人支配。"②《共产主义原理》指出："因此私有制也必须废除，而代之以共同使用全部生产工具和按照共同的协议来分配全部产品，即所谓财产共有。"③ 这就是所有权行使方式的整体性。任何社会集团或个人不得违背整体的意志和利益，在没有得到授权的情况下独自行使所有权，否则就是对共同产权的侵犯或破坏。根据马克思主义的社会观，公有制虽然是由劳动者个人组成的，但劳动者能够成为生产资料的主人以及他们的发展只能依赖于联合起来的整体，联合和组织是单个劳动者改变其弱势地位并获得发展的根本条件，能够将公有制与非公有的其他所有制区别开的就是劳动者的联合。因此，在公有制中劳动者不是一个个像散沙一样地凑合在一起，而是一个高度联合的整体，一个有组织的社会有机体。在公有制内部整体与个人的关系中，上述的共同性、整体性、集中性、统一性等是矛盾的主要方面，它们决定和反映了公有制的本质属性，维护和促进公有制的发展。只有把公有制理解为这样一种生产关系，才能懂得联合起来的劳动者个人共同所有的含义，明确个人成为共同所有者的含义。反之，不分矛盾的主要方面和非主要方面，笼统地抽象地说社会所有与个人所有的统一，过分强调个人所有，甚至以个人所有去概括公有制的特征，正是看不清这些重要特点的重大意义。这不仅离开了辩证唯物主义的矛盾分析方法，在所有制理论上也是有缺陷的。想用它论证生产资料个人所有制等同于公有制，驳斥杜林关于"混沌杂种"的污蔑，自然会捉襟见肘，没有说服力。

---

① 《马克思恩格斯选集》第 1 卷，人民出版社 1995 年版，第 294 页。
② 《马克思恩格斯全集》第 3 卷，人民出版社 1960 年版，第 76 页。
③ 《马克思恩格斯选集》第 1 卷，人民出版社 1995 年版，第 237 页。

三、从争论中吸取有益的启示

在这场持久的辩论中，涉及的内容很广泛，有许多文章实际上不是正面回答如何解释马克思那句话，更多地是联系当前经济改革和发展的实际，议论公有制理应如何处理社会与个人的关系。主张未来社会的个人所有制是生产资料所有制的基本观点虽然值得商榷，但其中的一些论者有个共同点：都肯定马克思所讲的否定之否定不是重新建立劳动者的生产资料私有制。他们在辩论中提出的许多论述，对如何理解公有制的内涵和正确处理公有制的内部关系具有重要的启示，对认清改革开放的正确方向有着积极的理论意义。

有些专家提出，"否定之否定"后形成的个人所有制是生产资料公有制，它虽是个人所有的，但不属于任何单独的个别的人，不是劳动者个人的私有制，个人所有是建立在联合的基础上的，生产资料只属于联合起来的劳动者个人，成为生产资料所有者是全体的个人，所有者和劳动者是合一的。这种意见值得重视之处在于他们指明全社会公有制的基本属性，强调要维护这种公有制的联合所有。第一，全社会公有制是全体劳动人民共同所有的，生产资料的所有者是劳动者，排除了任何人利用生产资料所有权进行剥削的条件，不像有些人把它混同于资本主义的国家所有制，甚至歪曲为"俾斯麦"式的政府所有制或官僚所有制。第二，全社会公有制的归属权主体遍及全体劳动人民，每个劳动者个人都是公有制主人的一分子，公共的整体的利益与每个劳动者个人切身利益密切相关，这就批判了所谓公有制"人人皆有、人人皆无"的说法。第三，联合是消灭资本主义制度使劳动者个人重新成为生产资料所有者的条件，也是区别劳动者个人私有与劳动者共同公有的关键，为此，必须努力维护所有制的联合性质。只有这样，公有制才名副其实，才具有取代资本主义私有制的合理性和优越性。

有些学者认为，之所以把未来社会的所有制说成是"个人所有制"，是为了强调这种所有制应体现在劳动者的个人权利上，认为个人的权利是否得到充分实现是衡量公有制是否成熟的一个基本标志，个人权利愈是得到充分实现，公有制就愈加完善。还有些学者认为，未来社会的个人所有制指在生产资料公有制基础上劳动者个人对生产资料的实际占有和支配。就是说，劳动者个人不仅是共同所有者的一分子，还应拥有公有制的其他权利，应该有权参与生产资料的占有和支配，做到这点，劳动者个人才是真正的所有者，才可能在生产中既有劳动者的身份又有所有者的身份的新社会生产才谈得上是自由的平等的协作。

　　提出这些意见具有重要意义。过去很长时期，我国的公有经济没有处理好整体和个人的关系。往往过分强调整体而忽视个人。虽然在理念上也提出要尊重劳动者的主人翁地位，充分发挥个人的积极性和作用，提倡劳动者参加管理，但实际上却偏向于讲个人作为劳动者对社会和集体要多作贡献，很少提到要确立和保护劳动者的个人权利（即使提到，也主要指每个人享有的公共权利），更没有从产权的层面确立劳动者个人在公有经济中的权力和利益。在改革过程中人们经常讲要解决公有经济"产权虚置"的问题，其重心也仅仅停留在公共所有权（实指国家对生产资料的归属权）的落实，如归属权主体或代理人的明晰化等等，忽略了劳动者个人权利的确立。于是，在再生产的各个领域，劳动者除了按照共同所有者的身份获得集体的权利并共同享有协作劳动创造的成果以外，作为个人，缺少明确规定的实际参与占有和支配的权力和机会以及了解生产和分配实际状况的权利和监督的权利，很难充分表达个人的要求和愿望。领导人可以轻易地以共同意志、共同利益代表的身份发号施令，甚至凌驾于普通劳动者之上。结果，主人翁思想容易只挂在口头上，难以真正在劳动者的头脑和行动中体现出来。这些都会削弱劳动者对公有制的认同感，导致一系列的矛盾和弊病，妨碍公有制优越性的发挥。所以，应当把劳动者个人的权利是否能得到充分实现作为衡量公有制是否完善和成熟的一个基本标志，通过经济体制改革，处理好国家、集体与个人的关系，明确劳动者个人作为公有制成员的各种权利，并且采取有效的措施加以落实。只有劳动者的个人权利能够得到真正的实现，才能证明他们在公有制中是真正的主人，劳动者才同时具有所有者、经营者和劳动者的身份，才能充分发挥其热忱和才能。

　　有的学者强调要从劳动者得到自由的全面的发展去认识公有制。他们援引《共产党宣言》的话，代替那存在着阶级和阶级对立的资产阶级旧社会的，将是这样一个联合体，在那里，每个人的自由发展是一切人的自由发展的条件。① 认为马克思和恩格斯的最高理想就是个人的自由全面发展，即知识、能力、素质的全面发展和个性、独立性和人格不受阻碍的发展。而这种发展，首先必须建立在生产资料公有制的经济基础之上。如《法国工人党纲领导言》指出："生产者只有在占有生产资料之后才能获得自由。"② 《德意志意识形态》写道："只有在共同体中，个人才能获得全面发展其才能的手段，也就是说，只有在共同体中才可能有个人自由。"③ 提出个人所有制就是生产资料归"自由人联合体"的所有制。这种意见虽然不是直接从马克思那句话引申出来的，不能直接解释那句话的含义，却道出全社会公有制的重要特点及其发展的目标，我国社会的发展具有积极的意义。

资本主义私有制被社会主义公有制所代替，广大劳动者摆脱了被奴役、被剥削的地位，成为生产过程的主人，享有自己劳动的成果，收入日益提高，生活不断改善，人人得到自由发展的机会。这种基本关系是谁也不能否认的。但是，在实际生活中，对待物与人的关系时更多地是将技术条件和物质发展摆在首位，而忽略人的发展的根本作用；在生产和生活的关系中，重生产、重积累而放缓人的物质文化生活的提高，更没有将（全社会的）人的全面发展当作一切工作和活动的终极目标；在集体与个人的关系上，强调个人利益依存于集体利益，耻于谈论个人的利益；在纪律与自由的关系上，偏重于服从组织和纪律，讳言个人的意志和自由。当然，在许多方面，重视对立统一关系的主导方面是应该的，但过分和片面地偏向一方也是背离唯物辩证方法，不符合"自由人联合体"的本性和根本要求的，必须通过体制改革，使用各种方法克服这些偏差并且在法规上加以确定。中国共产党根据毛泽东思想，在《党章》中提出要"努力造成又有集中又有民主，又有纪律又有自由，又有统一意志又有个人心情舒畅的生动活泼的政治局面"。这个主张在几次的党

---

① 《马克思恩格斯选集》第1卷，人民出版社1995年版，第294页。
② 《马克思恩格斯文集》第3卷，人民出版社2009年版，第568页。
③ 《马克思恩格斯选集》第1卷，人民出版社1995年版，第119页。

章修订中始终没有更改。党的十六届三中全会遵循马克思主义原理，总结我国社会主义建设的经验，将"以人为本"确定为一切工作的根本方针，就是为了从人民群众的根本利益出发谋求和促进社会发展。逐步实现人的全面发展的终极目标。必须坚持这一目标为它的实现不懈努力。

四、警惕有人利用争论浑水摸鱼、贩卖私货

自从恩格斯的解释被怀疑，"个人所有制"被说成生产资料所有制的观点开始流行之后，一向想把公有经济私有化的一些人，敏锐地觉察到理论缺口，便一拥而上，炮制一篇篇文章，名为深刻理解马克思的设想，实质却是篡改马克思，尽量塞进他们的私货，大力鼓吹生产资料归个人私有。

有些人主张，《资本论》提出要重建的个人所有制是指生产资料"人人皆有的私有制"，即社会的生产资料归每个社会成员私有，"人人有份"。认为这才是马克思和恩格斯"构想未来社会所有制的基本内核"。这种观点认为，私有制有两种类型，一种是"部分人的私有制"，即社会生产资料只被社会上的一部分人所有；一种是"人人皆有的私有制"，即"个人所有制"，硬说马克思否定的只是第一种类型的私有制，而没有否定"人人皆有的私有制"。他们还搬用《共产党宣言》中所说的"共产主义并不剥夺任何人占有社会产品的权力，它只剥夺利用这种占有去奴役他人劳动的权力"①，把它说成马克思和恩格斯主张个人占有生产资料。这种观点阉割了马克思的原话，完全不顾历史事实，同马克思主义的基本原理背道而驰。首先，自从人类社会出现私有制以后，由于经济规律的自然作用，很快就发生了分化，一方面，数量日益增加的个体所有者丧失了生产资料，另一方面，产生了掌握大量生产资料剥削广大群众的大私有者。从此之后，所谓"人人皆有的私有制"就根本不存在了。从奴隶社会、封建社会到资本主义社会，占统治地位的所有制都是剥削阶级的所有制，是"部分人"的私有制，而那些幸存的小私有制，只是一种从属的占有方式，而且还不断地被剥夺被消灭，劳动者沦落到无产者的队

---

① 《马克思恩格斯选集》第 1 卷，人民出版社 1995 年版，第 288 页。

伍。因此，读遍《宣言》，根本不见"人人皆有的私有制"的踪影。相反，《宣言》这样讲："你们说的是资产阶级财产出现以前的那种小资产阶级的、小农的财产吗？那种财产用不着我们去消灭，工业的发展已经把它消灭了，而且每天都在消灭它。"① 实际上，在现代生产力条件下，生产资料和生产已经高度社会化，再也不可能形成"人人皆有的私有制"了。马克思非常明确地指出："我把生产的历史趋势归结成这样：实际上已经以一种集体生产为基础的资本主义所有制只能转变为社会的所有制。"② 结果就会是"他们社会地占有而不是作为各个私的个人占有这些生产资料。"③ 其次，断言马克思讲未来社会时没有一概否定私有制是没有根据的。马克思从历史发展的角度的确肯定过资本主义制度的作用，但他剖析了资本主义的基本矛盾，论证资本主义必然被消灭，代之以公有制为基础的社会经济制度。《共产党宣言》就明确指出："共产党人可以把自己的理论概括为一句话：消灭私有制。"④

再次，从"否定之否定"的发展逻辑看，在资本主义之前"人人皆有的私有制"早就不存在了，并不是否定之否定的初始阶段，如果消灭了资本主义私有制以后建立的还是"人人皆有的私有制"，也不是初始的阶段的否定之否定。即使出现这种状况，在个体生产的经济规律的必然支配下，也一定重新发生上述的生产者的两极分化，重新出现"少数人"占有生产资料和剥削大多数人的私有制。可见，这些人不顾马克思一开头就说的"这种否定不是重新建立私有制"，硬是将重建个人所有制解释为"人人皆有的私有制"，是完全与马克思的基本思想相对立的私货，其目的是要为排挤公有制、实行私有化提供理论依据，必须坚决批判和抵制之。

与此相类似，有些学者主张，在现有的公有制中，劳动者的所有权是抽象的、虚置的，重建个人所有制就是把生产资料量化给个人。按照这种意见，国有资产就会被瓜分完，国家所有制就被瓦解了，然而最终获得利益的绝不

---

① 《马克思恩格斯选集》第 1 卷，人民出版社 1995 年版，第 286 页。
② 《马克思恩格斯全集》第 19 卷，人民出版社 1963 年版，第 130 页。
③ 《马克思恩格斯全集》第 48 卷，人民出版社 1985 年版，第 21 页。
④ 《马克思恩格斯选集》第 1 卷，人民出版社 1995 年版，第 286 页。

是广大群众而是一小撮富豪。俄罗斯在 20 世纪 90 年代实行过这种瓜分国有资产的改革，每个在 1992 年 9 月 2 日以前出生的俄罗斯人，都可以获得一张面额 1 万卢布的"私有化证券"。这个改革严重破坏了国有经济，导致国民经济的巨大倒退，到 20 世纪末，俄罗斯国内生产总值比 1990 年下降了 52%，工业生产减少了 64.5%，农业生产减少了 60.4%，卢布贬值，物价飞涨五千多倍。"私有化证券"发放时每张差不多可以买一辆汽车，但过不久就形同废纸。老百姓并没有由此就建立起人人占有生产资料的"个人所有制"，而少数权贵和富人则趁机攫取巨额资产，成为掌控国民经济的新资产阶级。我们必须以此作为殷鉴，切莫轻信所谓"生产资料量化给个人"的蛊惑，重蹈他人的覆辙。

谢韬、辛子陵在《试解马克思重建个人所有制的理论与中国改革》[①] 文中说道，"马克思设想革命胜利后建立社会主义经济体制的道路分为两步：第一步，把原属于资本家的大公司、大工厂等生产资料收归国有，由政府控制起来；第二步，政府要寻找一定的形式将社会财富回归社会，回归人民重新建立个人所有制"。这是把自己的妄想强加在马克思头上的彻头彻尾的捏造。试问，马克思在什么论著讲过这种"两步走"的设想？根本没有！这样胡说乱造的目的是要引出他们后面想说的话："列宁、斯大林，包括毛泽东主席，在革命取得成功后……把公有制异化为政府所有制，实际上变成对包括工人阶级在内的社会各阶层人民的剥夺"，"名为公有制、国有制、全民所有制或集体所有制，一较真，一落实，实际上脱化成一种'官有制'。把本该回归社会的财富抓在政府手里由政府控制全部资源，政府包办所有企业，政府成为高度垄断的总资本家，全国人民都成为政府的打工仔。恩格斯早就告诫不要把'俾斯麦的国有化，都说成是社会主义的'。"这就暴露出，他们把中国共产党领导劳动人民建立起来的社会主义国家等同于资产阶级国家，把"剥夺剥夺者"建立起来的社会主义的国家所有制污蔑为"对包括工人阶级在内的

---

① 谢韬、辛子陵：《试解马克思重建个人所有制的理论与中国改革》，载于《炎黄春秋》2007 年第 6 期。以下所引错误观点均见该文。

社会各阶层人民的剥夺"，"政府成为高度垄断的总资本家，全国人民都成为政府的打工仔"，是要不得的"俾斯麦的国有化"。但是，一看到这些话以后就可发现，他们连自己讲过的"第一步"也自我封杀了。他们根本反对社会主义的国有化，剩下的就是他们要走的"第二步"。他们刚开始讲这一步的时候还含糊地说是要"将社会财富回归社会，回归人民，重新建立个人所有制"，但到后面就露出尾巴了，原来他们要的"就是让自然人拥有生产资料，人人有份"，即生产资料归单个个人所有的私有制，而不是归全社会共同所有的公有制。这表明他们参加"重建个人所有制"的讨论，只是为了乘正确理论被搅乱之机，将人人皆有的私有制冒充为马克思的设想，借此瓦解社会主义公有制。

　　谢、辛二位捏造马克思和恩格斯的话还不仅这点。为了宣传以股份制替代社会主义国家所有制。他们说："股份公司的出现，使马克思不仅找到了把生产资料'当作共同生产者共有的财产，直接的社会财产'的形式，而且找到了'资本再转化为生产者的所有'，即'重新建立个人所有制'的形式，这就是股票。""股票这种占有方式，是'以现代生产资料的本性为基础的产品占有方式，一方面由社会直接占有，作为维持和扩大生产的资料；另一方面由个人直接占有，作为生活和享乐的资料'。"只需简单对照一下马克思恩格斯的原著，就可马上很容易地揭穿他们的造假。原来，他们所引用马克思关于"直接的社会财产"的话，前一句应是"联合起来的生产者的财产"而不是谢、辛所说的"共同生产者共有的财产"（这样改是为了混淆社会主义公有制和资本主义私有制条件下的生产者），而且文中也没有谈"资本再转化为生产者的所有"（这是他们强加的）。实际上，他们引文出处的整段话讲的是以股份公司作为"过渡点"的未来的联合生产者的财产公有制，而不是股份公司本身。经过他们的篡改，以个人私有为基础的资本主义股份公司却变成"直接的社会财产等同于未来社会的'个人所有制'了。至于他们引用的恩格斯的话，原来讲的是资本主义私有制必然被消灭以及代替它的公有制占有关系的特点，整句甚至整页都没有股份公司的字眼。怎么却变为股票占有方式"呢？这不是明目张胆地篡改吗？他们连这段话出处的前后页都顾不得看看。

如在这段话的前一页就写道："无论转化为股份公司，还是转化为国家（即资产阶级国家—引者注）财产，都没有消除生产力的资本属性。"在后一页就明白地指出："无产阶级将取得国家政权，并且首先把生产资料变为国家财产。"前后文都写得这么清清楚楚，作为教授和研究员不至于看不懂吧，用这种拙劣的手法，除了企图欺骗读者还能作什么解释。

　　再说，他们把马克思设想的"个人所有制"说成是股份制也是移花接木，胡乱推测的。马克思在《资本论》中已经对当时的股份制的性质做了明确的判断，指出："这种向股份形式的转化本身。还是局限在资本主义界限之内；因此，这种转化并没有克服财富作为社会财富的性质和作为私人财富的性质之间的对立，而只是在新的形态上发展了这种对立。"① 因此，它虽然在形式上表现为一群人所有，但只是资本主义私有制的一种实现形式，与生产资料公有制在性质上和产权结构上是截然不同的。在资本主义的股份制企业中，可能有部分工人购买了少量股票，但是，他们的入股并不会改变他们作为雇佣劳动者的地位，没有消除资本主义剥削关系。所以，这里并不存在资本主义私有制的"否定之否定"。总之，马克思对股份制作过详细的分析，始终没有把它同"重建个人所有制"联系在一起，谢、辛两位把它当作未来社会的所有制的蓝本，也是为了反对社会主义国家所有制。

　　此外，有些人主张用现代合约经济学去解读"重新建立个人所有制"，认为企业是人力资本与非人力资本的特别合约，社会主义在劳动者对自己人力资本占有的基础上，否定物质资本所有者对物质资本的占有，实现人力资本所有者以集体的名义对物质资本的占有，人力资本与非人力资本既是分离的又是合一的，断言这就是马克思所言的"在协作和对土地及靠劳动本身生产的生产资料的共同占有的基础上，重新建立个人所有制"的真正含义。这种依靠西方经济学的庸俗观点去解释马克思对未来社会的设想，未免荒谬和可笑。首先，所谓的"人力资本"就是一种自相矛盾的悖谬概念。资本不是物，而是无偿占有别人剩余劳动的关系。个体生产者使用自己的劳动力和生产资

① 《马克思恩格斯选集》第 2 卷，人民出版社 1995 年版，第 519 页。

料创造出剩余并归自己所得，其中并不存在资本关系。在资本主义企业中，工人已经把自己的劳动力出卖给资本家，他们创造的全部价值，包括剩余价值，都归资本家所得。在这种条件下，劳动力已经按照资本家的意志，同资本家所有的生产资料相结合，成为资本的可变部分，为资本家牟取最大限度利润服务。因此，它是资本家的资本，根本不属于雇佣劳动者所有。就是说，无论在什么条件下，人力都不是资本①。马克思从来没有讲过劳动者拥有"人力资本"，而且揭露资产阶级经济学家回避资本是对劳动者无酬劳动的剥削关系，把它仅仅当成能够用来进行生产并得到更大价值的物，并进而把占有无酬劳动的功能荒谬地赋予提供无酬劳动和被剥削的对象身上，指出："它们的这个资本主义灵魂和它们的物质实体如此紧密地结合在一起来，以致在任何情况下，甚至当它们正好是资本的对立面的时候，他也把它们称为资本。"②其次，所谓企业是人力资本与非人力资本的特别合约，无非是西方经济学"企业契约论"的一种翻版。这种理论把企业说成是"合约的集合"，其谬误在于不懂流通过程与生产过程的联系与区别，混淆了市场关系和企业内部关系，看不到雇主与雇员从市场进入企业后双方地位和相互关系的巨大变化，将企业内部资本家凭借其购买到的劳动力支配权和使用权驱使雇佣劳动者的关系，说成与市场一样的自由平等的协商关系，从而歪曲了企业的本质，掩盖了资本的剥削关系。③ 以上两种论调与马克思关于资本主义生产关系的系统分析是互相对立的，其理论基础曾经被马克思多次揭露和批判过。这些论者罔顾不同理论范式的根本对立，企图拾西方经济学之牙慧去解读马克思的观点无异狗尾续貂，只会为马克思原已非常清楚的设想加谜添乱。

（原文发表于《马克思主义研究》2015 年第 2 期）

---

① 对"人力资本"概念的批评，详见吴宣恭：《"人力资本"概念悖论分析》，载于《经济学动态》2005 年第 10 期。

② 《马克思恩格斯文集》第 5 卷，人民出版社 2009 年版，第 878 页。

③ 详见吴宣恭：《"企业契约论"对企业本质的歪曲》，载于《高校理论战线》2005 年第 11 期；吴宣恭：《关于企业的本质——兼评交易费用学派的企业理论》，载于《经济纵横》2006 年第 1 期。

"重建个人所有制"争议及理论再思考

华德亚　朱仁泽 *

一、马克思"重建"命题与当代争议

"重新建立个人所有制"是《资本论》第一卷针对资本主义历史趋势的论断，即"从资本主义生产方式产生的资本主义占有方式，从而资本主义的私有制，是对个人的、以自己劳动为基础的私有制的第一个否定。但资本主义生产由于自然过程的必然性，造成了对自身的否定。这是否定的否定。这种否定不是重新建立私有制，而是在资本主义时代的成就的基础上，也就是说，在协作和对土地及靠劳动本身生产的生产资料的共同占有的基础上，重新建立个人所有制"。① "重建"命题涉及到两个维度：生产维度—生产资料的资本主义私有制将抛弃它自身的形态进而转化为公有制；消费维度—劳动者在公有制的基础上将重新分配他们的消费资料，即"个人所有制"。

改革开放以来，理论界针对这一命题展开了颇为热烈的讨论，但没有达成共识。其中，两种观点具有较大影响：观点一，马克思"重新建立个人所有制"的思想是指消费资料的个人所有制，它以生产资料公有制为基础；观点二，"重新建立个人所有制"思想是指生产资料的公有制，"个人所有制"与公有制反映集体与个人的辩证关系。坚持观点一的学者从《反杜林论》创作的历史背景入手维护恩格斯的权威，对同一律的剖析却不到位；坚持观点二的学者以否定之否定的同一律为依据，认为恩格斯在《反杜林论》的解释存在缺陷。

---

* 华德亚，安徽大学经济学院；朱仁泽，安徽大学经济学院。
① 《马克思恩格斯文集》第5卷，人民出版社2009年版，第874页。

二、"否定的否定"谜题破解

（一）恩格斯的解读遵循同一律

恩格斯对"重新建立个人所有制"的解释是符合马克思本意的。他在《反杜林论》中以倒序的方式对"否定的否定"作出解释。首先他把"否定的否定"放在一边，着重解释"既是个人的又是社会的所有制的混沌世界"①，并称"重新建立个人所有制，然而是在土地和靠劳动本身生产的生产资料的社会所有制的基础上重新建立"，就是"社会所有制涉及土地和其他生产资料，个人所有制涉及产品，也就是涉及消费品。"② 紧接着，恩格斯通过马克思"自由人联合体"的论述——这个联合体的总产品是社会的产品。这些产品的一部分重新用作生产资料。这一部分依旧是社会的。而另一部分则作为消费资料由联合体成员消费。因此，这一部分要在他们之间进行分配，③ 来证实他与马克思的观点是相符的。最后，恩格斯才回答否定的否定的作用。④ 他认为，"马克思只是历史地证明并在这里简略地概述：正像以往小生产由于自身的发展而必然造成消灭自身，即剥夺小私有者的条件一样，现在资本主义生产方式也自己造成使自己必然走向灭亡的物质条件。这是一个历史的过程"，"在历史地证明了这一过程一部分实际上已经实现，一部分还一定会实现以后，才又指出，这是一个按一定的辩证法规律完成的过程"。⑤ 遵循恩格斯的解读，"否定的否定"结果包括两个部分：一是靠劳动生产的生产资料及土地的公有，二是消费资料的个人所有，即"个人所有制"。

资本主义的私有财产对以自己劳动为基础的私有财产的否定是第一个否定，是资本主义生产关系即资本与雇佣劳动关系对个人的、自己劳动的否定，它是生产关系的否定；资本与雇佣劳动这种生产关系又会制造出它自己的掘

---

① 《马克思恩格斯文集》第 9 卷，人民出版社 2009 年版，第 137 页。
②③ 《马克思恩格斯文集》第 9 卷，人民出版社 2009 年版，第 138 页。
④ 《马克思恩格斯文集》第 9 卷，人民出版社 2009 年版，第 139 页。
⑤ 《马克思恩格斯文集》第 9 卷，人民出版社 2009 年版，第 141 页。

墓人。显然，恩格斯认为的复归是，劳动者作为财产所有者经由资本主义私有制之后重新取得财产的所有权，从劳动者与生产资料直接结合这点来说，它与小私有制是相同的。

基于《反杜林论》以《资本论》第二版为蓝本，特将相关引文摘录："这是否定的否定。这种否定重新建立个人所有制，然而是在资本主义时代的成就的基础上，在自由劳动者的协作和在他们的土地及靠劳动本身生产的生产资料公有制上来重新建立。"① 严格意义上，马克思并没有回答否定的否定之后是"重新建立个人所有制"，而是"这种否定"要"重新建立个人所有制"。作为否定之否定的客体即"私有制"的范围，要比"重建"的对象即"个人所有制"要大得多。

（二）消费资料的"个人所有制"违背同一律原则

持观点一的学者得出的结论是正确的，但是存在逻辑错误。他们与坚持观点二的学者们看法相同，把小私有制只看作生产资料所有制。因为否定的起点只包含一个范畴，所以按照同一律原则作为否定的结果只能是生产资料所有制。不过，这造成生产资料的公有制与"个人所有制"重复表述的矛盾。他们认为，如果将复归点作为消费资料，则可以避免重复表述带来的难题。推演过程如表 1。

表 1　　　　　　　　　　"个人所有制"回归消费资料

	否定阶段 I		否定阶段 II
	小私有制	资本主义的私有制	未来社会的所有制
生产资料	√	√	√
生产资料与消费资料			
消费资料			

注："√"表示对所有制形式的肯定；"○"表示对所有制形式的否定；没有标记则表示作者未作讨论，以下各表含义相同。

---

① 《马克思恩格斯文集》第 9 卷，人民出版社 2009 年版，第 138 页。

如表 1，"个人所有制"并入消费资料的方案虽然解决了重复表述的难题，但是也违背了否定之否定同一律，并遭到反对。为解决同一律难题，持观点一的学者提出解决方案，如表 2。

表 2　　　　　　　　　"个人所有制"回归消费资料的通约型

	否定阶段 I		否定阶段 II
	小私有制	资本主义的私有制	未来社会的所有制
生产资料	√	√	√　　　　○
生产资料与消费资料			
消费资料			

通约方案认为"个人所有制"在内容上仍然是消费资料，但它是建立在生产资料公有制的基础之上，说"个人所有制"就相当于说生产资料的公有制。这种解释勉强解决了同一律的难题，但以脱离马克思文本为代价的解释不具有可行性。

（三）生产资料的"个人所有制"违背同一律原则

同一律原则不能为观点二提供理论支持。坚持观点二的学者认为马克思一向强调生产资料所有制，资本主义的私有制否定以个人劳动为基础的私有制是第一阶段的否定，而作为否定之否定的结果怎么可能不是生产资料？因而，他们认为坚持同一律就必须坚持"个人所有制"的内含是生产资料，而且只能是生产资料。其逻辑可通过表 3 表示。

表 3　　　　　　　　　"个人所有制"回归生产资料

	否定阶段 I		否定阶段 II
	小私有制	资本主义的私有制	未来社会的所有制
生产资料	√	√	√　　　　√
生产资料与消费资料			
消费资料			

如表 3 所示,"个人所有制"回归生产资料尽管遵循同一律,但是以重复表述为代价。卫兴华教授对此解释道:"公有制和联合起来的社会的个人所有制,是社会主义生产资料所有制硬币的两方面,其正面是公有制,其背面是联合起来的社会的个人所有制,即组成为共同体的各个个人都有份的所有制。"[①]"讲生产资料公有或共同占有,是从社会主义联合体的整体来着眼的。讲'个人所有制',是从构成联合体的劳动者个人着眼的。"[②] 公有制本身具有集体和个人双重属性,谈"个人所有制"就不需要"土地及靠劳动本身生产的生产资料的共同占有",反之亦然。卫教授从集体和劳动者个人双重视角解读公有制是正确的,但是这个解读放在"重建"命题的推理中就值得商榷。因为卫教授的解读对象只是马克思"重建"论断所包含的一个子集。

笔者认为:持观点二的学者错误地理解了否定之否定的客体范围,小私有制应该包含生产资料与消费资料两个范畴,整个否定之否定的过程应该如表 4 所示。

表 4　　　　　　　　　　　生产与消费统一于同一律

	否定阶段 I		否定阶段 II	
	小私有制	资本主义的私有制	未来社会的所有制	
生产资料				
生产资料与消费资料	√	√	√	√
消费资料				

将消费资料范畴从小私有制中排除既不符合现实,而且也存在违背同一律原则错误以及重复表述错误。

现实经验:生产关系的发展不仅取决于物质生产,而且受制于人类本身的繁殖。消费既是生产的出发点也是生产的落脚点,马克思两大部类理论说

---

① 卫兴华:《究竟怎样理解马克思提出的"重建个人所有制"的理论观点》,载于《当代经济研究》2010 年第 6 期。

② 卫兴华:《再析马克思"重建个人所有制"的涵义》,载于《当代经济研究》2018 年第 9 期。

明，正因为有了消费，人类才能繁衍生息，物质生活的生产与再生产才能不断循环下去。排除消费需求、无视消费，供给方不可避免沦为无效供给，生产关系因为缺乏动力而停止发展。

理论逻辑：基于《资本论》原文，我们可知否定阶段 I 是小私有制向资本主义的私有制过渡；否定阶段 II 是"资本主义生产"为起点对其自身的否定的过程。

如果我们将"资本主义生产"看作是广义的生产关系，生产资料的"个人所有制"观点便违背了同一律，如表5。

表5 否定的起点只包括生产资料

	否定阶段 I		否定阶段 II
	小私有制	资本主义的私有制	未来社会的所有制
生产资料	√	√	
生产资料与消费资料			√ √
消费资料			

广义的生产关系包括生产、分配、交换、消费四个方面。资本主义生产的关键是货币转化为资本，劳动力被当作商品出卖。资本主义生产方式以"资本—雇佣劳动"关系为基础，资本家通过劳动力市场与工人达成劳动力买卖的交易即G—A过程，其中A与G交换后就成为资本家的可变资本V，而G就转化为工人阶级购买生活消费品的货币。工人用于生活消费的工资本身就是资本主义生产关系的一部分，它已经将消费内含于生产，它是社会总资本循环的一环。如表5所示，若小私有制只囊括生产资料，那么否定阶段 I 的终点只包含狭义的生产关系，就无法与否定阶段 II 的起点"资本主义生产"保持同一性。当我们将否定阶段 II 的起点"资本主义生产"看作狭义的生产关系，生产资料的"个人所有制"观点便犯了如表3所示的重复表述错误。

三、共同占有的本质：私有制的扬弃

（一）马克思所有制内核：劳动占有决定所有制

《1844 年经济学哲学手稿》（以下简称《手稿Ⅰ》）首次讨论了私有制与"异化劳动"之间的关系。在《手稿Ⅰ》中，马克思对异化劳动和私有财产的关系做出总结："私有财产是外化劳动即工人对自然界和对自身的外在关系的产物、结果和必然后果。"这里，马克思认为异化劳动是私有财产的原因。然而，他又谈到："尽管私有财产表现为外化劳动的根据和原因，但确切地说，它是外化劳动的后果，……，后来，这种关系就变成相互作用的关系。"①因为《手稿Ⅰ》对"异化劳动"概念没有清晰地界定，所以后来的理论工作者认为马克思在这里犯了"循环论证"的错误。其实"异化劳动"概念有双重含义："所谓两种异化劳动，是指'作为对象化活动的异化劳动'与'属于他人的异化劳动'。所谓作为'对象化活动的异化劳动'，是指人把自己的体力和脑力注入到自然对象当中，使对象成为人可以消费的劳动产品，但是，由于这一活动毕竟包含着将自己的本质力量外化于他者之中，即'异化'的本义，故可以称为异化劳动。""所谓的'属于他人的异化劳动'，是指劳动者的劳动及其成果不属于自己，而属于他人。这其实也是异化概念的本来含义之一"。② 我们可以看到，此时的马克思正处于思想裂变期，哲学研究向经济学研究的过渡期，还不能从容地表达其经济学观点。他用"异化劳动"一个概念描述了专业分工、旧式分工两个范畴。

《德意志意识形态》指出："分工和私有制是相等的表达方式，对同一件事情，一个是就活动而言，另一个是就活动的产品而言。"③ 马克思和恩格斯认为，"只要分工还不是出于自愿，而是自然形成的，那么人本身的活动对人说来就成为一种异己的、与他对立的力量"，每个人的活动范围是强加于他

① 《马克思恩格斯文集》第 1 卷，人民出版社 2009 年版，第 166 页。
② 韩立新：《马克思的异化劳动理论究竟是不是循环论证》，载于《学术月刊》2012 年第 3 期。
③ 《马克思恩格斯文集》第 1 卷，人民出版社 2009 年版，第 536 页。

的：“他不能超出这个范围：他是一个猎人、渔夫或牧人，或者是一个批判的批判者，只要他不想失去消费资料，他就始终应该是这样的人。”① “因为分工使精神活动和物质活动、享受和劳动、生产和消费由不同的个人来分担这种情况不仅成为可能，而且成为现实，而要使这三个因素彼此不发生矛盾，则只有再消灭分工”。② 马克思和恩格斯把分工分为“自愿”的分工与“自发的”分工，即旧式分工与新式分工两个种类。③ 因为旧式分工，社会成员的活动被固定在某一特定范围内，这就导致社会成员对生产资料的占有不可避免地具有私人属性，这一点在手工业表现得尤为明显。“消灭分工”指的是消灭旧式分工，而不是消除不同专业本身。它消除社会成员固定于某一活动范围这个状态，从而也就改变了生产资料的个人所有。此时的马克思已经清晰地认识到专业分工、旧式分工之间的差异，“异化劳动Ⅰ”是“私人所有Ⅰ”的根源，“私人所有Ⅰ”继而是“异化劳动Ⅱ”的起点。

　　从手工劳动中，马克思看到了专业分工与旧式分工的内在联系；同时他也注意到机械大工业的特征：机器的发明和更新使工人阶级摆脱片面发展，消除脑力劳动与体力劳动的对立，实现工人的全面发展成为可能；在他看来工人阶级只需站到生产过程旁边，成为整个生产过程的监督者和调节者就足够了；④ 大工业对物理、化学等自然科学的自觉运用使社会生产正朝着“真正物质生产领域”的方向前进；最后，物质生产的技术要求与资本主义生产方式产生严重对立：工人的剩余劳动时间本来可以用来实现工人的全面发展，而在“资本—雇佣劳动”关系下，工人阶级却为资产阶级生产自由时间，为资产阶级创造财富，而且在此关系下，工人被动地由一个生产部门转移到另一个生产部门。他认为，“社会化的人，联合起来的生产者，将合理地调节他

---

① 《马克思恩格斯文集》第 1 卷，人民出版社 2009 年版，第 537 页。

② 《马克思恩格斯文集》第 1 卷，人民出版社 2009 年版，第 535 页。

③ 旧式分工是指：社会主体不得不服从的固定分工，一方面它使人的某些能力得到了充分的发挥，另一方面也致使人的其他能力荒废进而造成人的片面化、畸形化的发展。与旧式分工相对的是新式分工，它表示社会主体能够自愿、自主的选择自己的活动范围，并且可以自由变换自己的活动范围，实现个人的全面发展。

④ 《马克思恩格斯全集》第 46 卷（下），人民出版社 1980 年版，第 218 页。

们和自然之间的物质变换，把它置于他们的共同控制之下，而不让它作为盲目的力量来统治自己；靠消耗最小的力量，在最无愧于和最适合于他们的人类本性的条件下来进行这种物质变换。"①　基于对资产阶级与无产阶级对立关系的认识，马克思认识到工人阶级联合起来成为统治阶级的巨大潜能。马克思主义奠基人认为："一旦社会占有了生产资料，商品生产就将被消除，而产品对生产者的统治也将随之消除。社会生产内部的无政府状态将为有计划的自觉的组织所代替。个体生存斗争停止了。""至今一直统治着历史的客观的异己的力量，现在处于人们自己的控制之下了"，"这是人类从必然王国进入自由王国的飞跃"。②

因为社会调节着生产，任何人都没有特定的活动范围，每个人都可以在任何部门内发展。"任何个人都不能把自己在生产劳动这个人类生存的自然条件中所应参加的部分推到别人身上"，同时，"生产劳动给每一个人提供全面发展和表现自己全部的即体力的和脑力的能力的机会"，③　"每个人的自由发展是一切人自由发展的条件"。马克思提出的自由发展具有两层含义：一是，人们选择专业不受社会制度阻碍因素的影响；二是，人们能够成功习得专业领域的知识并获得相应的技能，进而由片面发展奔向全面发展。结合马克思的分工理论，完整的所有制形式链按此展开：集体占有与集体所有——个人占有与集体所有——个人占有与个人所有——联合占有与个人所有——联合占有与共同所有。

（二）"消灭私有制"违背否定之否定规律

"自由王国"与"必然王国"是人类面对的客观世界的两个基本形态。"必然"就是物质运动的规律，客观规律将会以铁的必然性发生作用。"自由"就是对规律强制性的认识并作决定的能力；"自由"以客观规律强制性为前提，它是对"必然"的遵循。恩格斯认为："自由不在于幻想中摆脱自然规

---

① 《马克思恩格斯文集》第 7 卷，人民出版社 2009 年版，第 928 页。
② 《马克思恩格斯文集》第 9 卷，人民出版社 2009 年版，第 300 页。
③ 《马克思恩格斯文集》第 9 卷，人民出版社 2009 年版，第 311 页。

律而独立，而在于认识这些规律，从而能够有计划地使自然规律为一定的目的服务"，"因此，人对一定问题的判断越是自由，这个判断的内容所具有的必然性就越大"；"自由就在于根据对自然界的必然性的认识来支配我们自己和外部自然"。①

实践统一于"必然王国"与"自由王国"，同时也是连通"必然王国"与"自由王国"的桥梁。在实践活动中，在"实践—认识—实践"的循环中，人类不断地将"自在的必然"转为"为我的必然"。从个人角度分析，每个人所面临的"必然王国"领域与"自然王国"领域呈现出多样性，一个人面对的"必然王国"可能正是另一个人的"自由王国"，加上个人生命有限性与物质世界发展无限延展性之间不可完全调和的矛盾，使得个人无法穷尽世界真理。从社会角度分析，辩证法告诉我们，世界是普遍联系与永恒发展的，人类"自由王国"领域的扩张取决于科学、社会实践的范围，因而"自由王国"的范围是有限的，而未知世界的"必然王国"却表现出无限的延展性，并且在实践领域之外的"自在的必然"对人类主体来说仍然表现出物奴役人的特征，因此实践活动必定在"必然王国"与"自然王国"领域之间游走，它既带有自由特征，也带有外在强制性特征。毛泽东对"必然王国"与"自由王国"作了精辟的概括："人类的历史，就是一个不断地从必然王国向自由王国发展的历史。这个历史永远不会完结"，"因此，人类总得不断地总结经验，有所发现，有所发明，有所创造，有所前进。停止的论点，悲观的论点，无所作为和骄傲自满的论点，都是错误的"。② 由此可以推知，不存在这样一个历史临界点，当人类跨过这个临界点以后，只面对"自由王国"而没有"必然王国"。由"必然王国"与"自由王国"理论推知，马克思设想的人类实现自由而全面的发展，仍然是在一定历史条件下部分的、片面的发展。

这对于生产活动同样适用，专业分工带来的劳动者的片面发展与人类全面发展的对立将是个人面临的永恒矛盾，个人利益与集体利益的对立仍然存

① 《马克思恩格斯文集》第9卷，人民出版社2009年版，第120页。
② 《毛泽东著作选读》（下册），人民出版社1989年版，第845页。

在，个别劳动与社会劳动的对立也依然存在。

（三）"扬弃"是排他与包容、自发与自觉的统一

马克思构建了"旧式分工—私有制—商品经济（简单商品经济与资本主义商品经济）"逻辑体系，继而认为消灭旧式分工就可以消灭商品经济社会。从人类发展阶段的角度，"消灭私有制"隐含着人类的认识能够一次性、永久地完成"从必然王国向自由王国的飞跃"内涵；从所有制实现形式角度，它使公共所有与个人所有严格对立。专业分工与旧式分工的内在同一性，致使旧式分工只是形式、范围、程度发生了变化，其本身并没有被消灭，也不可能被消灭。从遵循经典作家原意的角度，提"消灭私有制"是准确的。从认识论角度，从"必然王国"与"自由王国"的理论出发，提"消灭私有制"就不是准确的。

以往我们遵循"消灭私有制"的要求，"把国有企业、集体企业以及混合所有制企业中的国有成分和集体成分，归于公有制经济"；"把个体工商户、私营企业、外商企业以及混合所有制企业中的私人成分、外资成分，归于非公有制经济。"[1] 国有经济即全民所有制经济，它具有局部的排他特征与整体的开放要求两重属性。名义上，它是全民所有，每个公民都平等地作为生产资料的所有者，任何人或集团都不能单独占有来谋取私利；实践中，生产资料是由特定的国有企业占据、经营，它只对在相应的国企组织下的公民显示包容性，对其他公民则表现出排他性，并且国有企业内部货币形式或非货币形式的收益只有企业内部人员才能享受。有学者将其称为公有制经济内在矛盾，[2] 或公有制具有商品性与非商品性的统一。[3] 其潜台词是：由于我国落后的劳动生产力与现阶段还存在着社会分工，致使马克思、恩格斯的共产主义高级阶段消灭分工设想先行于我国社会主义公有制实践，所以公有制经济表现出局部的排他性与整体的开放性。

---

① 裴长洪：《中国公有制主体地位的量化估算及其发展趋势》，载于《中国社会科学》2014 年第 1 期。

② 刘世锦：《公有制经济内在矛盾及其解决方式比较》，载于《经济研究》1991 年第 1 期。

③ 张宇：《论公有制与市场经济的有机结合》，载于《经济研究》2016 年第 6 期。

　　但是，专业分工与旧式分工的内在一致性绝不会使公有制表现为"消灭私有制"。整体包容性与局部的排他性事实说明，我国的公有制经济仍然受个别劳动与社会劳动这一基本矛盾支配，并且也存在着个别利益与大众利益的背离，只是我国相对于资本主义国家，处于个别劳动与社会劳动矛盾发展的更高阶段。

　　客观规律总是以偶然的事变为自己开辟道路，这些规律终将被思维着的人所意识到。个别劳动与社会劳动的矛盾也是如此。在商品经济社会，价值规律将会以铁的必然性发挥作用。因为价值作为幽灵般的对象性只能通过交换价值表现出来，所以交换价值量的大小便成为商品流通的关键。"看不见的手"对整个社会的资源配置起着调节作用的同时，也在不断地重复着这样一个事实，商品交换中处于弱势的一方，生产效率低的一方会不断地丧失自己的生产资料的控制权从而沦为无产者，尤其当无产者无法开辟新的物质生产条件时。丧失财产的人就会被迫出卖自己的劳动力，商品生产所有权向资本主义占有的转化就成为必然，小私有制便过渡到资本主义的私有制。当然，资本的原始积累这一历史阶段通过暴力加速了这一进程。此外，个别劳动与社会劳动的矛盾在这一时期仍然作为"自在的必然"或半"自在的必然"起作用，因为"看不见的手"只强调这一矛盾表现出的积极作用。马克思站在生产力的高度对个别劳动与社会劳动矛盾的负面结果及其带来的社会影响洞若观火。这标志着人们"看待"个别劳动与社会劳动这一矛盾，已经从自发阶段的第一个时期即小私有制，和第二个时期即资本主义的私有制，进入自觉阶段。排他自利与包容共享成为自觉阶段的主题，私有财产不再神圣不可侵犯。

　　公有制不是一个静止状态，而是运动趋势。它不是绝对的、永恒的"为我的必然"的状态，而是人们不断地将"自在必然"转化为"为我的必然"的运动，这也是先进生产力以及与之相适应的所有制关系淘汰落后生产力以及相应的所有制关系的过程。总之，公有制需要从私有制形式的破与立两个方向把握，只谈破除私有制会犯相对主义错误；只谈树立私有制会犯形而上学的错误。

（原文发表于《当代经济研究》2017 年第 2 期）

如何理解《资本论》"重建个人所有制"问题

马嘉鸿*

一、问题的提出

今年是《资本论》第一卷出版 150 周年。长久以来,《资本论》第一卷中一段文字在中国话语下所引发的讨论和争议已经模糊了文本原初的意义。即"这是否定的否定。这种否定不是重新建立私有制,而是在资本主义时代的成就的基础上,也就是说,在协作和对土地及靠劳动本身生产的生产资料的共同占有的基础上,重新建立个人所有制。"①

这里的"重新建立个人所有制"到底是什么意思?在这个问题上学者们一直有不同的理解,特别是改革开放以来,它更是在我国思想界引发了热烈的争议。争论的问题似乎只是理论上的,背景却是极为现实的,它和当时的国有体制改革、股票体制改革等诸多新经济现象连在一起,不仅关系到改革深化方向和具体政策制定,而且关系到社会主义产权制度改革的实质。于是,一个如何理解马克思文本含义的"纯理论"问题,具有了攸关政治现实的重大意义,后者也在很大程度上左右了对这一问题的理解。

针对这句话,学者们的观点可以分为以下几种:

第一种观点认为"重新建立个人所有制"的意思是:重建个人所有制是公有制基础上的**消费资料和生活资料的个人所有制**(以下简称为"消费资料论者")。②(黑体为引者所加,下同)论证依据之一是恩格斯在《反杜林论》里的解释:"靠剥夺剥夺者而建立起来的状态,被称为以土地和靠劳动本身生

---

* 马嘉鸿,北京大学国际关系学院世界社会主义研究所。

① 《资本论》第 1 卷,人民出版社 2004 年版,第 874 页。

② 王成稼:《对"重新建立个人所有制"的辨析》,载于《当代经济研究》2004 年第 10 期。

产的生产资料的社会所有制**为基础**的个人所有制的恢复。对任何一个懂德语的人来说，这也就是说，社会所有制涉及土地和其他生产资料，个人所有制涉及产品，那就是涉及消费品。"① 论证依据之二是经过"否定之否定"，如果重建的仍然是生产资料的公有制，那就是无意义的同义反复，所以，在这里个人所有制应该指的是生活资料。

第二种观点认为，重建的应是**"人人有份"的生产资料公有制**（以下简称为"生产资料论者"）。针对"消费资料论者"援引恩格斯的话，"生产资料论者"反对说，这种对恩格斯的解释不符合马克思原意，不能断章取义地只看字面的意思，还应该找马克思诸多其他文本进行旁证。而且，按照否定之否定规律的内在要求，以什么主体开始，就应以什么主体结束，由于马克思把未来社会的所有制取代资本主义所有制看作是一个"否定之否定"过程的终点，那么起点是为资本主义所有制所否定的小生产者的生产资料所有制，终点也应该是生产资料所有制，而不可能是消费资料所有制。不仅如此，从历史上看，消费品的个人所有制也"并不是一个独立的所有制形态"②。

第三种观点认为，重建的是**私有财产权**："重建的这种个人所有制，既包括共同占有、个人有份的一定数量的生产资料，又包括由这个一定数量的生产资料派生出来的生活资料，是一种以个人私有为基础的均富状态。"不仅如此，这种观点还认为，"股份公司的出现，使马克思不仅找到了把生产资料'当作共同生产者共有的财产，直接的社会财产'的形式，而且找到了'资本再转化为生产者的所有'，即'重新建立个人所有制'的形式，这就是股票"，并认为"在马克思、恩格斯看来，小小一张股票，体现了社会所有与个人所有的统一，公有制与私有制的统一，生产资料与生活资料的统一。"③

此外，还有一种观点将公有制和重建个人所有制分拆成两步。以"打土豪，分田地"为例，将收归国有看作第一步，重建私有财产权为第二步，这

---

① 《马克思恩格斯选集》第3卷，人民出版社1995年版，第473页。
② 张兴茂：《马克思要重建什么样的个人所有制？——评谢韬、辛子陵〈试解马克思重建个人所有制的理论与中国改革〉一文》，载于《河南大学学报》（社会科学版）第48卷，2008年第1期。
③ 谢韬、辛子陵：《试解马克思重建个人所有制的理论与中国改革》，载于《炎黄春秋》2007年第6期。

种观点招致前两种观点的激烈批判。他们认为，这种将股份制看成重建个人所有制是一种庸俗化的理论解释，① 是混淆了所有制的存在形式和所有制的实现形式，② 是混淆了旧的个人所有制与新的个人所有制的区别。③

有关"重建个人所有制"的问题，之所以会出现完全不同的解释路径，这与不同时期中国改革的具体实践密切相关。改革开放以前，受苏联的影响，学界的统一理解是：社会主义制度下应该是生产资料实行公有，消费资料归个人所有。这是"消费资料论"出现的背景，而这里所理解的公有制实际上是国有制。

正因此，随着国有企业开始进行股份制改革，有论者认为这是通向私有化的桥梁和道路。无论是这种声音的支持者还是反对者，都要为自己的立场和判断寻找理论依据，并必须对如下问题作出回答：股份制本身是私有还是公有？由国家和集体控股，或是由私人控股能否成为评判一个企业是"公"还是"私"的标准？股份制能否取代国有和集体所有制，成为市场经济条件下公有制新的实现形式？"生产资料论"和"私有制论"则分别从解释"公"的持存和鼓励"私"的发展两个方向，进入到"重新建立个人所有制"理论问题的争论之中。

马克思主义史上出现的涉及到文本理解的大量理论争论，不论它们看上去多么抽象，形式上多么"纯学术"，都有其十分具体的现实背景。对文本原意的理解固然重要，但仅依靠对字句的重新诠释去解决现实问题，终究不是有效的办法。现实提出的问题还是应该用现实的方法去解决，但由于诸多论证都从版本和翻译上寻找论据，因此本文试图重新回答这个问题，也不得不首先回到文本中，对比几个不同时期的版本和翻译，澄清争议的缘由，对"重建个人所有制"这个命题给出合于马克思原意的诠释，进而提出自己的观点。

---

① 胡钧：《"重建个人所有制"是共产主义高级阶段的所有制关系——兼评把它与社会主义公有制和股份制等同的观点》，载于《经济学动态》2009 年第 1 期。

② 卫兴华：《关于股份制与重建个人所有制问题研究》，载于《经济学动态》2008 年第 6 期。

③ 王成稼：《论"重建个人所有制"逐步实现"共同富裕"——兼评谢韬、辛子陵对"重建个人所有制"的试解》，载于《当代经济研究》2007 年第 10 期。

二、版本、翻译及争议

在《资本论》1872 年德文第二版第 683 页上，这句话的原文如下（与 1867 年初版中的文字完全相同）：

Es ist Negation der Negation. Diese stellt das individuelle Eigentum wieder her，aber auf Grundlage der Errungenschaft der kapitalistischen Ära，der Kooperation freier Arbeiter und ihrem Gemeineigentum an der Erde und den durch die Arbeit selbst produzierten Produktionsmittel. （Marx，1987，S. 683。黑体为引者所加，下同）

可直译为："这是否定的否定。这就重建了个人财产（权），但是是在资本主义时代已经获得成就——即自由人的协作、**土地的公有（共有）**及各种**由劳动本身生产的生产资料的公有（共有）**——的基础上建立的。"

1883 年的德文第三版和恩格斯审定的《资本论》1890 年德文第四版在此处的文字是一致的，但和前两版相比，有所不同：

Es ist Negation der Negation. Diese stellt nicht das Privateigentum wieder her，wohl aber das individuelle Eigentum auf Grundlage der Errungenschaft der kapitalistischen Ära：der Kooperation und des Gemeineigentum der Erde und der durch die Arbeit selbst produzierten Produktionsmittel. （Marx，1989，S. 713；1991，S. 685）

这个新版本的区别在于，一处是开头加上的一句解释，"Diese stellt nicht das Privateigentum wieder her"（这并不是重新建立私有制）；另一处是将"**Gemeineigentum**"修改为"**Gemeinbesitzes**"。而这两处修改又是最先见之于由鲁瓦翻译、经马克思亲自校订过的法文版（1872—1875 年分册出版），之后在德文第三版、第四版以及英文版沿用。

再看英文本。由塞缪尔·穆尔（Samuel Moore）、爱德华·艾威林（Edward Aveling）等人由德文翻译，并由恩格斯校订的 1887 年英文本的翻译如下：

It is the negation of negation. This does not re – establish private property for the producer, but **gives him individual property** based on the acquisitions of the capitalist era: i. e., on co – operation and the possession in common of the land and of the means of production. (Marx, 1990, S. 662)

可翻译为:"这是否定的否定。这并不意味着重新建立生产者的私有制,而是在资本主义时代的获得物基础上,即共同协作和对土地及生产工具的共同占有的基础上,给予生产者以个人所有权。"

最后,再看中文本。由郭大力、王亚南翻译的《资本论》第一卷 1963 年中译本第 842 页是按照德文第四版翻译的:"这是**否定的否定**。这并不是重建私有制,而是在资本主义时代已经获得的成就——**协作,土地及各种由劳动本身生产的生产资料的共有**——的基础上,建立**个人的所有制**。"①

后来,中央编译局翻译的《马克思恩格斯全集》中文第一版第 23 卷(即《资本论》第一卷)第 832 页,也是按照德文第四版翻译的:"这是否定的否定。这种否定不是重新建立私有制,而是在资本主义时代的成就的基础上,也就是说,在协作和对土地及靠劳动本身生产的生产资料的共同占有的基础上,**重新建立个人所有制**。"②

此外,《马克思恩格斯选集》1995 年第二版第 2 卷第 269 页,与此处完全相同。

在以上诸多译本中,只有在中央编译局的译本里,最后一句出现了"重新"二字,而这个"重新"在德文第三版、第四版和法文版中都未出现。"重新"只在否定的前半句,即"不是重新建立私有制"时出现过一次,而在肯定的后半句中,并无"重新"二字。但中央编译局的译本在这里加上的"重新",是为了回应之前"否定之否定"的意译。该译本综合了各个版本之间的差别,照顾了上下文,其意义并没有背离马克思的原意,而是为了细化和强调,进而区别于前资本主义时代的个体私有制和资本主义时代的私有财产制度。

---

① 《资本论》第 1 卷,郭大力、王亚南译,人民出版社 1963 年版,第 842 页。
② 《马克思恩格斯全集》第 23 卷,人民出版社 1972 年版,第 832 页。

下面回顾几种争论观点在翻译问题上的具体分歧。马克思之所以在法文校本中另外加上了一句"这并不是重新建立私有制",就是为了避免将重建的个人所有制（Individuelle Eigentum）和已经被否定的私有制（Privateigentum）混淆。所以，前文所述的第三种观点，即"重建私有财产权"和马克思的原意显然背道而驰。

"消费资料论者"为了从翻译上寻找论据，认为"个人所有制"（Eigentum）不应该如此翻译，而应翻译成"个人财产"，因为 1887 年由恩格斯亲自校订的英文版使用的是"gives him individual property"。理由是，能够"给予"（give）的，一定不是某种所有制度；此外，还有人认为，德文"Eigentum"本来就没有"制度"的意思，应该翻译为"重建个人所有"，而"所有"在这里指的是"产品生产和占有"①。

"生产资料论者"则说，英译本的"Property"与德文"Eigentum"相对应，这里个人除了获得作为实物形态的物品的控制力，还获得了作为价值形态的个人所有的产权关系，因此，翻译成"所有、所有权、所有财产、所有物"② 都可以。

另一个与翻译有关的分歧是从"Gemeineigentum"（公有制）到"Gemeinbesitzes"（共同占有）这一修正所引发的。马克思将德文第一、二版的"Gemeineigentum"修改成了"Gemeinbesitzes"，针对这一改动，又有学者作出不同的阐释和发挥。

一种观点认为，马克思将生产资料的公有制修订为生产资料的共同占有，所以，生产资料的共同占有（besitz）和公有制不是一回事，前者指的是共同使用，也就是说，仍然是在资本主义生产关系的基础上建立个人所有制，进而从资本主义时代生产资料的集中化和劳动的社会化进程中寻找生产资料。由于三段论的起点是以所有者的个人劳动为基础的私有制，并不是原始公社公有制，所以，重新建立个人所有权的意思是"个人所有"与"共同所有"

---

① 《马克思恩格斯选集》第 1 卷，人民出版社 1995 年版，第 286 页。
② 刘明：《马克思所有制理论若干范畴译名与释义考辨》，载于《陕西师范大学学报》（哲学社会科学版）2003 年第 2 期。

两种财产权、两种所有制并存的形式。①

另一种观点认为，将"Gemeineigentum"改成"Gemeinbesitzes"，内容并没有改变，之所以修改的原因是"Gemeineigentum"和"Individuelle Eigentum"都包含"eigentum"这一尾缀，所以，为了防止把重建的个人所有制误解为生产资料的个人所有或是生产资料的公有制的重复含义，马克思才作出这样的更改，② 这样一种对翻译的解释服务于"消费资料论"。

而"生产资料论者"则认为，"besitz"是指"主体对生产条件的实际拥有和利用"，③ 占有不是一种法的关系，而是人与自然的关系。这里作为新的个人所有制的物质基础就是对自然或物质生产资料的单纯的共同使用，谈不上同义反复。

三、"重建"与"否定之否定"的哲学释义

本文认为，马克思这段话表意十分明确，在"剥夺剥夺者"之后建立的东西，翻译成"个人财产"或是"个人所有制"，并不影响我们对他整段话的理解。我们首先可以排除"重建生产资料私有制"的理解，因为，就在这个从句之中，马克思已经对这个词作了非常充分的解释，而且为了避免误解，特意在法校本中加了一句否定的限制"这不是重新建立私有制"。而在肯定的意义上，几个版本都没有"重建"的意思，只是在中央编译局的版本中才加上了"重新"二字，但这仍然是符合马克思本义的"意译"。

理解这段话，不应仅仅抓住个别语词进行过度释义。这段话所表达的重点并不在于具体说明建立的个人所有制到底是"生产资料"的个人所有，还是"消费资料"的个人所有，而在于呈现出这种"否定之否定"的历史过程。因此，我们应该从马克思的整个学说和方法入手，从辩证法的精神来理

---

① 刘明：《马克思所有制理论若干范畴译名与释义考辨》，载于《陕西师范大学学报》（哲学社会科学版）2003 年第 2 期。

② 王成稼：《关于"重新建立个人所有制"错误观点和错误翻译的几个问题》，载于《经济纵横》2009 年第 2 期。

③ 杜亚斌：《马克思"重建个人所有制"理论新诠》，载于《厦门大学学报》（哲学社会科学版）1992 年第 3 期。

解他的哲学意涵。就语言本身而言，privat 是私，individuell 是个性，前者强调财产的私人占有，后者强调个性化，马克思否定了前者，肯定了后者，强调的是"自由人联合体"状态下的社会对生产资料的共同占有和对消费资料的共同使用。

"个人财产（权）"或"个人所有制"（Individuelle Eigentum）这个概念具有以下几个属性：其一，这是一种在后资本主义时代仍然存在的、关系个人的生产与分配制度；其二，在后资本主义时代，"个人财产"来自"**联合起来的社会个人**"的劳动成果，① 并不同于资本主义时代来自对他人劳动的占有，也不存在自己的劳动被他人榨取剩余价值的情况，是一种更加合乎人性的状态；最后，这种基于个人劳动成果基础上的个人所有制，正是被资本主义私有制否定了的，而资本主义本身包含了自我否定的因子，否定之否定的结果就是建立在资本主义时代成就（分工协作、对土地的集体占有、对自己生产出的生产资料的集体占有）之上的"个人所有制"。

依据否定之否定的规律，前资本主义时代的小私有制被资本主义私有制所否定，这是第一个否定。前资本主义时代下的小生产者，既是生产资料的所有者，也是劳动者和消费者，并不存在剩余劳动被剥夺的情况。但是，在资本主义私有制下，资本家和雇佣工人，一方是生产资料的所有者，另一方是劳动者，劳动者通过出卖自己的劳动，从资本家那里获得仅能维持生计的报酬，这是一种非人道的状态。但当资本主义私有制被社会主义公有制所否定，即经过否定之否定后，在新的社会条件下，生产资料和劳动者分离的所有制形式被克服，生产资料和劳动者又重新获得了统一。

在整个过程中，逻辑的起点和终点都是一致的，都是劳动者的个人所有制，但不同的是，新的劳动者的个人所有制并非重新回到分散、无序、前资本主义时代的小生产者的自给自足中，而是建立在资本主义已取得的充分发展的成果之上，也就是"在协作和对土地及靠劳动本身生产的生产资料的共

---

① 《马克思恩格斯全集》第 48 卷，人民出版社 1985 年版，第 21 页。

同占有的基础上"，① 以一种新的、更高级的形式存在。在否定之否定规律中作为主体的，一直是生产资料与劳动者这组矛盾关系，在第一次否定中，二者出现分离，又经过否定之否定，二者重新结合在一起，但是不同于第一次否定之前的状态，不再是以直接的方式结合，而是通过社会所有这一新的形式结合起来。

马克思在《资本论》第一卷中"设想有一个自由人联合体，他们用公共的生产资料进行劳动，并且自觉地把他们许多个人劳动力当作一个社会劳动力来使用"，② 由于生产的社会化，"个别人占有生产条件不仅表现为一种不必要的事情，而且表现为和这种大规模生产不相容的事情"。③

在新的社会条件下，生产资料的社会所有和劳动者的个人所有不仅不相冲突，而且和谐统一。每一个劳动者可以平等地以一个主人的身份，在生产过程中实际占有、共同使用着属于全社会的生产资料，他们不再为一己私利进行生产（前资本主义时代），也不再为少数人的资本升值而生产（资本主义时代），而是出于自己需要的同时，也出于全社会的需要创造物质财富。反过来，这种充足的物质财富也能够成为每一个人全面自由发展的条件，为实现劳动者的自由发展提供保障。至于生产出的产品，则一部分"由社会直接占有，作为维持和扩大生产的资料"，一部分"由个人直接占有，作为生活资料和享受资料"④。

联合起来的劳动者，每一个个体的生产与消费都是整个社会生产与消费的一部分，他们通过社会占有来实现个人对生产资料的占有，这不是任何意义上的生产资料私人所有（前资本主义时代和资本主义时代）；在生产社会化的条件下，每个人通过自主的劳动而获得他劳动的产品，从而实现对劳动产品的所有权。生产资料既为全社会所有，也归每一个人使用，消费资料既来源于社会，也归每一个人所有。社会所有和个人所有是"否定之否定"的两

① 《资本论》第 1 卷，人民出版社 2004 年版，第 874 页。
② 《资本论》第 1 卷，人民出版社 2004 年版，第 96 页。
③ 《马克思恩格斯全集》第 48 卷，人民出版社 1985 年版，第 20～21 页。
④ 《马克思恩格斯选集》第 3 卷，人民出版社 1995 年版，第 754 页。

个方面，用社会所有来否定个人私有，再通过个人所有实现个体性的复归，因此，片面地强调任何一个方面都是对马克思原意的曲解。

所以，"Individuelle Eigentum" 具体翻译成"个人所有"、"个人所有制"还是"个人财产权"，并不影响对这段话的理解，因为马克思的重点在于对个人与社会之间一种全新关系的揭示。而将"Gemeineigentum"修改成"Gemeinbesitzes"，也并不影响文本意义的理解，因为这段话并不是马克思在法权关系意义上的严格阐述，而是对一种合于人性的理想社会状态的哲学表述，意在强调在自由人联合体中，每一个个体劳动者实现自由发展的条件，在对生产资料社会共有的前提下，具有保障个人的优先性和充分的自我实现的权利。

至于恩格斯那段引文，并不是和马克思的观点存在根本分歧，而只是在和杜林的论战中，表述的侧重点有所不同。因为所有制形式和产品的分配方式同属于生产关系的不同方面，恩格斯并没有从劳动者和生产资料关系演进的历史过程解释马克思的论断，而重在强调了分配层面，因而造成了争论者对于重建的是"生产资料"还是"消费资料"的误解。

重新建立的个人所有制，并不是对生产资料公有制的同义反复，也不是对"生产资料社会所有"在任何意义上的否定，更不是对"资本主义私有制度"的恢复。公有、社会所有和劳动者的个人所有，所指涉的是同一件事情的不同方面。公有即自由人联合体的社会所有，也就是每一个作为生产和消费的主人的个人所有。

和公有制相比，马克思在更多的场合使用"社会所有"，"社会所有"是一个与"个人私有"相对的哲学概念。由于在苏联以来的有关"现实的社会主义"的争论语境中，社会所有更多地被和国家所有混同起来，但国有制是一个法权意义上的概念，是社会主义初级阶段特有的中国国情，和马克思对于未来社会自由人联合体的哲学描述截然不同。在这个语境下，马克思的表达"自由人联合体"这一哲学概念，被人们理解为法权意义上的各种具体形式，于是，从德英等各种版本的文字中寻章摘句产生出了这场争论。但是，思考如何提升国有制企业的效率，如何在所有制改革中保证个人的权益和所得，以及更好地促进生产力的发展，则完全是一个现实层面的问题。

综上论述，马克思在《资本论》中讨论这个问题的方式，并不是为了具体规定未来社会条件下所有制形式的具体样态，而是站在世界历史的高度上，既肯定资本主义社会化大生产的物质成就，又超越资本主义时代商品和资本之间、商品生产者和资本所有者之间、生产资料和劳动者之间的对立关系，将生产力从资本主义私有制的生产关系中解放出来，从而实现自由人联合体。经过否定之否定而重新建立起来的个人所有制将是个人与社会联合起来的个人所有制。这样一种新的所有制，变更了原有的个人与社会之间的关系。在新的关系中，不再是孤立个体的绝对至上，也绝非国家权力凌驾于一切之上，而是每一个自由人在联合起来的共同体中获致了前所未有的支配生产资料和生活资料的自由。这种所有制，从而既是个人的也是社会的，其根本宗旨是保障社会劳动者对生产资料的共同所有。

总之，马克思讨论问题的方式是基于历史唯物主义和辩证法的哲学表述。因此，本文主张，应该离开那种仅仅局限于所有权具体归属层面的既繁琐又纠缠不清的思考方式，将对这句话的理解建立在或还原到哲学的讨论上，重新阐发其本来的意涵。

（原文发表于《哲学研究》2017 年第 5 期）

马克思"重建个人所有制"
思想的真实语义探析

高世朋　孙经国*

　　一直以来，学界关于马克思"重建个人所有制"思想的具体指涉始终没有达成共识，有人将其称为经济学界的"哥德巴赫猜想"。从理论上还原"重建个人所有制"的真实语义是科学把握这一思想的关键，也是关系到该思想是否具有理论价值，特别是现实指导意义的重大问题。

一、演进历程重在社会实践探索中构建"重建"思想

　　马克思"重建个人所有制"思想的形成并不是一蹴而就的，它经历了一个不断丰富的过程。随着社会实践的发展和对资本主义私有制研究的深入，马克思"重建个人所有制"思想也在不断完善。从具体文本来看，《德意志意识形态》是马克思"重建个人所有制"思想深入发展的"分水岭"。换言之，在《1844年经济学哲学手稿》中马克思从哲学层面开启了对所有权平等问题的思考，而《共产党宣言》及《资本论》三大手稿是"重建个人所有制"思想成型、完善和最终完成的重要文献，这些著作集中体现了马克思关于"消灭私有制"、"联合的个人所有制"以及"个人占有与共同占有的内在合一"等重要思想。

（一）异化视域下"人"的平等的解决："重建"思想的哲学萌发

　　《1844年经济学哲学手稿》是马克思研究政治经济学和哲学的早期著作，其中的"异化劳动"理论在马克思主义哲学中占有十分重要地位，《手稿》

────────────

　　* 高世朋，国防大学安全学院、信息工程大学洛阳校区；孙经国，国防大学安全学院。

中对异化劳动的四种形式进行了全面系统地阐述，这是马克思从哲学意义上对人的异化问题进行深入研究所取得的重要成果。在资本主义私有制条件下，劳动者发生异化，异化使本应为人类发展谋福利、满足人各种需要的生产劳动变成了支配人、控制人的手段，导致劳动者主体地位的丧失，这也就意味着他们失去了作为"人"的平等地位，在现实中受物的支配，无法实现全面自由发展。马克思通过对异化劳动的批判，指出资本主义私有制是"人"发生异化的主要根源，提出要通过联合的方式恢复"人"的主体地位，使每个人享受平等的权利。马克思认为，"联合一旦应用于土地，就享有大地产在国民经济上的好处，并第一次实现分割的原有倾向即平等。"① 这表明，马克思已经初步认识到联合起来的个人能够共同地、平等地占有包括土地在内的生产资料，从哲学角度解决了异化视域下"人"的平等问题，在一定程度上体现了"重建个人所有制"的基本思想。

（二）联合起来的个人终结私有制："重建"思想深入发展

马克思在《德意志意识形态》中首次提出"联合起来的个人终结私有制"的思想，虽然这一表述尚不成熟，但在"重建个人所有制"思想的形成和发展过程中起到了至关重要的作用，它表明马克思"重建个人所有制"思想进一步走向深入。马克思指出："私有制只有在个人得到全面发展的条件下才能消灭。"② "随着联合起来的个人对全部生产力的占有，私有制也就终结了。"③ 这些论述深刻表明：私有制的消灭与人的全面发展密不可分，只有人真正掌握了自己的一切，实现全面自由发展才能占有生产力和生产关系，才有了消灭私有制的能力；要彻底消灭私有制，需要"个人"联合起来占有全部生产力，这里的"个人联合"不仅体现了马克思"重建个人所有制"思想的基本特征，还体现了终结私有制的主体力量，充分突显了"个人联合"的重要作用。

---

① 《马克思恩格斯文集》第 1 卷，人民出版社 2009 年版，第 152 页。
② 《马克思恩格斯全集》第 3 卷，人民出版社 1960 年版，第 516 页。
③ 《马克思恩格斯文集》第 1 卷，人民出版社 2009 年版，第 582 页。

（三）共产党人"消灭私有制"："重建"思想成型于革命实践

《共产党宣言》为无产阶级革命指明了正确方向，充分彰显了无产阶级的伟大革命斗争精神。《共产党宣言》提出了"消灭私有制"的主张，这不仅是无产阶级向全世界喊出的响亮口号，更是整个无产阶级为之奋斗的革命目标。这表明马克思"重建个人所有制"思想进一步成型于革命实践当中。马克思认为，"消灭私有制"的前提是实现无产阶级的联合，使其真正形成阶级，在此基础上发动暴力革命，夺取政权。这里，马克思已经将所有制问题作为共产党人革命运动的基本问题来看待。《共产党宣言》对资本主义私有制的弊端进行了极其深刻地揭露和批判，资本主义私有制使劳动的目的和手段发生了颠倒，劳动者成为了资本增值的工具。这种抛弃人的主体地位、限制人的全面自由发展的所有制必将走向灭亡。当它"由生产力的发展形式变成生产力的桎梏。那时社会革命的时代就到来了。"① 这些科学阐释为共产党人"消灭私有制"打下了坚实的理论基础，坚定了无产阶级革命的必胜信念，使他们能够毫不隐藏地喊出这一口号，"共产党人可以把自己的理论概括为一句话：消灭私有制。"②

（四）联合起来的社会的个人所有制："重建"思想臻于成熟

《1861—1863年经济学手稿》是马克思主义政治经济学的重要著作，在这里马克思真正从社会与个人统一角度阐释所有制问题，在一定程度上实现了哲学、政治经济学和革命实践三者的有机统一，极大地丰富和发展了"重建个人所有制"思想的内涵和外延，标志着这一思想逐步走向成熟。马克思强调："资本家对这种劳动的异己的所有制，只有通过他的所有制改造为非孤立的单个人的所有制，也就是改造为联合起来的、社会的个人的所有制，才可能被消灭。"③ 在这段论述中，马克思科学地阐明了正是生产力的不断发展

---

① 《马克思恩格斯文集》第 2 卷，人民出版社 2009 年版，第 597 页。
② 《马克思恩格斯文集》第 2 卷，人民出版社 2009 年版，第 45 页。
③ 《马克思恩格斯文集》第 8 卷，人民出版社 2009 年版，第 386 页。

和社会化大生产水平的不断提高导致了"以自己劳动为基础的私有制"的解体，这同时也为资本主义私有制的确立奠定了基础。但资本主义私有制在发展过程中使"人"发生了异化，资本逻辑成为了支配人的客观力量，劳动者失去了应当享有的权益，也失去了自由发展的权利。要彻底消灭资本主义私有制，只能通过建立更高级的新型所有制形式，即"联合起来的、社会的个人所有制"。这里马克思已经明确阐明了"联合起来的社会的个人所有制"的基本概念，它深刻体现了"重建个人所有制"思想的核心内核，即在社会共同占有土地和生产资料基础上实现"个人"所有，社会所有与"个人"所有是有机统一的。此时"重建个人所有制"思想无论在言语表达还是内涵要义方面都已经臻于成熟。

（五）个人占有与共同占有的内在合一："重建"思想最终完成

马克思通过对世界历史发展的考察和分析，深刻揭示了所有制关系的发展历程，阐明了不同历史阶段的所有制形式，即"部落所有制、古典古代的公社所有制和国家所有制、封建的或等级的所有制以及资本主义私有制"。立足于此，马克思在《资本论》中对"重建个人所有制"思想进行了经典的阐述，"资本主义的私有制，是对个人的、以自己劳动为基础的私有制的第一个否定。但资本主义生产由于自然过程的必然性，造成了对自身的否定。这是否定的否定。这种否定不是重新建立私有制，而是在资本主义时代的成就的基础上，也就是说，在协作和对土地及靠劳动本身生产的生产资料的共同占有的基础上，重新建立个人所有制。"① 马克思通过"否定之否定"的哲学原理科学论证了三种所有制之间的先后否定关系，深刻阐释了与未来社会相适应的所有制形式，进一步明确了"重建个人所有制"并不是重新建立私有制，而恰恰是取代资本主义私有制的所有制形式。可以说，马克思关于"重建个人所有制"思想的经典论述，集中体现了他对未来社会所有制的科学构想，实现了这一思想的最终完成，实现了所有制理论的巨大飞跃。

---

① 《马克思恩格斯文集》第 5 卷，人民出版社 2009 年版，第 874 页。

二、内容规定勾勒出未来社会所有制"重建"的三重维度

马克思在唯物史观视域内深入地考察了社会历史变迁中所有制的更替，并在此基础上对"重建个人所有制"思想进行了经典论述。紧紧围绕这一论述，科学把握"重建个人所有制"的内容规定，可以从主体、基础和对象三个维度加以理解。

（一）"重建"的主体：自由人联合体

马克思认为，在社会历史发展过程中，社会形态不断更替，所有制形式也会相应随之改变。但无论怎么改变，只要是私有制，劳动者就始终处于一种直接或间接依赖于"人"和"物"而生存的状态，不可能真正占有土地及靠劳动本身生产的生产资料。要实现经济制度中"个人"地位与权力的复归，即重新建立劳动者个人对生产资料的所有权，劳动者必须彻底摆脱依赖关系，形成互为自由发展关系的共同体。换言之，在马克思那里，奴隶社会、封建社会、资本主义社会等均属于对抗性社会，在这些社会中，尽管所有制形式不同，但实质一样，即都是少数人的"个人所有"，是少数人控制多数人劳动及其生产条件和结果的一种"个人所有"。而"代替那存在着阶级和阶级对立的资产阶级旧社会的，将是这样一个联合体，在那里，每个人的自由发展是一切人的自由发展的条件。"① 也就是说，取代资本主义生产关系这种人类历史上的最后一个对抗形式，只能是全社会范围内的自由人的联合体。以此为主体建立起来的所有制，才能避免对抗性社会所具有的"个人所有"的缺陷，超越"人对人的依赖关系"和"人对物的依赖关系"两大社会形态，真正实现人类社会发展的第三阶段——自由个性。这是所有制发展的必然趋势，也是社会发展的必然要求，更是每个人全面自由发展的必然选择。

---

① 《马克思恩格斯文集》第2卷，人民出版社2009年版，第53页。

（二）"重建"的基础：协作和共同占有

在马克思看来，"重建个人所有制"的基础是"协作和对土地及靠劳动本身生产的生产资料的共同占有"。① 即是说协作和共同占有这两个条件缺一不可，否则，就与私有制别无二致。例如，以个人劳动为基础的私有制虽然也是一种"个人所有"，但不是共同占有，并且它是"以土地和其他生产资料的分散为前提的"②，"只同生产和社会的狭隘的自然产生的界限相容"，③ 谈不上真正意义上的协作。在资本主义社会，虽然存在广泛的协作，但土地和生产资料同样并不是共同占有，而是以资本的私人占有为外在表现形式。可见，马克思所说的"重建个人所有制"，既内含了生产力高度发展这一前提条件，又内含了人与人之间平等的生产关系，是二者的有机统一。

马克思认为，"重建个人所有制"是资本主义对自身否定的必然结果。因为"由资本形成的一般的社会权力和资本家个人对这些社会生产条件拥有的私人权力之间的矛盾，越来越尖锐地发展起来，并且包含着这种关系的解体，因为它同时包含着把生产条件改造成为一般的、公共的、社会的生产条件。"④ 此时"资本主义私有制的丧钟就要敲响了"。⑤ 广大劳动者联合起来夺取政权后，解决需要的无限性与现实实践能力有限性的矛盾，就必须结成彼此互相依赖的有机整体，共同占有一切生产资料，实行社会化大生产。

（三）"重建"的对象：社会的个人所有制

历史上的不同私有制形式，表面上是社会共同占有，但实质维护的是特定阶级的经济权能，劳动者的经济权能无法得到保证，始终无法摆脱"对人的依赖关系"或"对物的依赖关系"。这一点在资本主义社会中表现得尤为典型。资本主义社会的"共同占有"体现为资本主义国家，其实质是资产阶级权益的代表，摆脱不了资本的本质，仍然是为资产阶级的经济权能服务的。

---

①⑤ 《马克思恩格斯文集》第5卷，人民出版社2009年版，第874页。
②③ 《马克思恩格斯文集》第5卷，人民出版社2009年版，第872页。
④ 《马克思恩格斯文集》第7卷，人民出版社2009年版，第294页。

马克思要重建的"个人所有制"与私有制存在本质上的差别，是一种个人与社会经济权能相统一的所有制形式。进一步而言，这种"个人所有制"是建立在生产资料共同占有基础上的，即生产资料既归社会共同所有，又归个人所有，社会所有与个人所有在本质上是内在统一的，由全体社会成员共同占有、使用。此时，自由发展的个人在所有制中居于主导地位，享有最大的经济权能。生产由劳动者自愿协作进行，没有任何剥削和强制，劳动成果同样归社会共同所有，由全体社会成员共同支配。可以说，在所有制层面，社会与个人的经济权能真正实现了高度统一。

三、核心要义直指所有制层面"人"与社会的内在关系

"重建个人所有制"思想的着眼点在于"个人所有"，核心则是要实现所有制层面"人"与社会内在关系的彻底解决。

（一）价值批判：资本主义所有制解决"人"的依赖关系的褊狭

资本主义私有制确立后，"人"的发展迈入了一种新的历史形态，即"以物的依赖性为基础的人的独立性"。[①] 即是说，商品生产改变了人们在自然状态下的相似性，在产品和劳动中反映出人与人之间的差异，"形成普遍的社会物质变换、全面的关系、多方面的需要以及全面的能力的体系。"[②] 在这一过程中，进一步增强了人的独立性，从"对人依赖"关系中解放了出来。

然而，我们必须清醒地认识到，资本主义私有制下人的这种独立性并不是真正意义上的独立和自由，本质是"对物的依赖关系"，资本主宰下的物统治着"人"。马克思正是在此基础上展开了对资本主义私有制的价值批判，主要体现在两点：一是资本在所有制中居于主导地位。资本是资本主义社会主体，支配着社会和人的发展，即"资本是对劳动及其产品的支配权力。"[③] 工人只能依靠出卖劳动力维持基本生存。随着这种控制力不断增

---

①② 《马克思恩格斯文集》第 8 卷，人民出版社 2009 年版，第 52 页。
③ 《马克思恩格斯文集》第 1 卷，人民出版社 2009 年版，第 130 页。

大，工人的自由也就愈加萎缩。二是"人"依赖资本主宰下的"物"生存。在资本主义社会中，出卖劳动力是工人生存的唯一途径，"劳动是已由他出卖给别人的一种商品。因此，他的活动的产物也就不是他的活动的目的"，①而是无可选择的生存手段。对于"人"来说，"物"才是主体，"人"只能依赖其生存。

（二）中心主旨：经济制度中"人"地位与权利的真正复归

马克思通过对资本主义的价值批判，深刻阐明"人"仍处于对"物"的依赖关系中。要在所有制层面解决这一问题，就必须实现"个人"在经济制度中的地位与权利的真正复归，这也与未来社会的价值指向相契合。

随着生产力的发展，生产社会化水平不断提高，资本主义社会基本矛盾必然不断激化，当革命时代来临之时，无产阶级必将推翻资本主义的统治，建立新政权，在形式上确立对生产资料的共同占有，即无产阶级政权宣布并规定生产资料归社会共同所有，这在一定程度上建立了与社会所有制相近的形式。这种形式的共同占有能够从整体上保障人们对生产资料的占有和劳动成果的分配，但并不能满足每个人的发展诉求。要在整体性共有的基础上进一步实现每个人的实质性占有，达到所有制形式与内容的有机统一，就必须在大力发展社会生产力的同时还要从制度方面加以明确，从法的层面加以固化，真正建立起应有的制度保证。通过这一方式，在生产资料共同占有基础上实行的"个人所有"才能得以稳固。简而言之，在无产阶级从形式上建立起了对生产资料的共同占有的基础上，还需要通过制度和法加以固化，而随着社会生产力的不断发展和所有制主体主观能动作用的充分发挥，必将逐步建立起个人、形式、内容和制度"四位一体"的格局，这就为达到共同占有提供了坚实的保障，从而实现经济制度中"个人"地位与权力的真正复归。

---

① 《马克思恩格斯文集》第 1 卷，人民出版社 2009 年版，第 715～716 页。

（三）终极指向："社会的个人"与"人的社会"的所有权解放

随着经济制度中"个人"的地位与权利的复归，"个人"实现了对生产资料的重新占有，"个人"的才能得到充分发挥，真正将"人"从"资本"的束缚中解放出来，为"社会的个人"与"人的社会"的所有权解放奠定了基础。

所有权的解放必然推动生产力的大发展和物质财富的大丰富，这就为社会劳动生产率的提高提供雄厚的物质保证。劳动生产率提高，社会必要劳动时间减少，在劳动时间缩短、闲暇时间延长的情况下，劳动者逐步摆脱生产的束缚，有更多的时间用于思考和培养自己的兴趣爱好。"使我有可能随自己的兴趣今天干这事，明天干那事"。① 劳动者的创造力和自由度不断增大，劳动者真正从生产的领域和范畴中解放出来，不再单纯地将眼光聚焦在所有权的范围之内。此时，劳动"已经不仅仅是谋生的手段，而且本身成了生活的第一需要"②，人逐步实现了全面自由的发展，"生产力也增长起来，而集体财富的一切源泉都充分涌流"③，他们"完全超出资产阶级权利的狭隘眼界"，④ 真正实现了"社会的个人"与"人的社会"的所有权解放。

四、实践原则旨在超越人与社会占有权的现实背离

马克思从理论层面阐述了"重建个人所有制"思想的内容指涉，其目的是在实践中超越人与社会占有权的现实背离，为实现人的全面自由发展奠定基础。

（一）实践基础：生产组织形式与劳动占有关系的根本性变革

雇佣劳动是与资本主义私有制相适应的生产组织形式，资本家利用资本控制劳动者，产生依赖关系，"工人变成了机器的单纯的附属品，要求他做的

---

① 《马克思恩格斯文集》第 1 卷，人民出版社 2009 年版，第 537 页。
② 《马克思恩格斯文集》第 3 卷，人民出版社 2009 年版，第 435 页。
③④ 《马克思恩格斯文集》第 3 卷，人民出版社 2009 年版，第 436 页。

只是极其简单、极其单调和极容易学会的操作。"① "资本主义生产方式按照它的矛盾的、对立的性质，还把浪费工人的生命和健康，压低工人的生存条件本身，看做不变资本使用上的节约，从而看做提高利润率的手段。"② 资本家通过这种方式对劳动者进行剥削，获得剩余价值。在残酷的压榨下，工人靠出卖劳动力赚取微薄的工资仅仅能够维持基本生存，生活在贫穷困苦的边缘。而资本家的产品需要全社会消费，工人恰恰是消费的主力军，在现有条件下，他们的购买力又十分有限，这就必然出现产品过剩，经济危机爆发。经济危机使工人生活愈加贫苦。随着这一矛盾不断尖锐，资本主义私有制和雇佣劳动关系必将走向灭亡，建立起新型社会形式和所有制关系。这种新型所有制关系对原有的生产组织形式与劳动占有关系进行根本性变革，不仅针对其形式，更是内容上的变革。实现以共同占有基础上的分工与协作取代资本主义雇佣关系，从而使得人与人之间不存在任何占有关系和依附关系。当然这一变革的完成并不是一蹴而就的，它需要运用股份制、合作制等方式进行过渡，最终才能建立起新型的生产组织形式与劳动占有关系，彻底摆脱资本主义生产方式对人的戕害。

（二）实践方式：靠共同占有制度这一"以太"统摄其他所有制

马克思指出："在一切社会形式中都有一种一定的生产决定其他一切生产的地位和影响，因而它的关系也决定其他一切关系的地位和影响……这是一种特殊的以太，它决定着它里面显露出来的一切存在的比重。"③ 这段话表明，在一切社会形态中始终存在着一种占据主导地位的生产关系统摄其他关系。在前资本主义时代，土地所有制处于中心地位，统摄其他所有制形式，工业及其相关组织、行业等处于附属地位，为土地所有制服务。资本主义时代，这一情况发生了根本改变，"资本"处于统治地位，成为了资本主义社会的"以太"，支配着社会其他所有制形式，"不懂资本便不能

---

① 《马克思恩格斯文集》第 2 卷，人民出版社 2009 年版，第 38 页。
② 《马克思恩格斯文集》第 7 卷，人民出版社 2009 年版，第 101 页。
③ 《马克思恩格斯文集》第 8 卷，人民出版社 2009 年版，第 31 页。

懂地租。不懂地租却完全可以懂资本"①，足见"资本"影响之大。在无产阶级夺取了政权后，并不能直接进入共产主义，实现"重建个人所有制"，它需要一定时期进行过渡。因为在资本主义发展过程中各地区、各领域、各行业的生产力水平发展并不均衡，参差不齐。无产阶级政权建立初期，同样面临这样的现实问题，而且人们之间的诉求也不尽相同，这就更加需要占主导地位的生产方式和相应的制度发挥作用，即靠共同占有制度这一"以太"统摄其他所有制，在大力发展社会生产的同时，逐步在全社会范围内实现真正的共同占有。

（三）实践步骤：三重历史跨度中迈向个人与社会占有的制度契合

从无产阶级政权的建立到"重建个人所有制"的确立，还需要完成三重历史跨度，即初步建成以共同占有为"以太"的所有制进行统摄；在所有制层面对各地区、各行业进行制度支持和引导；在全社会范围内完成制度的构建，迈向个人与社会占有相契合的制度。无产阶级政权在上层建筑层面为生产组织形式和劳动占有关系的根本变革提供了强有力的政权保证，首先在形式上完成了这一变革。但我们同样要认识到：这一变革的实现不可能通过行政法令完成，它是无法跳过的自然阶段，这是由生产力本身的限制造成的，它需要一个发展和转变的过程。虽然此时建立的所有制关系并不是完全意义上的共同占有，但共同占有的主体地位已经确立。在完成了第一重跨度的基础上，还需要根据每地区、每行业、每领域生产力水平发展不平衡、不充分的现状，支持、鼓励、引导其他所有制形式在发展中向共同占有转变。最后，随着生产力的不断提高，生产社会化的不断发展，共同占有的实现范围不断扩大，最后必将迈向了个人和社会占有在制度上的契合，这即意味着"重建个人所有制"思想的真正实现。

在这方面，中国共产党对马克思"重建个人所有制"思想进行了长期实践探索，从"耕者有其田"意义上的土地改革、农业合作化和人民公社运动

---

① 《马克思恩格斯文集》第 8 卷，人民出版社 2009 年版，第 31 页。

到改革开放以后普遍实行的家庭联产承包责任制，特别是土地确权颁证，完善"三权"分置土地制度改革等方面，对"重建个人所有制"提供了重要启示。例如，安徽凤阳小岗村"从大包干的红手印，到土地确权颁证的红本子，再到农村集体产权制度的分红利"，这一进程即可视为在村集体"共同所有"土地等生产资料的基础上逐渐实现"个人所有"（体现为以股权为标志的收益权）的必经环节。

（原文发表于《马克思主义哲学》2021 年第 2 期）

关于"重建个人所有制"学术争论的感想

邱海平[*]

以程恩富教授为代表的创新马克思主义学派在马克思主义特别是政治经济学学科诸领域发表了大量学术论文和专著,贡献了许多富有创新性和启发性的理论成果和学术观点,为新的历史时期坚持和创新发展马克思主义政治经济学作出了杰出贡献。不仅如此,该学派还富有实践精神和斗争精神,对于我国改革开放实践中的许多重大问题发表了重要的理论观点和政策主张,有些观点和主张受到中央领导的高度重视,为推进我国改革开放健康发展作出了实际贡献;对于西方经济学中的错误理论和学术界的错误观点展开了深入的学术研究和理论批判,旗帜鲜明地捍卫了马克思主义政治经济学的立场、方法论和基本原理。程恩富教授率先发起和组织成立了政治经济学领域的第一个国际学术共同体——世界政治经济学学会,并长期领导这个学会积极持续开展活动,为推进世界范围马克思主义政治经济学的学术研究和交流、支持改进世界劳动阶级的社会地位和生存状况、扩大中国政治经济学在世界上的影响作出了历史性贡献。可以肯定地说,程恩富教授以其丰富的学术成果和学术活动,已经成为中国政治经济学史上一位重量级的经济学家。深入研究程恩富教授及其学术团队的学术精神、学术思想、学术风格、学术贡献,以利于加快推进中国特色经济学学术体系、学科体系和话语体系建设,已然成为中国政治经济学界的一项重要课题和工作。笔者无力对程恩富教授及其学术团队的学术造诣和成就进行全面总结和深入探讨,这里只是结合程恩富教授等的研究成果,对学术界关于马克思的"重新建立个人所有制"命题所展开的讨论谈一点个人感想,以就教于程恩富教授及学界同仁。

---

* 邱海平,中国人民大学经济学院。

马克思在《资本论》第一卷第七篇第二十四章第七节"资本主义积累的历史趋势"中明确提出了"重新建立个人所有制"这样一个命题，究竟如何准确理解马克思这个命题的含义，自恩格斯批判杜林对马克思这个理论命题的指责开始，就成为理论学术界一个持续争议并且至今看似未决的问题，以至于被学术界的一些人称之为政治经济学理论上的"哥德巴赫猜想"。我国学术界关于马克思这个命题的理解大体可分为两个阶段，即：第一阶段，改革开放前，人们基本上都沿袭恩格斯在《反杜林论》中的解释，认为马克思说的"重新建立个人所有制"是指"重建生活资料的个人所有制"；第二阶段，改革开放后，学术界有人提出了马克思这个命题的含义应该是指"重建生产资料的个人所有制"的"新观点"，与此同时，不同的学者对于"重建生产资料的个人所有制"的含义又存在不同的解释，于是，围绕马克思这个命题的含义展开了持续的学术争论。从中国知网可检索的信息得知，自 20 世纪 80年代以来，我国学者围绕这个理论问题发表的学术论文达 400 多篇。如果撇开学术思想界一些人对马克思这个命题所进行的"解读"，在事实上是一种为我所用甚至是别有用心的错解和歪解不说（例如把马克思这个命题的含义解释为"重建生产资料的私有制"或者"股份制"，就是典型），那么我们可以看到，这个争论主要发生在政治经济学学者之间，许多国内著名的政治经济学家都参与了这个学术争论，而争论的焦点在于马克思这个命题的含义究竟是指"重建生产资料的个人所有制"还是"重建生活资料的个人所有制"。程恩富教授及其合作者积极参与了这样一场重要的学术争鸣和探讨，发表了《马克思"重建个人所有制"的思想探析》[①] 一文，后被收录程恩富教授等的论文集《重建中国经济学》[②] 一书。在这篇论文中，程恩富教授等明确地否定了"用现行的理论和体制（股份制、农村联产承包制等）去附会马克思论断的含义"的做法，也明确地表示赞同王成稼先生发表的《正确理解"重新

---

① 周宇、程恩富：《马克思"重建个人所有制"的思想探析》，载于《马克思主义研究》2012年第 1 期。

② 程恩富：《重建中国经济学》，复旦大学出版社 2015 年版。

建立个人所有制"》① 一文中所提出的观点，即马克思在《资本论》中所说的"重新建立个人所有制"就是指"重建生活资料的个人所有制"，而不能解释为"重建生产资料的个人所有制"。基于同样的观点和结论，在王成稼先生论文的基础上，程恩富教授等的这篇论文聚焦于如何准确理解马克思在《资本论》中使用的"否定之否定"这一表述方式的确切所指，并以从《共产党宣言》到《资本论》再到《哥达纲领批判》这样一个马恩经典文本和理论发展线索为依据，对所主张的基本观点进行了更进一步论证。

实事求是地说，笔者对马克思的这个理论命题没有进行系统研究，无力也不打算参与到这个争论的具体观点站队中去，这是因为从我国经济学界围绕马克思这个命题展开争论所提出的"互相对立"的基本观点来看，似乎都各有其理，各有其据，在可预见的未来，争论双方恐怕也很难达成共识。在笔者看来，我们是否应该从另外的视角出发，认真审视这场持续进行的学术争论的实质意义究竟是什么？正确的发展方向是什么？

首先，我们看到，这个争论本身直接表现为对马克思同一个命题的两种不同解释或观点，并且争论双方彼此互相否定，皆持一种非此即彼甚至"唯我独尊"的立场，即使是后面参加争论的学者也往往不自觉地首先从观点的站队出发。撇开争论双方所持的各种理论的和文本的依据不说，仅就双方所持的不同结论和观点来看，其意义究竟是什么，是值得反思的。

从一般或绝大多数情况来说，对于马克思的某个具体命题或判断可能应该只有一种"正确"的解读或解释。所谓"正确"，首先是指符合马克思主义理论体系的本质精神和理论逻辑，其次是指符合马克思本人的意思。但是，众所周知，在文本的解读中永远存在"我注六经"与"六经注我"之间的纠缠不清，这是解释学之所在存在和与生俱来的无法回避的矛盾。就马克思的理论和文本而言，它本身就是一个极具解释空间的精神遗产，不然，怎么会有所谓西方马克思主义和中国化马克思主义呢？不然，怎么会有世界范围的"马克思学"呢？这就是说，不同的人心中的"马克思主义"是有可能不一

---

① 王成稼：《正确理解"重新建立个人所有制"》，载于《经济研究》1990 年第 1 期。

样的，对于马克思的具体命题或判断的理解也可能是不相同的，这是符合人类思想发展规律的现象。我们说马克思主义是发展的科学，难道马克思主义不正是在马克思之后的思想家们对马克思的理论和命题的各种不同的理解和解释及其交锋中得到发展的吗？反过来说，假如马克思主义及其各个理论都像物品那么"一目了然"和"确定无疑"，马克思主义还有发展一说么？当然，这里的意思绝不表示可以对马克思主义及其具体理论进行任意解释或者明目张胆地歪解。事实上，即使在真心拥护马克思主义立场、方法论和基本理论的学者队伍中，对于马克思主义理论的不同理解和争论就从来没有停止过。总之，马克思主义正是在各种理论争论中不断得到认知和深化认识及发展的。不过，我们也要看到围绕马克思主义及其具体理论展开的许多学术争鸣也具有一定的副作用，这些争论不是使人们对于马克思主义及其具体理论能够具有更加确切和正确的认识，相反，它们造成了马克思主义及其具体理论在人们心中的印象和认识变得更加模糊、更加不确定甚至自相矛盾。事实上，有些所谓学术争鸣的积极意义是十分有限的，甚至是有害的。

具体到马克思的"重新建立个人所有制"这一命题来说，由于恩格斯在《反杜林论》中已经做过明确的解释，并且是得到马克思本人确认，因此，把马克思的命题解释为"重新建立生活资料的个人所有制"似乎是最合理、最简单、最省事、也最具有说服力的办法。事实上，改革开放之前，我国学者也基本上都是这样做的。在新的争论中仍然坚持这种解释的学者其实在理论上隐含或预设着一个前提，那就是马克思关于共产主义社会生产资料公有制的理论含义是明确无疑的，因此，这种解释论者有一种公开或非公开的理论担心，那就是把马克思的命题解释为"重建生产资料的个人所有制"不仅容易造成对马克思的共产主义社会生产资料公有制理论的复杂化的甚至是混乱的解释，而且容易落入杜林用来指责马克思而捏造出来的"混沌世界"和"辩证法之谜"的理论陷阱之中。如果联系学界确实有人对于马克思的这个命题进行了别有用心的错误解释和滥用的事实来看，应该承认，持"重建生活资料的个人所有制"论者所做的理论工作是有其积极意义的。

尽管如此，新的理解和观点还是产生了。而新理解和新观点的提出和产生有着鲜明的实践背景。具体来说，这个争论的产生与 20 世纪 70 年代末开始的我国改革实践的发展具有十分密切的关系。十一届三中全会后，我国进入改革开放的新时期。中国的改革首先从农村实行土地的家庭联产承包责任制开始，然后逐步扩展到城市进行国有企业和集体企业改革。就国有企业改革来说，先后经历了实行厂长（经理）承包制、利改税、股份制改革、国有企业布局调整、构建中国特色现代企业制度等不同阶段。改革实践的发展推动了中国政治经济学的理论研究和学术发展。正是为了给改革中出现的新事物寻求马克思主义政治经济学的理论依据，学术界开始对马克思的"重新建立个人所有制"这一命题赋予新的解释，试图将中国改革实践中出现的农村土地承包责任制、民营经济（私有经济）和股份制等新事物都纳入"重建生产资料的个人所有制"这一"马克思主义理论命题"之中。正如程恩富教授正确地指出的那样，这种由"现行的理论和体制（股份制、农村联产承包制等）去附会马克思论断的含义"的做法是"没有必要和理由"的。不过，我们需要进一步看到，在对马克思命题的新解释论者中同样存在着对于这类错误做法和观点的严厉批评。也就是说，在反对错误地解释和运用马克思这个命题这一点上，持"重建生活资料的个人所有制"论者与持"重建生产资料的个人所有制"论者又具有共同的立场和态度。

学界的持续争论已经表明，仅仅停留于对马克思这个命题的排他式的涵义认定和论证，其理论意义和实践价值都是十分有限的。假如我们接受前述关于在一定条件下对于马克思理论和文本的不同解释的必然性和合理性的观点，那么，我们就有可能由简单的观点之争进入到更加具有实质和实践意义的理论探讨中去。从这个角度来说，相对而言，"重建生产资料的个人所有制"论可能比"重建生活资料的个人所有制"论更加富有理论上的拓展性和延展性。事实上，持"重建生产资料的个人所有制"论者在这个方面已经贡献了部分非常重要的思想素材，其中最富有价值的在于两个方面。

第一，开启了重新研究马克思的所有制理论以及共产主义社会公有制理论的新议题。如上所言，在马克思主义理论的研究队伍中，人们往往会以《共产党宣言》《资本论》《哥达纲领批判》《反杜林论》等马克思主义经典文献和文本为依据，认为马克思的所有制理论和共产主义社会公有制理论都是明白无疑的、一清二楚的。然而，国内外学术界的研究和争论表明，马克思的所有制理论和共产主义社会公有制理论仍然是一个非常值得深入研究的重要理论课题。如何从更加广阔的理论视野、更加深入的学理层面、更加多元的学科视角等出发，不断拓展和丰富对于马克思的所有制理论和共产主义社会公有制理论的科学理解，仍然是当代马克思主义理论研究包括马克思主义政治经济学理论研究可以大有作为的一个重要领域。

第二，更重要的是，表现出运用马克思主义理论研究当代实践，特别是中国经济改革和发展实践中的重大现象和问题的重要理论旨趣和取向。如上所言，"新解释"产生的大背景是中国的改革开放实践，如果撇开对马克思理论命题的曲解、错解、歪解的那些人不说，那么我们可以看到，在严肃的马克思主义学者中持"新解释"者的一个非常重要的动机在于，如何运用马克思的所有制理论和共产主义社会公有制理论来研究处在改革发展中的中国公有制经济问题。在这个方面，马克思主义学者面临两个重要的理论任务：一方面，要在坚持马克思主义和社会主义立场的前提下，通过对马克思的所有制理论和共产主义社会公有制理论的正确解释，批驳和揭露一些人对于马克思理论的歪曲、篡改和别有用心的滥用；另一方面，要在坚持中国特色社会主义制度和道路的基础上，运用马克思的所有制理论和共产主义社会公有制理论等对于我国公有制经济改革提供具有建设性的理论支撑和政策建议，而要做到这一点，就必须不断深化对于马克思相关理论的科学认识，否则，如果不能从理论与实践相结合的方法论出发，如果只是简单地固守对于马克思主义理论的常识性理解，就不可能达到这样一个非常重要的理论研究目标和最终目的。

我国的改革还在路上，我国的公有制经济改革也还在路上。中国马克思主义政治经济学者面临着十分光荣而艰巨的历史任务，我们不仅需要不断深化对于马克思主义理论的科学理解，而且更加需要直面和积极参与中国改革开放实践，特别是需要坚持学术理论与实践相结合的方法论原则，一方面坚持马克思主义立场和理论原则，另一方面坚持从实践出发，不断创新和发展马克思主义理论，处理好坚持和继承同创新和发展的辩证关系，为新时代中国特色社会主义经济改革和发展实践作出新的理论贡献。因此，关于"重建个人所有制"的理论研究和争论可能需要有一个重要的转向，即将更多的智力资源和注意力投入到更加富有理论价值和实践意义的问题研究之中，其中最根本的问题之一是，从社会主义市场经济这一重要现实出发，深入探讨以人民为中心根本宗旨、劳动者主体地位根本立场、共同富裕根本目标，以及市场机制在公有制经济特别是在公有制企业中如何更好地实现有机融合和统一，从而进一步巩固和发展公有制经济主体地位，进一步巩固和完善社会主义基本经济制度，实现国家经济治理体系和治理能力现代化。

（原文发表于《学术评论》2021 年第 3 期）

消灭私有制与重建个人所有制：
基于多级所有的解释

李凤华　易　晨[*]

马克思对未来社会所有制的论述主要集中于两个命题。具有代表性的，一个出自《共产党宣言》："共产党人把自己的理解概括为一句话：消灭私有制"。[①] 一个出自《资本论》："从资本主义生产方式产生的资本主义占有方式，从而资本主义的私有制，是对个人的、以自己劳动为基础的私有制的第一个否定。但资本主义生产由于自然过程的必然性，造成了对自身的否定。这是否定的否定。这种否定不是重新建立私有制，而是在资本主义时代的成就的基础上，也就是说，在协作和对土地及靠劳动本身生产的生产资料的共同占有的基础上，重新建立个人所有制"。[②] 毫无疑问，这两个论述都应当成立，但它们字面上却存在冲突。"消灭私有制"的结论必然是公有制，而"重建个人所有制"似乎又将所消灭的对象重新确立起来。因此，如何准确理解马克思的原意，是马克思主义研究的一个重要课题。

我们将首先梳理现有文献在这个问题上的核心争议，逐步引出最终的理论难点：如何理解个人所有制与社会主义公有制的同一性。通过分析和事例说明，马克思的重建个人所有制与社会主义公有制在本质上是同一的，但概念上存在差别，并且其中蕴含着丰富的解释空间。基于社会主义的百年实践提炼出中微观层次的概念，充实马克思主义理论库，有助于我们正确理解马克思有关未来社会所有制问题的论述。

---

[*] 李凤华，湖南师范大学马克思主义学院；易晨，湖南师范大学马克思主义学院。
① 《马克思恩格斯选集》第 1 卷，人民出版社 2012 年版，第 414 页。
② 《马克思恩格斯全集》第 44 卷，人民出版社 2001 年版，第 874 页。

一、有关马克思未来社会所有制核心争议梳理

改革开放以来，在"消灭私有制"和"重建个人所有制"的讨论上，产生了较为丰富的文献，其中既涉及对于新的所有制形式（如股份制）的理解，又涉及对马克思的本意的阐释，其中或多或少蕴含了一些对社会主义公有制原则的看法。① 本文不拟全面介绍现有的争论，而是分析其中三个关键问题的争议。对它们的理解涉及马克思主义未来社会所有制的基本概念与整体理解。我们将依次评析这三个问题，然后指出应当努力的研究方向。

第一，消灭私有制中的"私有制"是仅仅指资产阶级生产资料私有制，还是同时也包括其他类型的私有制。争议焦点则在于，马克思是否主张消灭劳动者的个人所有制。《共产党宣言》说过，"共产主义的特征并不是要废除一般的所有制，而是要废除资产阶级的所有制。"有的学者引用这一论述，将私有制分为剥削型和非剥削型两种类型，由此提出消灭"以剥削别人劳动为基础的私有制"，而"以生产者自己的劳动为基础的私有制"是否需要消灭就不能一概而论。② 对此，对立观点则指出，劳动者个人的所有制已经被现代资产阶级私有制所消灭，因此，"消灭私有制"其实就是根本废除"整个"私有制，自然也包括了劳动者个人所有制。③

我们认为，毫无疑问，马克思所主张消灭的私有制也包含着劳动者的个人所有制，这里涉及的是对于马克思主义基本原理的理解以及社会主义公有制这一基本原则的坚持。在保存私有制的基础上消灭剥削，这是小资产阶级

---

① 前者的文献综述见张建晓、孙其昂：《改革开放以来国内学者关于"消灭私有制"的争论》，载于《安徽大学学报》（哲学社会科学版）2018 年第 1 期；后者的文献综述有刘晶：《关于"重建个人所有制"的理论观点综述》，载于《中国人民大学学报》1990 年第 2 期。

② 耿步健：《论正确理解〈共产党宣言〉中的"消灭私有制"思想》，载于《马克思主义与现实》2009 年第 6 期。韩东屏（《不消灭私有制也能彻底消灭剥削》，载于《河北学刊》2014 年第 5 期）也持类似的看法。

③ 郝贵生：《也谈对〈共产党宣言〉中"消灭私有制"思想的理解——与耿步健先生商榷》，载于《中共天津市委党校学报》2010 年第 4 期；汪亭友：《岂能如此曲解〈共产党宣言〉关于"消灭私有制"的思想》，载于《马克思主义研究》2012 年第 5 期；许婕：《"重建个人所有制"的文本解读》，载于《马克思主义理论学科研究》2019 年第 5 期。

社会主义的一贯立场。不管这种理论形式是蒲鲁东的个人所有制，还是所有制民主，还是罗尔斯的公平的正义，抑或左翼自由至上主义的理论构想，它们本质上与"真正的社会主义"、杜林等小资产阶级社会主义并无二致，渴望保存私有制的基础上能够实现其平等、自由的要求，形式上对小资产阶级具有吸引力，而其实质是落后的、反动的。与小资产阶级社会主义划清界限，这是准确理解马克思主义理论的基本要求。但是，既然马克思的未来社会所有制是以社会主义公有制，那么，又如何理解重建个人所有制呢，这涉及个人所有制的具体所指了。

第二，重建后的个人所有制是仅仅指消费资料的个人所有制，还是也包括生产资料的所有制。吴宣恭教授认为个人所有制不应当包含生产资料的所有制，而仅仅指生活资料的个人所有制，其依据是恩格斯《反杜林论》的论述；[①] 而卫兴华教授认为，基于马克思上下文的理解，个人所有制应当包含生产资料所有制。还有学者指出，综合恩格斯在其他各处的论述，个人所有制应当包含生产资料的个人所有制，马克思和恩格斯的观点是一致的，遵循了否定之否定规律，而将个人所有制仅仅限于消费资料，则有违马克思和恩格斯原意。[②]

我们认为，在这个问题上，个人所有制应当包含着生产资料的个人所有制，而不能局限于消费资料。不仅仅是因为从逻辑来看，这样解释更符合马克思的原文，而且也具有现实的必要性。比如，消费资料一般是个人占有，但是在特殊情况下，公共机构完全有理由征用个人物品，或者集中分配，比如在灾害期间对于粮食、水等物品的分配。同理，生产资料通常由社会占有，但也存在着由个人占有的情形，比如打猎捕鱼工具。[③] 总之，基于现实各种复

---

① 吴宣恭：《对马克思"重建个人所有制"理论的再理解》，载于《马克思主义研究》2015 年第 2 期，第 97～108 页，第 159 页。

② 华德亚、朱仁泽：《"重建个人所有制"争议及理论再思考》，载于《当代经济研究》2017 年第 2 期，第 72～78 页。

③ 《德意志意识形态》如此举例描述共产主义社会的生产方式："上午打猎，下午捕鱼，傍晚从事畜牧，晚饭后从事批判"（《马克思恩格斯选集》第 1 卷，人民出版社 2012 年版，第 165 页）。马克思这里的重点是对分工的批判，但对于生产资料所有制属性的分析也具有启发性。当这位劳动者在打猎、捕鱼直至写作这些劳动之间转换时，其所依据的生产资料应当是公有的，但完全有可能是个人占有，因为这显然要比公有且集体占有要方便得多。

杂情况的需要，因地因时制宜地实施各种生产资料和消费资料的公有和个人所有，这是有着内在合理性的。既然个人所有制既涉及生产资料，也涉及消费资料，由此引出了新的问题，如何看待社会主义公有制与个人所有制的关系。

第三，社会主义公有制与重建后的个人所有制是统一的，还是非统一的。卫兴华教授指出，马克思的重建后的个人所有制是指"联合起来的社会的个人所有制，也就是社会主义要建立的以公有制为基础的个人所有制。这种所有制既是公有的，也是个人的。"① 应该说，这一观点有一定合理性，因为它看到了公有制中也存在着个人所有这一属性。但这又提出了如何解释两者的同一性问题。吴宣恭教授认为，这里存在着逻辑矛盾。如果两者是同一的，"那么，只讲生产资料的公共占有就足够说明所有制的性质了，何必再说公共占有的'基础上'建立个人所有制?"② 吴教授的质疑很有道理，如果社会主义公有制与个人所有制完全一致，那岂不是说，马克思在这里玩文字游戏。显然，如何理解社会主义公有制与个人所有制的关系，是正确把握马克思未来社会所有制理论的关键所在。

我们认为，共产主义社会里重建的个人所有制与公有制在本质上是同一的，但两者并非同一事物。一种所有制既是公有的，又是个人的。这说明它既具有公有性，又具有个人性。但不能因此就认为，个人所有制与公有制是一回事。公有制是个人所有制建立的基础，重建的个人所有制是在公有制的基础上进行的各种具体探索，两者包含着两种不同的规定性，各自表达着不同的内涵与特征。

首先，公有所表达的是联合起来的社群与对象的关系属性，而个人所有表达的是个体与对象的关系，前者不能取代后者。比如，军事设施或者深空探索设施与开放性的公园的公有性是相同的，都同属于社会，但两者的个人

---

① 卫兴华：《对错解曲解马克思"重建个人所有制"理论的辨析——评杜林对马克思的攻击和谢韬、辛子陵及王成稼的乱解错解》，载于《河北经贸大学学报》2014年第3期，第24~31页。

② 吴宣恭：《对马克思"重建个人所有制"理论的再理解》，载于《马克思主义研究》2015年第2期，第97~108页，第159页。

所有性却相距甚远。前者显然不能随便开放，个人不能任意进入，事实上，只要还必须保证一定程度的秘密性，那么就无法认为，军事设施或深空探索设施也是个人所有的。而对于后者而言，所有个人都可以任意进出并使用其设施，那么，其个人性要远超前者，因此后者才可能符合个人所有的特征。

其次，个人所有制不一定必然是联合起来的个人所有制，还可能包含了孤立的个人所有制。① 重建的个人所有制可能也蕴含了联合起来的个人所有制，但绝不限于这个方面，否则的话，这里公有制与个人所有制就成为同义反复。从实践来看，一个理想的所有制还应当允许因地因时的孤立的个人所有制，而这种孤立的个人所有制与公有制完全有可能共存。比如《1857－1858 年手稿》论述了古代的所有制形式时指出，第一种（亚细亚）所有制形式中，"单个人的财产并不是同公社分开的个人的财产，相反，个人只不过是公社财产的占有者。"② 显然，这里既有公社这个基本的公有制，但同时又出现了孤立的个人所有制。举出这一事例并非否定"联合起来的个人所有制"的可能性，而是想说明，在概念上，个人所有制与公有制并非相同。③ 并且，理论上看，社会主义公有制前提下，也确实可能会出现这种孤立的个人所有制的情况。

最后，社会主义公有制的形式是多样的，因此决定了个人所有制的形式及其个人所有程度也是多样的。社会主义的实践产生了全民所有和集体所有两大所有制的基本类型，而在全民所有制中，又存在着央属、省属、市属等层次不同的所有制主体。这些层次不同的公有制的产生有其内在的必然性。以此类推，共产主义社会虽然消灭了国家，但地域差别以及不同层次的地域管理的需要，也必然存在着公有性程度不同的所有制。一些所有制更倾向于

---

① "联合起来的、社会的个人所有制"语见《政治经济学批判 1861－1863 年手稿》（《马克思恩格斯选集》第 2 卷，人民出版社 2012 年版，第 845 页），卫兴华教授用它来说明个人所有制，其意与公有制基本上没有差别。此处的"孤立"并非表示绝对的孤立，而只是用来与联合的集体占有相对比，用以表示个人占有和使用的情形。

② 《马克思恩格斯选集》第 2 卷，人民出版社 2012 年版，第 729 页。

③ 必须指出的是，在社会主义公有制的前提下，即使存在着这种孤立的个人所有制，它与蒲鲁东式的个人所有制有着本质上的区别，后者本质上是一种私有制，因此仍然存在着资本集中和财富分化的可能性，而公有制前提下的个人所有制显然杜绝了这种可能性。

社会所有或集体所有，而一些所有制，在公有制的前提下，更倾向于个人所有。由此决定了，重建个人所有制，并非简单地是公有制的同义反复，而是意味着在坚持社会主义公有制前提的基础上，对各种形式不同的、公有性程度不一的各种形式的所有制的多样共存，从而尽可能恰当地表达个人与不同层次的更大的群体之间的利益关系。

如果上述理解是合理的，这里也产生了马克思主义理论创新的机会。近百年的社会主义实践已经展示了社会主义公有制的多种可能形式，它们为我们把握社会主义公有制与个人所有制的关系提供了大量的实践事例。将这些实践与马克思未来社会所有制的论述相比对，我们需要从众多中微观层次的所有制现象中提炼和概括出新的概念。一方面用这个新的概念来描述和解释人类在所有制方面的历史与实践，另一方面又可以对马克思对未来社会所有制的基本理论给出更合理的解释。我们认为，多级所有就是这样一个值得重视的概念。

二、多级所有的含义及其应用

在介绍多级所有这个概念之前，首先要看到，许多人在讨论所有制时，往往自觉不自觉地持一种非公即私的二元对立观。二元对立是我们认识世界的一种思维模式，它能够持续流行确有其合理性，它有助于我们将复杂的事情简单化，并且较快地认识事物的基本特征。但是二元对立又往往具有误导性，不作认真细致考察的二元对立，往往会得出错误的结论，这在许多需要细致辨析做出精微结论的地方，尤其是如此。而马克思一方面旗帜鲜明地主张消灭私有制，却又同时提出重建个人所有制，这种看似矛盾的表述恰恰就是一种需要做出精细分析的语境。

只要我们不拘泥于非公即私的二元对立观，那么，我们就不难发现，在纯粹的公有与彻底的私有之间，存在着多种可能的混合情形：比如部分公有，部分私有；某物少数人集体所有；某物社会所有与个人所有同时存在，如股份公司；某物实行集体所有但所有权具有限制；某物实行少数人公有，但成员权受到各种限制，比如劳动股份制；如此等等，很难简单地将它们归为公有或私有。撇开这种繁杂的具体所有制形式，而将彻底的私有视为一种极端，纯粹的公有视为另一种极端，那么，我们有可能将公私之间描述为一种连续谱，在这个连续谱的中间任意一个点上，都存在一定程度的私有和公有成分，换句话说，私有与公有都是同时并存的。

　　这是一种将多维角度的所有制公私因素换算成一维的公私程度测量。这个简化丢失了一些因素，但是它有助于说明，在纯粹的公有与彻底的私有之间，存在着公有化程度不一的各种具体的情形和复杂程度，其中有的所有制形式更偏向私有，而有的则更偏向公有，每一种都同时蕴含着公私因素。比如，我拥有一杯水，我可以将这杯水转让，也可以喝掉，因此我具有对它的毁灭权。这说明我对这杯水的私有程度比较高。而同等价值的纸币，我虽然也可以转让，但却不能将它烧掉或者撕掉。这说明我对它的所有权并不如前者那么充分，因此这一张纸币虽然归我所有，但同时也蕴含着以中国人民银行为代表的全民公有因素。而与纸币相比，我所拥有的不动产，在使用、转让、获益、赠予等各个方面受到来自各级政府的多种管制，那么，我们也有充分的理由认为，这一房产要比前述那杯水和那张纸币拥有更高的公有性。而不同的房产，由于其建设资金来源、历史渊源、用途管制等等，其各自的公有性也存在着显著差别。商品房的私有性无疑要比经济适用房的私有性更强，而后者的公有性又比限价房、组屋以及纯粹的公有房要低。

　　如此，我们可以将公私程度描述为一种从 0 到 1 的连续线段，假定 0 为彻底私有，而 1 为纯粹公有，那么现有的不同所有制形式以及虽然所有制形式相同而公私比例不同的所有经济实体，都可以映像到这一线段中的某个点上。比如，假定村集体所有制大致可以处在 0.5 至 0.6 之间的某个点上，而省、市属国有企业的公有程度要高于前者，因此其数值要高于 0.6，而中央直属国有企业的公有程度则更高，其数值也更高。这只是一种一般性的描述，具体而言，同属中央直属国有企业，中央政府百分百控股的企业要比大部分股票已经上市交易的央企的公有程度更高。此外，即使在中央政府所控制的股份比例相同的央企中，由于一些实体本身所处行业为竞争性行为，而另外一些实体属于公益性乃至具有行政管理职能，两者的公有程度仍然存在着差别。

尽管所有制的形式千差万别，但我们仍然可以根据所有者的主体、股份比例、公益性程度等等角度，描述和概括出不同实体的公有性程度。这将大大有助于我们理解和认识所有制的理论与现实，至少让我们不会简单粗率地非公即私的图像来描述全部所有制现象。

虽然连续谱可以简约而直观地表明公私之间的程度关系，但它毕竟只是一种数学表达工具，而不是一种理论概念。如果需要更准确地把握公私问题，我们有必要把连续谱用理论概念表达出来，而不能停留在数值这种直观形式上。前面讲过，除了彻底的公有和私有之外，每一点都包含着公有与私有的因素。那么，除了彻底的私有和公有之外，针对所有的对象，我们都可以说，它既是私有的，也是公有的。现在我们要问的是，在同一对象上的公有与私有是什么关系呢？

深入观察可见，通常而言，同一对象上的私有主体与公有主体是一种个人与该人所属群体的关系，两者是一种身份上的归属关系。比如，A 拥有某个小区的一套商品房 X，相对于其他个体而言，该商品房是 A 完全私有的，他人一般地不具有处置权利。但对于小区其他居民所共同形成的小区集体 B（它可能表现为业主大会和业主委员会的形式）而言，A 对于 X 的处置权并不是完全充分的，B 可以对 A 的处置权施以限制，比如可以限制在 X 的外墙搭建各种设施，可以同意或者拒绝共同出资修缮与 X 紧邻的公共楼道或设施。这样，A 和 B 同时拥有了对于 X 的所有权，而 A 也是从属于 B 的。在更高一层的公众层次上，X 所在的省、市、区政府 C 对于 X 的交易、征收补偿等等制定相关规则，从而事实上在一定程度上限制了 A 对于 X 的所有权；从国家层面来，中央人民政府 D 制定的有关于房产的一般性制度，也同样可以视为一定层次的所有权。因此，从这个意义上来看，对于 X 的所有权，法律上归 A 所有，但从社会关系的意义上来看，是一种由 A、B、C、D 所共同拥有的。由 A、B、C、D 处在一种分层次的归属关系，我们可以将这种所有权视为一种多级所有。在这里，表面上的个体所有蕴含了实质性的多级所有。

这种多级所有并非仅仅是一个特例，它遍见于各种所有制。只要某个对象的所有关系中蕴含着一定的公有因素，我们就有理由认为，在现有的所有权主体上，一个该主体所归属的更大群体对该对象也拥有某种性质的控制权，因此两种不同层级的所有权关系就构成了一种多级所有关系。多级所有的具体表现形式是多样的，前述各种混合形式都蕴含了这种一般性的因素。作为一个一般性的概念，多级所有具有广泛的解释空间与应用前景。

第一，它可以用来描述现实生活中的财产、事务和人权。财产方面，我们可以用多级所有来描述各种公有资产。比如，某个大学实验室的资产，固然归该大学所有，而使用权仅仅限于该大学实验室，其他机构或人员无权使用，因此该实验室也拥有相应的所有权，从而实验室、大学、大学所属教育行政管理部门以及一般意义上的全体人民构成一种多级所有关系。即使是个人资产，由于其使用、出售和征用都存在着各级政府的限制，因此也蕴含了一定的多级所有因素，虽然其中的公有因素要比前者薄弱许多。在事务方面，不同层级政府对同一事务的管理与分权，也体现了它的多级所有特性。[①] 人身权利也是如此。自由至上主义（libertarianism）试图坚持一种绝对的自我所有权，但这其实是一种理论的过度自信。"人生而自由，但却无往不在枷锁之中"。现实生活中充满了各种各样的人身权利的约束，它们在各种层次上表现为多级人身所有权。家庭之中，成员之间的人身相互拥有是家庭的财产共产主义与人身权利相互约束的本质。[②] 在国家层面，共同人身所有权——亦即集体人权——是个体权利得以实现的前提。马克思指出，"在每个历史时代中所有权是以各种不同的方式、在完全不同的社会关系下面发展起来的。因此，给资产阶级的所有权下定义不外是把资产阶级生产的全部社会关系描述一番。"[③] 同理，对多级所有的理解实质上涉及有关财产、事务和人权的所有社会关系。

---

① 李风华在《纵向分权与中国成就：一个多级所有的解释》（《政治学研究》2019 年第 5 期）中指出，多级所有是一个普遍的现象，但是正确表现了这种多级所有关系的纵向分权，将更有利于推动经济社会发展。因此，"统一领导，分级管理"要比美国式的联邦主义制度能够更有效地应对各种事务，从而构成新中国 70 年成就的重要因素。

② 李风华：《何以为家？一个基于共同人身所有权的命运共同体》，载于《探索与争鸣》2019 年第 12 期。第 143～152 页，第 160 页。

③ 《马克思恩格斯文集》第 1 卷，人民出版社 2009 年版，第 638 页。

　　第二，它可以用来描述和解释人类历史的重要社会变革。"我们越往前追溯历史，个人，从而也是进行生产的个人，就越表现为不独立，从属于一个较大的整体：最初还是十分自然地在家庭和扩大成为氏族的家庭中；后来是在由氏族间的冲突和融合而产生的各种形式的公社中。"① 此时，个体的所有权因素较少，除了一些消费品之外，在土地等重要生产资料实行公有制，个人只拥有占有权。而在公社等小的群体之上，还存在着"凌驾于所有这一切小的共同体之上的总合的统一体表现为更高的所有者或唯一的所有者，因而实际的公社只不过表现为世袭的占有者。"② 这里的个体占有、公社所有以及更高的所有者无疑构成多级所有的一种形态，虽然马克思并没有使用多级所有这个概念。但此时的所有权形态是极其粗糙的，其分化程度非常低。在罗马的所有制形式中，公社财产是和私有财产分开的。"公社成员的身份在这里依旧是占有土地的前提，但作为公社成员，单个的人又是私有者"。③ 这种身份要求农民必然把剩余时间交给公社，比如劳役或作战。也就是说，此时的多级所有中，个体的私有性得到了加强，而公有性则以劳役、赋役和兵役等形式而单独表达出来。而在日耳曼的所有制形式中，"个人土地财产既不表现为同公社土地财产相对立的形式，也不表现为以公社为中介，而是相反，公社只存在于这些个人土地所有者本身的相互关系中。公社财产本身只表现为各个个人的部落住地和所占有土地的公共附属物。"④ 此时，多级所有中的公有性进一步下降，甚至表现为一种附属于私有的特征。在资本主义原始积累阶段，小农丧失了自己的小块土地，使劳动者同时也是所有者的各种形式发生解体。从表面上来看，多级所有似乎不复存在，不管是财产还是人身，都趋向一个原子式的存在。因此，也只有在资本主义社会中，才会诞生人身权利上的自我所有权与财产权利上的产权分割极其清晰的意识形态。但是，这只是一种假象，人身权利的相互约束、集体人权的事实存在以及政府对各种

---

① 《马克思恩格斯选集》第2卷，人民出版社2012年版，第684页。
② 《马克思恩格斯选集》第2卷，人民出版社2012年版，第726页。
③ 《马克思恩格斯选集》第2卷，人民出版社2012年版，第729页。
④ 《马克思恩格斯选集》第2卷，人民出版社2012年版，第735页。

财产的管制，确证了多级所有的存在，说明即使在公有性非常薄弱的情况下，多级所有仍然制约各种私人权利，为其划下各种边界。而在共产主义运动以及各种社会运动的推动下，各种公立机构、社会福利制度则在多个维度上面提升了公有程度。因此，人类社会发展可以描述为在多级所有的维度上公私程度的变化，其中社会形态变迁属于结构性的重大变化，而在同一社会形态内部的各种变化则属于不同程度的量变。

第三，它可以成为马克思主义理论中的一个中微观概念，充实马克思主义的理论武库。马克思和恩格斯所发现的历史唯物主义和经济学说是一个宏观的理论框架，它们描述和解释了人类社会发展的必然规律，指出了人类解放的必然命运与路径，其立场、观点和方法今天仍然具有正确性和指导价值。但当代社会与政治理论在许多中微观领域有着迅猛的进展，尤其是权利领域，这也向当代马克思主义者提出了如何构造中微观概念，深入分析各种制度与行动细节的挑战。我们认为，多级所有可以在马克思主义理论中找到依据，同时也可以无缝地充实马克思主义的相关理论。

马克思论述协作时指出，协作产生了一种集体生产力。"一个骑兵连的进攻力量或一个步兵团的抵抗力量，与每个骑兵分散展开的进攻力量或每个步兵分散展开的抵抗力量的总和有本质的差异，同样，单个劳动者的力量的机械总和，与许多人手同时完成同一不可分割的操作（例如举起重物、转绞车、清除道路上的障碍物等）所发挥的社会力量有着本质的差别。……这里的问题不仅是通过协作提高了个人生产力，而且是创造了一种生产力，这种生产力本身必然是集体力。"① 集体力是一个重要的概念，它表明，存在一种不能还原且分割到个体的生产力，这是构成人类社会发展的基本力量。从权利角度来看，如果单个人的生产力对应着个体权利或者说自我所有权，那么，我们有充分理由推断，集体力对应着一种集体人权，办即共同人身所有权。共同人身所有权的存在并不意味个体权利的消失，它与后者共存，相互嵌置，形成一种多级人身所有权。

----

① 《马克思恩格斯全集》第 44 卷，人民出版社 2001 年版，第 378 页。

多级人身所有权可以很好地解释马克思在分配上的立场。德国社会民主工党的《哥达纲领》主张，劳动所得应当不折不扣地分配给劳动者。马克思则拒绝了工人拥有全部劳动产品的这个主张，除了需要补偿消耗品、扩大生产和应付风险外，还指出要为满足人们"共同需要"的人们设施以及为丧失劳动能力的人们所设立的基金。① 这里，马克思指出了公共积累的必要性，但并没有去论证其权利基础，因为这是一个显而易见的事情。而对当代的政治哲学而言，那些不劳动者也可以获得分配，这构成了一个权利问题。极端的自由至上主义者认为，任何通过政府的具有强制性的再分配都是一种对于自我所有权的侵犯。② 多级所有可以有力地回击这一观点，它直接从概念上证明，单个工人或小群体工人本身也从属于一个更大的集体——阶级和全人类，其劳动产品除了分配给这些劳动者本身以外，也应当为所有工人阶级以及全人类留下应有的份额。

对于本文主题而言，多级所有的重要作用，是可以对马克思有关未来社会所有制的解释做出更为充分、更具有解释力的说明，同时对于现有的观点给出更为合理的补充。

三、从多级所有的角度理解马克思未来社会所有制理论

从多级所有的角度来理解马克思有关消灭私有制和重建个人所有制的观点，可以做出的解释如下：人们对所有物质和人身的权利都可以还原为一种所有权，并描述成一种公私程度不等的制度。在资本主义社会里，不管是生产资料，还是消费资料，乃至社会关系、人身权利，资产阶级私有制都占主导地位。消灭私有制是一个运动目标，同时也是一种过程。作为过程，消灭私有制既包含了改变社会形态的暴力过程革命，同时也包含了局部提升公有性的社会改良。作为目标，消灭私有制的目标是建立社会主义公有制，但其中也存在着个人所有制，这种重建的个人所有制是以多级所有的形式而呈现

---

① 《马克思恩格斯选集》第 3 卷，人民出版社 2012 年版，第 361~362 页。
② 诺奇克：《无政府、国家和乌托邦》，姚大志译，中国社会科学出版社 2008 年版，第 204~206 页。

的，它与公有制相互嵌置，形成一种兼顾社会、集体和个人利益的权利安排。

第一，所有制的问题绝不仅仅限于生产资料，它还涉及全部社会生活的各个方面。《共产党宣言》在"消灭私有制"这一论述之后，强调指出，"资本不是一种个人力量，而是一种社会力量"。[①] 接下来马克思批判了资产阶级有关个性、独立性和自由的观点，并从物质产品的占有和生产扩展到有关精神产品的占有和生产，批判了资产阶级的教育观、家庭观和民族观。"共产主义革命就是同传统的所有制关系实行最彻底的决裂；毫不奇怪，它在自己的发展进程中要同传统的观念实行最彻底的决裂"。[②] 显然，在马克思看来，消灭私有制并不只是一个经济命题，同时也是一个社会、政治和文化命题。那么，提高社会、政治和文化生活的公共性，让普通民众也有路径和能力消费原本局限于少数人的社会、政治和文化产品，这是共产主义运动的题中应有之义。

在社会、政治和文化生活方面的"消灭私有制"思想具有特殊的意义。一般地来说，"统治阶级的思想在每一时代都是占统治地位的思想。"[③] 但这只是一种静态的概括，如果将它视为一种铁的规律，那么民众就永远无法被动员起来，革命从而彻底成为一种不可能。因此，无产阶级革命的一个重要前提就是少部分先进分子接受了更具有公有性的先进思想，并且将马克思主义理论灌输给群众。因此，确保无产阶级的文化领导权，才有可能实现无产阶级革命。即使在公有制已经占主导地位的社会主义社会，更具有公有性的政治思想也是维持政治秩序的必要因素。"我将无我，不负人民"。共产主义远大理想不仅仅只是一种个体的要求，也是维护无产阶级专政的精神支柱。

第二，消灭私有制的过程既包含暴力革命，也包含着在基本经济制度不变情况下公有性程度的增加。坚持阶级斗争，强调暴力革命道路，这是无产阶级斗争的基本原理。抛弃这个基本原则，就会陷入修正主义的错误理论与实践。这可以说是"十月革命"道路所确立的共产主义运动基本原则，也是

① 《马克思恩格斯选集》第 1 卷，人民出版社 2012 年版，第 415 页。
② 《马克思恩格斯选集》第 1 卷，人民出版社 2012 年版，第 421 页。
③ 《马克思恩格斯选集》第 1 卷，人民出版社 2012 年版，第 178 页。

马克思主义阶级观点的必然结论。

但是也要看到，阶级斗争不仅仅只是疾风暴雨式的大规模群众斗争，它也包含着各种阶级之间的日常冲突与斗争。因此，消灭私有制的过程不仅仅限于社会形态的更替，同时也包含着现存社会形态内部的公私程度变化。《共产党宣言》列出了对"对所有权和资产阶级生产关系实行强制性的干涉"的十项措施，它们无疑都是增加社会制度的公有性、降低私有性的措施，其中一些在许多资产阶级国家已经实现，比如"征收高额累进税"、"对所有儿童实行公共的和免费的教育"等。① 夸大这些措施对于无产阶级解放的意义固然不可取，而否定这些措施的积极作用也是错误的。从多级所有的角度来看，当代资产阶级国家的社会福利制度虽然并未改变其资本主义社会的本质特征，但确实在一定程度上增加了社会的公有性，属于工人阶级"最近的目的和利益"。

尽管多级所有有助于我们观察不同所有制的公私程度，但不能据此粗率地断定，在任何情况下，公有性程度越高就越好。奴隶制的私有性要较原始社会更高，其剥削和压迫尤其沉重，但奴隶制的产生是一个巨大的社会进步。即使在社会主义内部，适当的个人所有化也有其合理性。正如恩格斯所指出的，"正像不能一下子就把现有的生产力扩大到实行财产公有所必要的程度一样……只有创造了所必需的大量生产资料之后，才能废除私有制。"②

第三，共产主义应当在各个方面实行多样化的多级所有，重建后的个人所有制将以各种形式与公有制实现相互嵌置，从而实现社会、集体和个人利益的三方兼顾。

尽管我们无法想象共产主义社会中生产力的具体形态和社会组织形式，但可以依据一般原理解释多级所有的普遍存在性及其形式的多样性。共产主义必然存在着各种不同规模的组织，这些组织可能有婚姻家庭（或同居）、俱乐部、学校、不同的职能部门、各类生产机构。在物质丰富的前提下，个人

① 《马克思恩格斯选集》第 1 卷，人民出版社 2012 年版，第 421~422 页。
② 《马克思恩格斯选集》第 1 卷，人民出版社 2012 年版，第 304 页。

可以自由地选择其家族、学校、俱乐部、生产机构、职能部门，但是各个群体之间仍然存在着差别，群体内部则存在着共同利益。这种群体间的利益差别源自于个人的偏好和当时的地理与社会环境。比如，两处位置不同的湖泊都属于全社会，但又同时归属于当地的公共管理机构所代表的社群所有，因此多级所有构成所有公共资产的普遍形式。其中一处由于人均湖泊面积较大，因此对于个人钓鱼没有施加任何限制，而另一处则不得不对捕鱼游泳加以限制，并通过专门的管理机构加以管理。

多级所有应当在各个方面实施，而不是严格地区分生产资料和消费资料。前述共产主义社会实行生产资料公有制以及消费资料的个人所有制的观点，它在许多场合下是合理的。在没有特别具体的应用情景下，它可以视为一种大致成立（prime facie）的理论。但是，不可以将它视为一种牢不可破的规定。生产资料方面，也可能存在着个人所有的可能性，比如复杂的需要多人协作的生产资料，通常实行全民所有和集体管理，而对于单人即可操作的设备，则实施个人占有。假定拥有超算能力的大型设备实现了小型化，并且其生产成本降低到以致每个人都可以拥有，从而具有强大的生产能力。在这种情况下，可以实施公共所有与个人占有同时所有，但赋予更多的私有性，类似于承租的性质，或者干脆就个人所有。而在消费资料方面，也未必都实行个人所有。比如，住房无疑是一种消费资料，但许多情况下它是一种稀缺的消费资料，即使到了物质充分涌流的共产主义社会，由于土地位置的独特性和稀缺性，我们无法想象所有住房都归个人所有。否则，有的人可以占据最好位置的住房而事实上享用远超他人的福利，甚至能够将这种超额福利遗赠给其子女。住房的事例表明，即使是消费资料个人所有的前提下，它仍然蕴含着公共所有因素。这种公共因素赋予了公共机构有权征用或集体分配个人消费资料，比如灾难时期可以征用住房、出行设备，乃至粮食、水等物品。

无论采取何种形式的所有制，它都应当满足于兼顾社会、集体和个人三方利益的原则，并根据经济社会发展的情形而随时做出调整。与资产阶级私有财产神圣不可侵犯的权利制度相比，基于社会主义公有制的多级所有具有两个方面的优势：一方面它有利兼顾不同层次的共同利益和个人利益。毛泽东同志在《论十大关系》中指出，"必须兼顾国家、集体和个人三个方面"。① 这一论断可以扩展至所有不同层级、不同领域的群体与个人关系上。作为一种力求兼顾国家、集体和个人三者利益的理论主张，多级所有理论具有广阔的适应性。另一方面，由于社会主义的多级所有坚持了社会主义公有制的基本原则，它可以根据经济社会发展的情形而做出相应的调整，比如赋予更多的个人所有，或者收回和减少个人处置的权利，从而能够更有效地满足人民群众的需求，推动经济增长和社会发展。

（原文发表于《当代经济研究》2021 年第 11 期）

---

① 《建国以来毛泽东文稿》第六册，中央文献出版社 1992 年版，第 87 页。

相关文献

[1] 周肇光：《对马克思的重建个人所有制理论的几点认识》，载于《安徽大学学报》1986 年第 2 期。

[2] 吉铁肩、林集友：《社会主义所有制新探——释"在生产资料共同占有基础上重建个人所有制"》，载于《中国社会科学》1986 年第 3 期。

[3] 沈晓阳：《对马克思"重建个人所有制"思想的理解——学习〈资本论〉笔记》，载于《理论学习》1987 年第 2 期。

[4] 闫玉英：《"重建个人所有制"浅释》，载于《财经问题研究》1987 年第 5 期。

[5] 唐未兵：《也谈马克思的"重建个人所有制"》，载于《湖南师范大学社会科学学报》1987 年第 3 期。

[6] 杨坚白：《论社会的个人所有制——关于社会主义所有制的一个理论问题》，载于《中国社会科学》1988 年第 3 期。

[7] 马灿云：《重建个人所有制：公有制对私有制的扬弃》，载于《党政论坛》1988 年第 10 期。

[8] 王自力：《"重建个人所有制"与社会主义股份制》，载于《经济科学》1988 年第 5 期。

[9] 张泽荣：《所有制改革的核心是重建公有制条件下的个人所有制》，载于《理论与改革》1989 年第 1 期。

[10] 李秉濬：《重建个人所有制与全民所有制体制改革》，载于《厦门大学学报（哲学社会科学版）》1989 年第 3 期。

[11] 王正萍：《简析社会主义是"重建个人所有制"》，载于《毛泽东邓小平理论研究》1989 年第 6 期。

[12] 王成稼：《正确理解"重建个人所有制"》，载于《经济研究》1990 年第 1 期。

[13] 熊泽成：《究竟如何理解"重建个人所有制"》，载于《社会科学》

1990 年第 1 期。

　　[14] 赵学清、余红：《准确理解"重建劳动者个人所有制"的科学思想》，载于《南京政治学院学报》1990 年第 1 期。

　　[15] 胡培兆：《马克思要在社会主义社会重建何种"个人所有制"》，载于《经济学家》1990 年第 3 期。

　　[16] 刘光杰：《必须正确理解马克思关于"重建个人所有制"的论点》，载于《江汉论坛》1990 年第 3 期。

　　[17] 何俊儒：《马克思的"重建个人所有制"不是重建私有制》，载于《经济科学》1990 年第 1 期。

　　[18] 江河：《述评"重建个人所有制"的三种观点》，载于《中共山西省委党校学报》1990 年第 3 期。

　　[19] 霍雨佳：《马克思的"重建个人所有制"与承包制》，载于《海南大学学报（社会科学版）》1990 年第 1 期。

　　[20] 刘晶：《关于"重建个人所有制"的理论观点综述》，载于《中国人民大学学报》1990 年第 2 期。

　　[21] 王建国：《关于"重建个人所有制"》，载于《高校社会科学》1990 年第 2 期。

　　[22] 于俊文：《"重建个人所有制"绝非私有制复归》，载于《经济纵横》1990 年第 5 期。

　　[23] 张宗斌、于天义：《究竟如何理解马克思"重建个人所有制"构想》，载于《理论学刊》1990 年第 5 期。

　　[24] 马德安：《对"重建个人所有制"的"正确理解"的商榷》，载于《经济研究》1990 年第 7 期。

　　[25] 陈必吾：《正确理解马克思关于重建"劳动者个人所有制"的理论——兼析集团股份制是全民企业改革的方向》，载于《学术月刊》1990 年第 11 期。

　　[26] 李国荣：《马克思"重建个人所有制"的确切含义》，载于《河北学刊》1991 年第 5 期。

[27] 阮震：《"重建个人所有制"的那段论述需要改译吗？——与奚兆永同志商榷》，载于《中国经济问题》1992 年第 1 期。

[28] 吴志明：《如何理解"重建个人所有制"》，载于《上海经济研究》1992 年第 3 期。

[29] 诸仲欣：《"重建个人所有制"原理及其对管理国有资产的启示》，载于《学术月刊》1992 年第 1 期。

[30] 于俊文：《马克思"重建个人所有制"的科学涵义》，载于《东北师大学报》1992 年第 2 期。

[31] 杜亚斌：《马克思"重建个人所有制"理论新诠》，载于《厦门大学学报（哲学社会科学版）》1992 年第 3 期。

[32] 范正：《正确理解马克思"重建劳动者个人所有制"的思想》，载于《真理的追求》1994 年第 3 期。

[33] 刘琳：《正确理解马克思"重建个人所有制"思想——兼谈搞活国有大中型企业》，载于《社会科学研究》1994 年第 3 期。

[34] 李光远：《马克思恩格斯著作"公有"、"社会所有"、"个人所有"及其他》，载于《中国社会科学》1994 年第 6 期。

[35] 方竹兰：《恩格斯重建劳动者个人所有制的思想》，载于《高校理论战线》1995 年第 7 期。

[36] 许崇正：《论人的全面发展与马克思的"重建个人所有制"》，载于《社会科学战线》1996 年第 5 期。

[37] 赵重华：《论社会主义条件下只能"重建消费品个人所有制"的误导——兼与张蔚萍先生商榷》，载于《唯实》1996 年第 11 期。

[38] 国康：《否定之否定：揭开马克思"重建个人所有制"之谜的关键》，载于《齐鲁学刊》1997 年第 1 期。

[39] 杨昌俊：《从个人全面发展的高度试解"重建个人所有制"之谜》，载于《广东社会科学》1997 年第 1 期。

[40] 坚毅：《马克思的"重建个人所有制"的含义究竟是什么》，载于《江西社会科学》1997 年第 3 期。

［41］方竹兰：《马克思重建劳动者个人所有制理论的实践意义》，载于《孝感师专学报》1997 年第 2 期。

［42］戴道传：《关于用"重建个人所有制"理论指导国企改革的几个问题》，载于《特区经济》1997 年第 9 期。

［43］卫兴华：《〈重建劳动者个人所有制论〉序》，载于《当代经济研究》1998 年第 6 期。

［44］冒天启：《重建劳动者个人所有制》，载于《中国国情国力》1999 年第 1 期。

［45］刘建华：《股份合作制与重建个人所有制》，载于《当代经济研究》1999 年第 8 期。

［46］张晓东：《公有制实现形式原则性的科学揭示——从个人与集体关系角度试解"重建个人所有制"之谜》，载于《天津社会科学》2000 年第 4 期。

［47］张燕喜：《马克思"重建个人所有制"论断与我国公有制多种所有制实现形式探讨》，载于《当代经济研究》2000 年第 10 期。

［48］朱建成：《对"重建个人所有制"的探析》，载于《理论学刊》2001 年第 4 期。

［49］徐兴恩、袁凌新：《"重建个人所有制"的现代解读》，载于《马克思主义与现实》2001 年第 6 期。

［50］姚少华：《马克思"重建个人所有制"思想探析》，载于《三峡大学学报（人文社会科学版)》2001 年第 s1 期。

［51］姜喜咏：《论"重建个人所有制"的内涵》，载于《南京工业大学学报（社会科学版)》2002 年第 2 期。

［52］刘学杰：《人的全面发展的经济保证——以马克思的人的全面发展理论试解"重建个人所有制"之谜》，载于《石家庄经济学院学报》2003 年第 3 期。

［53］王珏、肖晖：《马克思的"重建个人所有制"与重建社会主义市场经济运行基础》，载于《理论视野》2003 年第 6 期。

[54] 邢华平：《从消灭私有制到"重建个人所有制"——从两方面理解马克思的所有制理论》，载于《井冈山师范学院学报》2003 年第 S1 期。

[55] 王成稼：《对"重建个人所有制"不同解释的评析》，载于《株洲师范高等专科学校学报》2004 年第 1 期。

[56] 周淼：《从人的全面发展角度解读"重建个人所有制"》，载于《求实》2004 年第 3 期。

[57] 杨雪英：《论马克思"重建个人所有制"理论及我国所有制的创新》，载于《经济问题》2004 年第 5 期。

[58] 曹小平：《农村股份合作制：马克思"重建个人所有制"思想的初步实践》，载于《衡阳师范学院学报（社会科学)》2004 年第 4 期。

[59] 夏新年：《马克思"重建个人所有制"解析》，载于《彭城职业大学学报》2004 年第 6 期。

[60] 周扬明：《重新理解马克思的"重建个人所有制"——兼论我国国有企业产权制度改革的公有制走向》，载于《山西师大学报（社会科学版)》2005 年第 1 期。

[61] 肖晖：《对马克思"重建个人所有制"命题的思考》，载于《岭南学刊》2005 年第 2 期。

[62] 吴淑娴：《马克思"重建个人所有制"思想探析》，载于《湖北社会科学》2005 年第 8 期。

[63] 张立宏：《马克思"重建个人所有制"思想及现实意义》，载于《齐鲁学刊》2005 年第 6 期。

[64] 曹燕、王媛：《对马克思"重建个人所有制"思想的认识和探索》，载于《新学术》2007 年第 3 期。

[65] 胡世祯：《重建个人所有制不是恢复私有制》，载于《重庆工商大学学报（社会科学版)》2007 年第 6 期。

[66] 智效和：《评谢韬、辛子陵"重建个人所有制"言论》，载于《高校理论战线》2007 年第 9 期。

[67] 奚兆永：《评在马克思重建个人所有制理论与中国改革问题上的错

误观点》，载于《马克思主义研究》2007 年第 9 期。

　　[68] 李光远：《重温马克思"重建劳动者个人所有制"思想》，载于《求是》2007 年第 16 期。

　　[69] 智效和：《论重建个人所有制与股份制问题》，载于《理论学刊》2007 年第 9 期。

　　[70] 王成稼：《论"重建个人所有制"逐步实现"共同富裕"——兼评谢韬、辛子陵对"重建个人所有制"的试解》，载于《当代经研究》2007 年第 10 期。

　　[71] 郭飞：《坚持我国所有制改革的正确方向——与谢韬、辛子陵商榷》，载于《当代经济研究》2007 年第 10 期。

　　[72] 李惠斌：《谈谈财产性收入问题——从十七大报告到马克思的"重建个人所有制"理论》，载于《马克思主义与现实》2007 年第 6 期。

　　[73] 卫兴华：《正确理解马克思重建个人所有制的理论观点》，载于《重庆工商大学学报（社会科学版)》2007 年第 6 期。

　　[74] 张兴茂：《马克思要重建什么样的个人所有制？——评谢韬、辛子陵〈试解马克思重建个人所有制的理论与中国改革〉》，载于《河南大学学报（社会科学版)》2008 年第 1 期。

　　[75] 孔陆泉：《马克思的"重建个人所有制"理论的两种误读》，载于《江苏大学学报（社会科学版)》2008 年第 3 期。

　　[76] 卫兴华：《关于股份制与重建个人所有制问题研究》，载于《经济学动态》2008 年第 6 期。

　　[77] 李萌：《论马克思的"重建个人所有制"与农村家庭联产承包责任制》，载于《中共乐山市委党校学报》2008 年第 3 期。

　　[78] 孙承叔：《一个重建劳动者个人所有制的制度模型》，载于《马克思主义与现实》2008 年第 4 期。

　　[79] 卫兴华：《再析马克思"重建个人所有制"的涵义——兼评王成稼研究员的有关诠释与观点》，载于《当代经济研究》2008 年第 9 期。

　　[80] 高明、郝崇杰：《重建个人所有制刍议》，载于《社会科学论坛

（学术研究卷）》2008 年第 9 期。

[81] 王小云：《如何理解马恩"重建个人所有制"论断》，载于《辽宁医学院学报（社会科学版）》2008 年第 4 期。

[82] 卫兴华：《对"重建个人所有制"的解读、评论与争鸣的一些看法——兼弹王成稼研究员对"重建个人所有制"不同解读的批评和有关观点》，载于《当代经济研究》2009 年第 1 期。

[83] 胡钧：《"重建个人所有制"是共产主义高级阶段的所有制关系——兼评把它与社会主义公有制和股份制等同的观点》，载于《经济学动态》2009 年第 1 期。

[84] 杨宏伟：《对马克思"重建个人所有制"理论的再审视》，载于《山西财经大学学报》2009 年第 S1 期。

[85] 马蒙：《马克思"重建个人所有制"思想初探》，载于《经济研究导刊》2009 年第 15 期。

[86] 杨娟、曾漆：《马克思重建个人所有制内涵的剖析》，载于《理论界》2009 年第 8 期。

[87] 许崇正：《马克思"重建个人所有制"的本质特征》，载于《经济学家》2009 年第 9 期。

[88] 王成稼：《再论"重建个人所有制"逐步实现"共同富裕"——回复卫兴华教授的批评与指正》，载于《当代经济研究》2009 年第 9 期。

[89] 郑元叶：《马克思"重建个人所有制"的政治哲学含义：形成自由人联合体》，载于《兰州学刊》2009 年第 11 期。

[90] 白雪秋：《从"消灭私有制"到"重建个人所有制"——马克思的人类发展模式解析》，载于《海派经济学》2009 年第 4 期。

[91] 王成稼：《三论"重建个人所有制"逐步实现"共同富裕"——复卫兴华教授的第二次批评与指正》，载于《河北经贸大学学报》2010 年第 1 期。

[92] 蒋南平、帅晓林：《"重建个人所有制"理论的历史沉思及其在中国的实现》，载于《当代经济研究》2010 年第 2 期。

[93] 于金富、安帅领：《"重建个人所有制"是共产主义社会所有制关系的本质特征——兼论公众股份制是我国现阶段"重建个人所有制"的重要形式》，载于《经济学动态》2010 年第 4 期。

[94] 裴晓军、邸敏学：《重建个人所有制视野下的社会主义所有制模式——以前苏联和前南斯拉夫为例》，载于《山西大学学报（哲学社会科学版）》2010 年第 3 期。

[95] 卫兴华：《究竟怎样理解马克思提出的"重建个人所有制"的理论观点——再评王成稼先生的有关见解和辩驳》，载于《当代经济研究》2010 年第 6 期。

[96] 黄可：《"重建个人所有制"的现实选择——劳动力资本化》，载于《学习月刊》2010 年第 15 期。

[97] 卫兴华：《"重建个人所有制"的讨论应持科学态度和求实学风——评王成稼先生的有关观点和学风》，载于《经济纵横》2010 年第 6 期。

[98] 何干强：《用唯物史观的方法理解劳动者个人所有制——读原苏联学者〈在社会主义条件下重建个人所有制的含义〉一文的思考》，载于《国外理论动态》2011 年第 6 期。

[99] 王成稼：《按马克思的原意理解"重建个人所有制"的理论观点——复卫兴华教授的批评与提问》，载于《河北经贸大学学报》2010 年第 5 期。

[100] 晏智杰：《解读马克思的"重建个人所有制"——简评我国产权制度改革的目标取向》，载于《西部论坛》2011 年第 1 期。

[101] 付宇：《"重建个人所有制"与让人民共享改革发展成果》，载于《当代经济研究》2011 年第 3 期。

[102] 张华东：《马克思重建个人所有制的科学内涵及其当代意义》，载于《武汉理工大学学报（社会科学版）》2011 年第 2 期。

[103] 徐则荣：《论马克思的"重建个人所有制"与股份制问题》，载于《福建论坛（人文社会科学版）》2011 年第 5 期。

[104] 朱婷婷：《马克思"重建个人所有制"辩证意蕴探析》，载于《重

庆科技学院学报（社会科学版）》2011 年第 20 期。

[105] 周宇、程恩富：《马克思"重建个人所有制"的思想探析》，载于《马克思主义研究》2012 年第 1 期。

[106] 王暖春：《关于马克思重建个人所有制问题的再认识——从"生产资料论"和"消费资料论"的争论谈起》，载于《齐鲁师范学院学报》2012 年第 2 期。

[107] 徐祥军：《马克思"重建个人所有制"涵义浅释》，载于《湖北经济学院学报》2012 年第 2 期。

[108] 彭富明：《对马克思"重建劳动者个人所有制"理论的三种误读》，载于《中国特色社会主义研究》2012 年第 5 期。

[109] 卫兴华：《马克思"重建个人所有制"再辨析——兼评王成稼的解读》，载于《江苏行政学院学报》2013 年第 1 期。

[110] 何玉霞、刘冠军：《马克思重建个人所有制的再解读——以生产关系的二重性为分析视角》，载于《社会主义研究》2013 年第 1 期。

[111] 李军强：《马克思"重建个人所有制"的内涵及理论运用问题——兼与几种观点商榷》，载于《福建论坛（人文社会科学版)》2013 年第 9 期。

[112] 余静、朱婷婷：《马克思"重新建立个人所有制"思想形成探源》，载于《学术研究》2013 年第 11 期。

[113] 卫兴华：《对错解曲解马克思"重建个人所有制"理论的辨析——评杜林对马克思的攻击和谢韬、辛子陵及王成稼的乱接错解》，载于《河北经贸大学学报》2014 年第 3 期。

[114] 杨思基：《劳动所有权、个人所有权与马克思的"重建个人所有制"》，载于《山东社会科学》2014 年第 11 期。

[115] 李定、赵旭亮：《马克思重建个人所有制思想的新解释》，载于《经济学家》2014 年第 12 期。

[116] 吴宣恭：《对马克思"重建个人所有制"的再理解》，载于《马克思主义研究》2015 年第 2 期。

[117] 尉迟光斌：《论马克思"重建个人所有制"的逻辑前提》，载于

《重庆工商大学学报（社会科学版）》2015 年第 4 期。

[118] 王竹苗：《再论重建个人所有制的性质》，载于《马克思主义哲学研究》2015 年第 2 期。

[119] 吴照玉：《从消灭私有制到重建个人所有制——马克思共产主义概念的话语建构》，载于《教学与研究》2016 年第 4 期。

[120] 华德亚、朱仁泽：《"重建个人所有制"争议及理论在思考》，载于《当代经济研究》2017 年第 2 期。

[121] 马嘉鸿：《如何理解〈资本论〉"重建个人所有制"问题》，载于《哲学研究》2017 年第 5 期。

[122] 张艳春：《从几种视角来看马克思的重建个人所有制思想》，载于《长江丛刊》2017 年第 24 期。

[123] 苏伟：《从"劳动总产品"角度看"重建个人所有制"的本义——纪念〈资本论〉第一卷发表 150 周年》，载于《马克思主义研究》2017 年第 12 期。

[124] 徐婕：《马克思"重建个人所有制"理论的生态学反思》，载于《理论探讨》2018 年第 2 期。

[125] 王晓红：《马克思"重建个人所有制"理论辨析》，载于《华北电力大学学报（社会科学版）》2018 年第 6 期。

[126] 高雪倩：《刍议马克思"重建个人所有制"理论内涵》，载于《新西部》2019 年第 18 期。

[127] 许婕：《"重建个人所有制"的文本解读》，载于《马克思主义理论学科研究》2019 年第 5 期。

[128] 黄学胜：《理解"重新建立个人所有制"的三重视域》，载于《西南大学学报（社会科学版）》2020 年第 1 期。

[129] 高世朋、孙经国：《马克思"重建个人所有制"思想的真实语义探析》，载于《马克思主义哲学》2021 年第 2 期。

[130] 邱海平：《关于"重建个人所有制"学术争论的感想》，载于《学术评论》2021 年第 3 期。

［131］涂良川：《马克思"重建个人所有制"政治哲学意蕴》，载于《东北师大学报（哲学社会科学版）》2021 年第 3 期。

［132］李风华、易晨：《消灭私有制与重建个人所有制：基于多级所有的解释》，载于《当代经济研究》2021 年第 11 期。

［133］王玮妮：《马克思"重建个人所有制"思想及价值启示》，载于《学理论》2022 年第 1 期。

［134］彭文锴：《马克思主义对私有财产概念的结构及其现代意义——以"重建个人所有制"中的三组关系为视角》，载于《理论界》2022 年第 4 期。

［135］戴一帆：《马克思"重建个人所有制"思想的文本溯源、基本内涵和实现路径》，载于《新东方》2022 年第 3 期。

后　记

经典著作的恒久魅力，在于其所蕴含的思想能够穿透时空而抵达当下，超越时代而指向未来。《资本论》就是这样的经典之作，无论时代如何变迁，它都始终站在人类思想之巅。

1983 年马克思逝世一百周年，陈征先生主编了一套《资本论》教学研究参考资料以表示对这位伟大革命导师的纪念。该套丛书选编了新中国成立后30 余年国内研究《资本论》的论文和译文，分五册由福建人民出版社出版，分别是：《〈资本论〉创作史研究》《〈资本论〉的对象、方法和结构》《〈资本论〉第一卷研究》《〈资本论〉第二卷研究》以及《〈资本论〉第三卷研究》。这套资料的出版受到了学界的一致好评。

斗转星移，现在距离《资本论》教学研究参考资料丛书的出版已经整整过去了四十年。四十年来，中国从低收入国家一跃成为世界第二大经济体，发生了天翻地覆的变化。然而，作为中国的主流经济学，马克思主义政治经济学经历了一个从一统天下到多元并存再到强势重建的否定之否定的发展历程。曾经有一段时期，马克思主义经济学"失语、失踪、失声"问题非常突出，一些年轻人缺乏理论自信，认为马克思经济学过时了，《资本论》过时了。对此，陈征先生在接受采访时郑重指出："我始终对《资本论》研究充满信心和动力。"他还表示："《资本论》没有过时，也永远不会过时。因为《资本论》分析了资本主义的问题，预见了资本主义一定要向更高级社会形态演变的规律，对现在依然有很强的指导意义。"在一次题为《关于马克思主义经济学研究的几个问题》报告中，李建平先生强调必须重视对马克思经济学经典著作的现代解读，因为"《资本论》揭示了资本主义市场经济乃至所有市场经济的一般规律，如价值规律、资本积累规律、平均利润率下降规律等，在现代依然具有指导意义，依然能够指导我国的社会主义改革和建设实践"。

党的十八大以来，习近平总书记高度重视马克思主义政治经济学的学习和应用。在主持十八届中央政治局第二十八次集体学习时的讲话中，总书记指出，在我们的经济学教学中，不能食洋不化，还是要讲马克思主义政治经济学，当代中国社会主义政治经济学要大讲特讲，不能被边缘化。作为马克思主义最厚重、最丰富的著作，习近平非常重视《资本论》的教学与研究。早在 2012 年 6 月，他在中国人民大学调研时就特地考察了该校的《资本论》教学研究中心，并发表重要讲话，他指出：马克思主义中国化形成了毛泽东思想和中国特色社会主义理论体系两大理论成果，追本溯源，这两大理论成果都是在马克思主义经典理论指导之下取得的。《资本论》作为最重要的马克思主义经典著作之一，经受了时间和实践的检验，始终闪耀着真理的光芒。

福建师范大学一直以来都非常重视《资本论》以及马克思主义政治经济学的教学与研究。即便在《资本论》研究处于低潮时，我们都始终坚持给经济学专业的本科生开设《资本论》课程。几代人薪火相传，几十年砥砺奋进。我们在政治经济学教学研究尤其是《资本论》研究领域取得了蜚声学界的研究成果，被誉为"南方坚持马克思主义经济学教学与科研的重要阵地"。显然，这一地位的取得与陈征和李建平两位"大先生"长期潜心于《资本论》教学、研究和传播是分不开的。陈征先生的《〈资本论〉解说》是"我国第一部对《资本论》全三卷系统解说的著作"。李建平先生的《〈资本论〉第一卷辩证法探索》是国内最早运用文本分析研究马克思经济理论和方法的专著。一代又一代福建师大经济学人在马克思主义经济学领域辛勤耕耘，奠定了学校作为政治经济学学术重镇的地位。

2021 年 9 月，经济学院成立了《资本论》的理论、方法和结构及其当代价值研究团队。在李建平先生的倡议和指导下，鲁保林教授开始组织团队的骨干力量编写一套新的《资本论》教学研究参考资料，旨在反映改革开放以来中国学者在《资本论》研究对象、劳动价值论、生产力理论、资本主义基本矛盾理论、工资理论、重建个人所有制、社会再生产理论、一般利润率趋向下降规律研究上所取得的代表性成果。这套丛书由李建平先生和黄瑾教授担任主编，一共八册。各分册的负责人为：（1）陈晓枫：《资本论》研究对象；（2）陈美华：劳动价值论；（3）陈凤娣：生产力理论；（4）许彩玲：资本主义基本矛盾及其当代表现；（5）杨强、王知桂：工资理论；（6）孙晓军：重建个人所有制；（7）魏国江：社会再生产理论；（8）鲁保林：一般利润率趋向下降规律。

为保持入选论文原貌，入选论文的作者简介以论文发表时为准。我们对作者的授权和支持表示衷心感谢！不过，由于工作单位变动等因素的影响，一些入选论文未能联系到原作者，敬希望作者见书后及时与我们联系，以便奉寄样书和支付稿酬。由于本书篇幅有限，还有许多佳作尚未入选，我们深表遗憾。经济科学出版社孙丽丽编审为本套书的出版付出了辛勤劳动，在此一并感谢。

2023 年是马克思逝世一百四十周年。本套丛书历经一年半的编写和审改也即将问世，这套丛书的编写饱含了我们对马克思这位伟大思想家的崇高敬意和深厚感情。跟随马克思的足迹前进，是对这位伟大革命导师最好的缅怀和纪念。作为"南方坚持马克思主义经济学教学与科研的重要阵地"，我们将进一步增强责任感和使命感，做《资本论》研究的继承者和发展者，为繁荣发展中国马克思主义经济学贡献力量。

福建师范大学《资本论》的理论、方法和结构及其当代价值研究团队

2023 年 3 月